금강경 주석

금강석처럼 견고한 지혜로 저 언덕에 이르는 경

현황법려玄黃法侶 편저

일러두기

1. 경문은 『고려대장경』 영인본 동국대학교 개교70주년 기념(1976년)제 5권 K.13과 『대정장』을 대조하여 확인하였습니다.

2. 고려대장경 한문본에서는 두 글자를 혼용해 함께 쓰고 있는 '즉則卽 '을 '(卽)'으로, '황況'을 '(況)'으로, '연등불然燈佛'을 '(燃燈佛)'로, '수기受記'를 '(授記)'로 괄호( ) 안은 편저자가 요즈음 쓰이는 한자로 넣었습니다.

금강경 주석의 인연

1. 금강경 유통 역사

600부 『대반야경』 가운데 제577부에 해당하는 데, 4곳(處)에서 6번 옮겨 다니며(轉) 총 16회로서,

제1회 권1~권400, 『10만송 반야경』 영축산에서 법회.

제2회 권401~권478, 『2만8천송반야경(대품반야경)』은 동경이명(同經異名)의 별역본(別譯本)으로, 무라차(無羅叉) 291년 역 『방광반야바라밀경』 20권, 축법호(竺法護) 286년 역 『광찬반야바라밀경』 10권, 라집삼장 404년역 『마하반야바라밀경(대품반야경)』 27권이 있으며, 영축산에서 법회.

제3회 권479~권537, 『1만8천송반야경』 영축산에서 법회.

제4·5회 권538~565, 『팔천송반야경(소품반야경)』도 동경이명의 별역본으로, 지루가참(支婁迦讖) 222~228년 역 『도행반야바라밀경(道行般若波羅蜜經)』 10권, 지겸(支謙) 222년 역 『대명도경(大明度經)』 6권, 축불염(竺佛念) 265년 역 『마하반야초경(摩訶般若鈔經)』 5권, 라집삼장 408년 역 『마하반야바라밀경(소품반야경)』 10권, 시호(施護) 982년 역 『불모출생삼장반야바라밀경(佛母出生三藏般若波羅蜜經)』 25권, 법현(法賢) 1001년 역 『불모보덕반야바라밀경(不毛寶德般若波羅蜜經)』 3권, 관련본으로 시호 982년 역 『성팔천송반야밀다일백팔명진실원의다라니경(聖八千頌般若蜜多一百八名眞實圓義陀羅尼經)』이 있으며, 영축산에서 법회.

제6회 권566~권573, 『승천왕반야경(勝天王般若經)』, 별역본으로 월바수나(月婆首那) 538~539년 역 『승천왕반야바라밀경(勝天王般若波羅蜜經)』 7권이 있으며, 기원정사에서 법회.

제7회 권574~권575, 『7백송반야경(曼殊實利分)』의 별역본은 만타라선(曼陀羅仙) 503년 역 『문수사리소설마하반야바라밀경(文殊師利所說摩訶般若波羅蜜經)』 2권, 승가바라(僧伽波羅) 460~524년 역 『문수사리소설마하반야바라밀경(文殊師利所說摩訶般若波羅蜜經)』 1권, 기원정사에서 법회.

제8회 권576,(『5백송반야경』, 별역본으로 상공(翔公) 420~524년 역 『유수보살무상청정분위경(濡首菩薩無上淸淨分衛經)』이 있으며, 기원정사에서 법회 제9회 권577권, 『금강반야바라밀경』, 별역본으로 보리유지(菩提流支) 509년 역 『금강반야바라밀경』 1권, 진제(眞諦) 562년 역 『금강반야바라밀경』 1권, 달마급다(達磨芨多) 590년 역 『금강능단반야바라밀경』 1권, 현장은 정관(貞觀) 22년(648) 태종의 지극한 부탁으로 『능단(能斷)금강반야바라밀경』 1권, 이 있으며, 기원정사에서 법회.

제10회 권578, 『1백5십성반야경』, 별역본으로 보리유지 역 『실상반야바라밀경』 1권, 금강지(金剛智) 역 『금강정유가이취반야경(金剛頂瑜伽理趣般若經)』 1권, 시호 역 『변조(遍照)반야바라밀경』 1권, 법현 역 『최상근본금강불공삼매대교왕경(最上根本金剛不空三昧大敎王經)』 7권이 있으며, 타화자재천에서 법회.

제11회 권579~권583, 『보시바라밀다』 기원정사에서 법회.

제12회 권584~권588, 『정계바라밀다』 기원정사에서 법회.

재13회 권589, 『안인바라밀다』 기원정사에서 법회.

제14회 권590, 『정진바라밀다』 기원정사에서 법회.

제15회 권591~권592, 『정려바라밀다』 영축산에서 법회.

제16회 권593~권600, 『반야바라밀다』가 역출되었으며, 죽림정사에서 법회를 열었습니다. 현장법사가 구법에서 돌아와 제1회와 제11회~16회는 역출되지 않았습니다.[1]

『금강경』은 '공사상(空思想)'을 설하지만 '공(空)'이란 글자는 3번 쓰이며, '공사상'이 교학적으로 확립되지 않는 대승불교 초기경전으로 '불가득(不可得)'으로 표현된다고 봅니다. 물론 단독적인 '공'보다는 '허공'과 같은 간접 표현 속에 '공사상'을 갈무리하고 있습니다. 그 근거는 바로 해공제일(解空第一)수보리 존자의 시기적절한 문답이 그 역할을 뒷받침하기 때문입니다.

이 경의 한역(漢譯)으로는 구마라집 삼장이 최초이며, 인도에서는 무착(無着, Asaṅga), 세친(世親, Vasubandhu)보살이 주석서를 썼으며, 용수(龍樹,Nāgārjuna)보살은 『대품반야경』의 주석서로 『대지도론(大智度論)』100권을 남겼습니다. 중국에서는 천태대사 『금강반야경소』, 규기대사(窺基慈恩大師) 『금강경찬술』, 길장대사 『금강반야경소』, 지엄대사 『불설금강반야바라밀약소』 등 구마라집 삼장의 수제자 승조 『금강반야경주』, 중국의 천태종·삼론종·화엄종·선종에서는 홍인, 혜능선사에 이르기까지 중요시 되었습니다.우리나라에서는 원효대사 『금강반야경소』, 경흥(憬興) 국사 『금강반야경료간』, 태현(太賢) 강백 『금강반야경고적기』, 함허(涵虛)선사 『금강경설』, 『금강반야참문』, 연담(蓮潭)강백 『금강경사기』, 인악(仁岳)강백 『금강경사기』등의 주석서가 있으며, 우리나라 불교 거대종단인 대한불교조계종 소의경전(所依經典)이기도 합니다.

---

1) 이제창, 『불교경전의 이해』, 경학사, 1998, pp.138~141. 참조

2. 금강경 논서 과판

불멸후 약 900년경 쯤 인도의 무착보살(Asaṅga, 310~390)은 『무착론(無着論)』에서 18주(住)로,

① 초발심주(初發心住)

② 바라밀상응행주(波羅蜜相應行住)

③ 욕득색신주(欲得色身住)

④ 욕득법신주(欲得法身住)

⑤ 어수도득승중무만주처(於修道得勝中無慢住處)

⑥ 불이불출시주처(佛離佛出時住處)

⑦ 원정불토주(願淨佛土住)

⑧ 성숙중생주(成熟衆生住)

⑨ 원리수순외론산란주(遠離手順外論散亂住)

⑩ 색급중생신박취중관파상응행주(色及衆生身搏取中觀破相應行住)

⑪ 공양급시여래주(供養給侍如來住)

⑫ 원리이양급피핍숙뇌고불기정진급퇴실주(遠理利養及疲乏熟惱故不起精進及退失住)

⑬ 인고주(忍苦住)

⑭ 이적정미주(離寂靜味住)

⑮ 어증도시원리희동주(於證道時遠離喜動住)

⑯ 구불교수주(求佛教授住)

⑰ 증도주(證道住)

⑱ 상구불지주(上求佛地住)로 과판(科判)하였습니다.

또 그의 친동생인 세친보살(Vasubandhu, 320~380년경)은 『무착론』을 근거하여 새롭게 27단의(斷疑)로,

① 부처님을 구하고 보시하는 것은 상에 주하지 말라는 의심을 끊어줌

단구불행시주상의(斷求佛行施住相疑)

② 인과가 다 깊어 믿는 이가 없을 것 같은데 하는 의심을 끊어줌

단인과구심무신의(斷因果俱深無信疑)

③ 무상에서 어떻게 법을 얻으며 법설하심 또한 의심을 끊어줌

단무상운하득설의(斷無相云何得說疑)

④ 성문이 과를 얻은 것도 얻음인 데 하는 의심을 끊어줌

단성문득과시취의(斷聲聞得果是取疑)

⑤ 석가모니, 연등부처님도 얻었고 법을 하셨는데 하는 의심을 끊어줌
단석가연등취설의(斷釋迦燃燈取說疑)

⑥ 불국토의 장엄을 얻지 못했다는 뜻의 그릇됨의 의심을 끊어줌

단엄토위어불취의(斷嚴土違於不取疑)

⑦ 보신을 받았음은 얻음과 마찬가진 데 하는 의심을 끊어줌

단수득보신유취의(斷受得報身有取疑)

⑧ 지설로는 고과를 벗어나지 못한다는 의심을 끊어줌

단지설미탈고과의(斷持說未脫苦果疑)

⑨ 능증은 체가 없어서 인이 아니라는 의심을 끊어줌

단능증무체비인의(斷能證無體非因疑)

⑩ 진여는 두루한 데 어찌해 얻는 이도 있고 얻지 못한 이가 있는가 하는 의심을 끊어줌

단여편유득무득의(斷如遍有得無得疑)

⑪ 주·수·항복하는 것도 내가 아닌가 하는 의심을 끊어줌

단주수항복시아의(斷住修降伏是我疑)

⑫ 부처님도 인지에는 보살이었는 데 하는 의심을 끊어줌

단불인시유보살의(斷佛因時有菩薩疑)

⑬ 인이 없다면 부처님도 법도 없을 것이라 하는 의심을 끊어줌

단무인칙무불법의(斷無因則無佛法疑)

⑭ 인이 없다면 중생을 제도함과 불국토 장엄을 할 수 있을까하는 의심을 끊어줌

단무인도생엄토의(斷無人度生嚴土疑)

⑮ 모든 부처님은 모든 법을 보지 못하는 구나하는 의심을 끊어줌

단제불불견제법의(斷諸佛不見諸法疑)

⑯ 마음이 이미 전도 되었다면 복덕도 또한 전도됨이 아닐까하는 의심을 끊어줌

단복덕예심전도의(斷福德例心顚倒疑)

⑰ 무위라하면 어떻게 상호가 있지 하는 의심을 끊어줌

단무위하유상호의(斷無爲何有相好疑)

⑱ 몸이 없다면 어떻게 법을 설하실까 하는 의심을 끊어줌

단무신하이설법의(斷無身何以說法疑)

⑲ 법이 없다면 어떻게 수증할 수 있을까하는 의심을 끊어줌

단무법여하수증의(斷無法如何修證疑)

⑳ 설하신 것이 무기라면 인이 아닐 탠데 하는 의심을 끊어줌

단소설무기비인의(斷所說無記非因疑)

㉑ 평등하다면 왜 중생을 제도한다 하는 의심을 끊어줌

단평등운하도생의(斷平等云何度生疑)

㉒ 상만으로 진불을 견주어 알 수 있을까하는 의심을 끊어줌

단이상비지진불의(斷以相比知眞佛疑)

㉓ 불과는 복상과 관계되지 않을 것이라는 의심을 끊어줌

단불과비관복상의(斷佛果非關福相疑)

㉔ 화신불이 출현함에 복을 받았는데 하는 의심을 끊어줌

단화신출현수복의(斷化身出現受福疑)

㉕ 법신부처님과 화신부처님은 같은가 다른가 하는 의심을 끊어줌
단법신화신일이의(斷法身化身一異疑)

㉖ 화신부처님의 설법은 복이 없을 것이라 하는 의심을 끊어줌
단화신설법무복의(斷化身說法無福疑)

㉗ 적멸에 든다면 어떻게 법을 설할 수 있을까하는 의심을 끊어줌
단입적여하설법의(斷入寂如何說法疑)로 과판(科判)하였습니다.

중국에서는 천태대사의 『금강반야경소』에서는 12분절(分節)로

① 서분(序分)

② 호념분(護念分)

③ 주분(住分)

④ 수행분(修行分)

⑤ 법신비신분(法身非身分)

⑥ 신자분(信者分)

⑦ 교량현승분(校量顯勝分)

⑧ 현성분(顯性分)

⑨이익분(利益分)

⑩단의분(斷疑分)

⑪부주도분(不住道分)

⑫유통분(流通分)으로 과판(科判)하였습니다.

양무제(梁武帝)의 장자 소명태자(昭明太子, 501~549, 48세에 요절. 『벽암록』 「第一則」의 주인공)가 32과판을 하였는데, 제1 「법회인유분」을 서분(序分)으로 하고, 제2 「선현기청분」에서 제31 「지견불생분」까지를 정종분(正宗分)으로, 제32 「응화비진분」을 유통분(流通分)으로 분류하였습니다.

그리고 경의 구성은 동진(東晋)의 석도안(釋道安) 스님이 최초로 서분(序分)·정종분(正宗分)·유통분(流通分)으로 분류 하였습니다. 도안스님은 출가승(出家僧)은 모두가 속가(俗家)의 성씨(姓氏)를 버리고 석씨(釋氏)를 주장하셨던 분입니다.

산스크리트 본과 한역본, 그리고 고려대장경에는 없으나, 후대에 널리 쓰이는 소명태자의 32과판을 그리고 번호의 분류방식은 무비스님, 『금강경전서』(대한불교조계종 승가대학원, 민족사,1997)을 따랐으며, 규봉 종밀선사의 『금강경찬요』의 주석서인 장수대사의 『금강경간정기』는 보련각의 복사본과 봉선사 활자본을, 장수대사의『금강경찬요간정기』는 『대정장』 33권을 참고 하였으며, 산스크리트 본은 에드워드 콘즈(Edward Conze)의 『Buddhist Wisdom Book(The Diamond Sutra)』(Harper and Rrow, Publishers,1958)를 참고하여 당시 컴퓨터 오류로 오탈자를 바로 잡았습니다.

3. 주석을 달게 된 동기

대한불교 조계종 교육원에서 마침 『표준 금강반야바라밀경』을 불기 2553년에 편역하여 주심에 수희찬탄과 함께 예를 올립니다.

늘 각 사찰(포교원)마다 각기 다른 『금강경』을 수지 독송하며, 역자마다 각기 다른 오탈자(誤脫字)가 많은 것이 현실이었습니다. 늦게나마 통일된 한문·한글 본을 출판하여 출·재가에게 맑고 밝은 감로의 법향이며, 불·보살님을 향한 회향이요, 불자를 향한 회향입니다.

소납은 가끔 『금강경』 강의를 하거나 다른 분의 강의를 듣다가 문득 질문을 해봅니다.

"『금강경』 강의를 듣고 기억에 남을만한 것이 무엇이 있습니까?"

어느 노 보살님께서 이렇게 말씀하십니다.

"스님, 저는 나이가 들어서 그런지 『금강경』하면 남는 것은 '하이고'하고 '수보리' 뿐입니다."

"참 지당하신 말씀이십니다."

이것이 또한 우리불교의 현주소이기도 합니다. 마치 유치원에 다니는 원생에게 모르는 외국어로 말하면 소리는 듣지만, 그 뜻을 전혀 이해하지 못하는 것과 같이 일종의 감각성 실어증(感覺性失語症, sensory aphasia)에 빠지게 하는 불교용어를 알기 쉽게 주석을 달았습니다.

『금강경』을 통해 모든 불자들에게 전하시고자 하는 큰 뜻인 무념(無念)·무상(無相)·무주(無住)를 현종(玄宗)으로 펼쳐보면 팔상(八相: 아상·인상·중생상·수자상·유상·무상·법상·비법상)입니다. 이것을 여의고 대승의 행자로서 부처님의 말씀을 100% 믿고 받들어 실천 수행하되, 그 실천덕목으로 최상의 바른 깨달음(아뇩다라삼먁삼보리)이 내안에 있고 해탈·열반이 성취됨을 반복하여 강조하고 또 강조하고 있습니다.

모든 생명체와 사람에게서 비켜가거나 피할 수 없는 생·노·병·사와 같은 난제는 의학과 생명공학, 과학으로는 해결하기 어려운 일들입니다. 특히 사람에게 그것은 모든 희망·기쁨을 잠시 맡겨놓았다가 예고 없이 가져가는 괴로움 그 자체입니다. 온 인류의 영원한 스승이신 석가모니부처님께서는 이러한 괴로움을 여의고 행복과 해탈·열반의 길로 인도하기 위해 우리들에게 진단 시약과 처방전과 같은 부처님 말씀(法)을 설해 주셨습니다.

부처님께서 변함없이 즐거움을 얻는 것은 오랜 세월동안 욕심을 버리고 어려운 일만 하신 결과이며, 중생들이 화탕 지옥으로 오고 가는 것은 수많은 세월동안 세상의 탐욕을 못 버린 탓입니다. 누구도 막지 않는 천당이나 극락에 가는 이가 적은 것은 탐·진·치의 세 가지 번뇌를 자기의 재물이며 보배로 알기 때문이며, 아무도 그 누구도 권하거나 초대하지 않건만 지옥에 들어가는 이가 많은 것은 네 가지 요소인 사대 색신과 다섯 가지 색·수·상·행·식을 자기의 보배로 삼기 때문입니다.

그 누구인들 산중에서 도 닦을 생각이 없을까 만은 저마다 그렇지 못함은 애욕의 사슬에 묶여 있기 때문입니다. 부처님께서 바라는 진정한 포교는 내가정의 가족을 부처님으로 잘 모시고, 내 직장생활을 잘하는 것입니다. 그것이 바른 포교입니다. 세상의 어려운 일, 참고 견디면 부처님같이 공경받을 것입니다. 신구의 삼업三業의 제조공장은 마구니 권속이며, 동체 대비심으로 신구의 삼업 청정은 법왕의 권속입니다. 사람마다 배고프면 공양으로 달랠 줄 알아도, 불법을 배워 어리석은 마음을 고치는 공부는 등한시 합니다.[2] 바른 불법 만나면 인격의 변화가 꼭 와야 하고, 나와 상대방이 함께 이익 됨은 새의 두 날개와 같습니다.

---

2) 해동사문 목우자, 『발심수행장』 에서

중국 천태종의 중흥조이시며 용수보살을 초조로 하면 9대조요, 천태 지자대사를 초조로 하면 6대조이신 형계 담연(荊溪湛然 ; 묘락) 대사는 『금강반야경소기회편(간정기) 서』에서 주옥과 같은 말씀으로 『금강경』에서 놓치고 오류를 범하기 쉬운 것을 펼쳐주셨습니다.

> 일체중생의 자성반야(自性般若)는 모든 부처님과 차별 없이 평등하지만, 중생들은 오직 망상과 집착을 버리지 못하여 육도(六道)를 떠돌고 헤매며, 스스로 침몰하여 나오지 못한다. (一切衆生自性般若與諸佛平等衆生唯妄執末謝故波六道甘淪溺而不之返)[3]

하셨고,

> 옛적에 부처님께서 멸도하신 후에 서역에서 무착(無着)보살이 일광정삼매(日光定三昧)에 드셔서 도솔천에 계신 미륵보살님을 친견하시고, 『금강경』의 뜻을 여쭈어보시니 미륵보살님께서 80게송(八十偈頌)을 친히 주셨다. 무착보살은 삼매에서 나와 그의 친동생인 천진(세친) 보살과 함께 각기 게송에 의지하여 논을 짓고, 두 논은 서로 해석함으로서 비로소 이 경의 뜻이 그윽하고 깊어졌다. 하지만 얕은 지혜로는 여전히 알 수 있는 것이 아니어서 당(唐)나라 규산(규봉 종밀)대사께서 오묘한 진리를 체득하셔서 가르침의 바다를 노 저으며, 중생을 불쌍히 여기시고 자비심으로 마침내 두 논을 정본으로 하고, 그 밖의 여러 해석서를 참고하여 『찬요소(纂要疏)』 2권을 저술하였다. 그 문장은 정미하고 이치도 지극하여 여러 해석본 가운데 으뜸이라 할 수 있다. (昔佛滅後西域有無着菩薩入日光定上升兜率詣彌勒問此經義彌勒以八十偈頌之無着出定與其弟天親各稟偈造論二論互釋經旨彌深仍非淺智所了唐圭山大師以妙悟之姿泳遊教海愍物與慈逐正本二論旁采諸說述纂要疏二卷辭精理極爲衆釋中最然).[4]

라고 하셨습니다.

---

3) 장수, 『금강경 간정기』, 보련각, 1971, p. 9

4) 『上揭書』, pp. 10-11.

그러나 몇 번을 읽어보아도 이해하지 못할 부분이 10에서 6~7이 되므로 석벽(石壁)대사가 따로 상세하게 해석했으나, 지나치게 복잡한 것이 흠이었다. (一往讀之不了者什猶六七石壁師別爲廣解又失之太繁)[5]

그래서

장수대사가 다시 불필요한 부분을 삭제하고 다듬어 『간정기』를 다듬고, 만들어 소의 뜻이 확연하게 드러나게 되었고, 소의 뜻이 드러난 후에야 비로소 금강반야의 가르침과 계의 실천 그리고 진리(반야)의 3경이 모두 드러나지 않음이 없다. (長水師復起而翦消之成刊定記而疏義顯矣疏義顯而後金剛般若教行理三經乃無不顯矣)[6]

라고 하셨습니다.

문자반야를 유통시켜서 화신 부처님을 장엄하고, 관조반야를 유통시켜 보신 부처님을 장엄하고, 실상반야를 유통시켜서 법신 부처님을 장엄함이 옳다. 그렇게 되면 불신(佛身)은 구족하게 된다. 왜냐하면 태어남(입재)과 끝마침(회향)의 이인(二因)을 확실하게 성취될 수 있기 때문이다. (流通文字用嚴化身流通觀照用嚴報身流通實相用嚴法身如是則爲具足佛身何以故生了二因決能成就).[7]

라고 서문을 쓰셨습니다.

그래서 학식과 수행의 비천한 소납이 아직 체득되지 않은 채 『금강경 주석』을 쓸 만한 자격미달을 실감하면서 지나친 형이상학적인 이론화된 불교에 눈높이를 입문자에게 맞추어, 귀가 있으되 바르게 듣지 않으려는 이, 눈이 있으되 보고 읽지 않으려는 이, 가슴이 있으되 품으려하지 않는 이, 머리는 있으되 쓸 때 없는 분별만하는 이에게 반야의 용선 '금강경호'를

5) 『상게서』, p.11.
6) 『상게서』, p.11.
7) 『상게서』, p.13.

타고 휴가를 떠나는 마음으로 제1부두인 「법회인유」에서 제32부두인 「응화비진」까지 닻을 올리고 항해를 시작하겠습니다.

세친 보살의 27단의가 나오기 전에는

옛적에는 문장만으로 뜻을 좇아서 모순이 얼마나 많았던가? 지금은 맥락을 찾아 문장을 결정함으로서 모순이 사라지게 되었다. 그래서 어긋난 것에서 바른 것을 보게 되고, 막힌 것에서 통하게 되는 것을 보게 되고, 끊어진 것에서 이어짐을 보게 되고, 어두운 것에서 밝은 것을 보게 되었다. (昔者以文求義矛盾何多今也以脈定文參商斯絶違惟見基順塞惟見基通斷惟見基續暗有見基明.

라 하셨고, 또

이로 인하여 영원히 갖가지 의심을 끊고, 깊은 뜻을 헤아려 이해하고 그 이해함을 의지하여 행을 일으키고, 행을 일으킴으로서 이해마저 단절된다면 사의가운데서 직접 사의할 수 없는 경지에 다다름이 어렵지 않으니, 이것이 바로 부사의(不思議)한 사람을 직접 뵙고 부사의한 말씀을 직접 듣게 된 것이다. (是永斷群疑深解義趣依解起行行起解絶不妨從思議中親到無思議處卽是親見不思議人親聞不思議說也尙勉之哉)[8]

라고 하셨습니다.

경전을 수지·독·송·서사·해설·간경(刊經)함은 부처님의 숨결과 위의(威儀)와 계의 향기·선정의 향기·반야의 향기를 느끼고, 발자취를 따라 부처님 재세시(在世時)로 돌아가서 부처님 회상에 거룩한 장로스님 1,250인과 함께 앉아보는 것이며, 수행·실천하는 것이 아닐까합니다.

---

8) 『상게서』, pp. 21-22.

『금강경』에서 부처님이 어찌 오고 감이 있으며, 과거·현재·미래를 나누겠습니까? 만은 한편으로는 처음 불문에 들어오는 입문자들 눈높이에 맞추어 쉽게 불교를 이해하고 실천행이 따르는 신행살림살이에 조그마한 보탬이 되리라 바라는 마음이고, 또 한편으로는 『금강경』의 그윽하고 깊은 종지(宗旨)에 누가되지 않을까 심히 염려됩니다. 부족한 부분에 많은 질정을 손 모아 청하고, 특히 주석을 꼼꼼히 살펴보실 것을 삼가 청합니다.

특히 봉선사 강주 정원스님의 보련각 복사본 『금강경간정기』와 활자본 『금강경간정기』를 주신 은혜와 이기운 교수님의 『신수대장경』은 큰 힘이 되었습니다. 두 분에게도 깊은 감사의 말씀을 전합니다.

불교출판계의 어려움 속에서도 흔쾌히 소납의 금강경을 출판해주신 도서출판 비움과소통의 김성우 대표님과 편집에 도움을 주신 비움과소통 가족들에게도 심심한 감사의 말씀을 전해 드립니다.

법보정사法寶精舍에서

편저자 현황玄黃 법려法侶 두 손 모음

목 차

귀경게(歸敬偈)

스스로 부처님께 귀의하옵고,

마땅히 중생의 몸으로 대도를 이해하여

무상심내기를 발원합니다.

(自歸依佛 當願衆生體解大道發無上心)

스스로 법에 귀의하옵고,

마땅히 중생이 경장의 지혜 바다에

깊이 들어가기를 발원합니다.

(自歸依法 當願衆生深入經藏智慧如海)

스스로 승단에 귀의하옵고,

마땅히 중생들이 대중을 이치에 맞게 통솔하여

일체의 일들이 아무 장애 없기를 발원합니다.

(自歸依僧 當願衆生統理大衆一切無閡和南聖衆)

또한 금강경을 풀어 해석하신 무착보살님과
세친 보살님께 공경과 예를 올립니다.

그리고 금강경을 더 상세하게 풀어 바른 길안내를 해주신
규봉 대사님과 장수 대사님께 공경과 예를 올립니다.

끝으로 소납의 금강경과 인연이 닿는 모든 분들께 회향하옵고,
정중히 삼배를 올립니다.

현황 법려 합장

금강경 경전제목과 번역자

金剛經 題名譯者

Vajracchedikā-prajñāpāramitā-sūtra

金 剛 般 若 波 羅 蜜 經

금 강 반 야 바 라 밀 경

금강석처럼 견고한 지혜로 저 언덕에 이르는 경

금강(金剛, vajracchedikā)

금강(金剛: vajracchedikā)은 금강석(金剛石)을 의미합니다. 금강석은 견고하고 단단하며(堅), 날카롭고(利), 밝고 빛나고(明) 강한 성질을 갖고 있습니다. 단단하기 때문에 두터운 무지(無智)를 깨트릴 수 있으며, 예리하고 날카롭기에 끈질긴 번뇌를 절단할 수 있습니다.

『금강경』은 모든 보석 가운데 밝고 빛을 발함이 으뜸으로 다이아몬드에 비유한 것으로, 견고하고 예리해서 무명을 잘라 내고 밝게 빛나는 반야의 완성에 이르게 하는 경전입니다.

당나라 삼장법사 현장스님은 '금강'을 지혜를 나타내는 형용사보다는

'번뇌'를 나타내는 명사로 비유하여 인간에게 번뇌는 단단하기가 금강석과 같다는 의미로 해석하셨습니다.

소납은 "탐·진·치(三毒)의 욕망이 금강석처럼 단단하게 응축된 사회 환경의 굴레요, 학교교육과 사회교육이 전도(顚倒)된 분별심의 가르침으로 시간·공간적으로 무시무종(無始無終)으로 길고 넓게 쌓여온 삼독심이요, 그 삼독심은 천둥·번개소리(부처님 설법)에 놀라 보리(菩提)로 회심(回心)하는 지혜"라고 해석해 보았습니다.

또한 고대 인도의 『리그웨다(Ṛg-Veda)』에서도 천지를 뒤덮은 암흑의 구름을 어둠과 혼돈으로 파멸시킨 브리트라(Vṛtra: 용 혹은 뱀)를 인드라(Indra: 천둥·번개) 신이 천둥·번개를 동반하여 비를 내려 대지를 회생시킨다는 뜻이 담겨져 있습니다.

반야(般若, prajñā)

반야(般若, prajñā)는 소리번역이며 뜻으로는 굳이 말하면 편의상 '지혜'라 합니다. 그러나 현장법사께서는 '오종불번설(五種不飜說)'로 한역(漢譯)할 때 원뜻의 깊은 의미를 왜곡·반감·희석시킬 위험성이 지극하여 다섯 가지 이유로 번역하지 않는다 하였습니다.

첫째, 비밀고(秘密故)로 '다라니'나 '주문'은 그 뜻이 미묘하여 번역하면 뜻이 반감, 왜곡되는 까닭이고, 둘째, 다함고(多含故)로 '마하'나 '박가범'처럼 여러 가지 뜻이 함축되어 있는 까닭이고, 셋째 차방무고(此方無故)로 '염부수'나 '찰라'처럼 인도에는 있으나 중국에는 없는 까닭이고, 넷째, 순고고(順古故)로 '아누다라삼막삼보리'처럼 현장법사 이전에 번역되어 잘 알려져 있고, 굳어진 까닭이며. 다섯째, 존중고(尊重故)로 '반야'처럼 '지혜'로 번역할 때 참뜻이 비밀법장으로 숨거나 반감 되는 까닭입니다.

반야의 종류로는 실상반야(實相般若)와 관조반야(觀照般若)·문자반야(文字般若)·공반야(共般若)등이 있습니다.

첫째, 실상반야(實相般若)는 대립이나 차별하는 분별자리를 떠난 있는 그대로의 참모습을 볼 줄 아는 지혜로 밀교·천태교학적 입장에서는 예토즉정토(穢土卽淨土) 정토즉예토(淨土卽穢土), 번뇌즉보리(煩惱卽菩提) 보리 즉 번뇌(菩提卽煩惱) 또는 체(體)로 보는 지혜입니다.

둘째, 관조반야(觀照般若)는 모든 이치를 잘 관찰하고, 내·외전에 능통하고, 그 교학을 실천에 옮겨 마음으로 보는 지혜입니다.

셋째, 문자반야(文字般若)는 부처님 설법과 보살들의 주석서를 문자화시킨 팔만대장경을 문자반야로 용(用)으로서 문자에 감추어진 비밀법장을 바르게 보는 지혜입니다.

넷째, 성문·연각·보살을 위하여 설한 공반야(共般若)·보살만을 위한 불공반야(不共般若)·세속적이고 상대적인 세간반야(世間般若)·초세속적인 출세간반야(出世間般若)·만행을 하는 권속반야(眷屬般若)는 반야·현상의 모든 이치를 꿰뚫어 보는 경계반야(境界般若) 등이 있습니다.

삼세의 모든 부처님들도 반야를 어머니요, 스승이라고 합니다.

바라밀(波羅蜜, pāramitā)

바라밀(波羅蜜, pāramitā)은 소리로 번역했으며, 뜻으로는 '도피안(到彼岸)'입니다. '도피안'은 한역불교에서 이상의 경지에 이르고자 하는 보살수행의 길, 지혜의 완성을 뜻합니다.

범어 '파라미타pārami'는 동사로 '완벽하게 도달한 또는 최고에 도달한'을 뜻하고, '타tā'는 추상명사로 '상태(狀態)' 또는 종료(終了)를 뜻합니다.

『금강경』에서의 '파라미타'는 장교(藏教: 상좌부불교의 경장·율장·논장)와 통하고, 통교(通教)9)와 통하고, 별교(別教: 화엄)10)와 통하고, 원교(圓教: 법화·열반)의 '제법즉실상(諸法卽實相)'과 통하니, 임시방편(손가락이 달을 향하듯)으로 상대적인 이 언덕에서 열반의 저 언덕으로 가는 것을 뜻하나 결국은 '반야의 완성'을 의미합니다.

바라밀의 종류로는 육바라밀이 있습니다. 육바라밀은 성불의 실천덕목입니다.

첫째, 보시바라밀(布施波羅蜜, dāna-pāramitā)은 부처님께서 주신 성불의 처방전으로 자비심을 일으켜 과보(果報)나 집착을 바라는 마음이 없이 무주상보시가 '보시바라밀'입니다.

보시는 사찰에서 필요로 하는 향, 초, 쌀, 금전 등을 공양하거나 어려운 이웃에게 금전· 물건을 제공하는 재물보시(財物布施)와 부처님 말씀이 기록된 모든 일체경(모든 경전류와 설법 테이프·사경)이나 설법을 공양하는 법보시(法布施)와 모든 무서움과 두려움을 제거하게 옆에 서 스승처럼 다정한 친구처럼 부처님말씀으로 내 아픔처럼 같이 느끼고 옆에 있어주는 무외보시(無畏布施)의 3가지로 분류합니다.

재물보시에서 보시를 하고 싶으나 형편이 어려운 이는 『잡보장경(雜寶藏經)』에서 또 다른 훌륭한 보시(무재칠시無財七施)를 권하고 있습니다.

1. 안시(眼施) : 눈은 마음의 창이라는 말이 있듯이 우리 마음을 보여주는 것이 눈입니다. 못마땅한 사람에게 눈길이 곱지 않는 것은 상처이고, 따뜻한 마음을 갖는 사람은 상대방에게 미소를 머금은 자비한 표정이 바로 상대방에게 힘이 되어주는 것을 '안시'라는 보시입니다.

---

9) 앞의 장교에 통하고, 뒤의 별교와 원교에 통하니 통교라 하고, 반야부와 초기대승불교와 유식, 밀교부등의 방등부

10) 원교이기도 한 화엄경은 보살52계위로 장교와 통교를 거처 삼게 밖에 보살사상

2. 화안시(和顔施) : 환한 미소를 머금은 얼굴은 상대방에게 편안함을 주는 '화안시'라 합니다. 찡그린 얼굴 보다는 밝은 그대의 얼굴이 상대방의 아픔을 치유합니다.

3. 언사시(言辭施) : 말 한마디로 천량 빚을 갚는다는 말이 있듯이 가시 돋친 말보다는 부드럽고 자비한 말이 상대방에게 큰 힘이 되며, 음성공양이요, '언사시' 입니다.

4. 신시(身施) : 합장하고 공손하게 새로 오는 불자들에게 사찰안내, 삼재(三災 :풍재·화재·수재)의 재난이 올 때, 또는 경조사에 적극 참여하여 내 아픔으로 여기는 행동이 '신시'입니다.

5. 심시(心施) : 모든 행위는 마음에서 나오듯 따뜻한 가슴으로, 동체대비심으로 이웃을 대함이 '심시'입니다.

6. 좌상시(座床施) : 지하철이나 버스 공공장소에서 노·약자나 임산부에게 자리양보 하는 것이 '좌상시' 입니다.

7. 방사시(房舍施) : 잠자리와 먹는 음식을 있는 그대로 정성껏 차려주심이 '방사시'입니다.

이러한 보시는 삼륜청정(三輪淸淨)으로 보시하는 사람과 보시하는 물건과 보시 받는 이가 모두 청정해야합니다. 소납은 '보시'는 '나눔의 미학'이며,'보시바라밀'은 '지극한 건망증이나 실어증(失語症)'이라 해석해 보았습니다.

둘째, 지계바라밀(持戒波羅蜜, śīla-pāramitā)은 부처님께서 주신 성불의 처방전으로 승가는 율을, 재가자는 계를 실천하는데 있어서, 나를 묶는 쇠사슬이 아니라 나를 보호해주는 안전망으로 이해하고, 실천해야 합니다. 마치 소가 가죽을 벗겼을 때 온갖 벌레·쉬파리·모기·진드기가 달라붙듯이 나를 안전하게 지켜주는 것을 지계바라밀이라 합니다.

셋째, 인욕바라밀(忍辱波羅蜜, kṣāti-pāramitā)로 부처님께서 주신 성불의 처방전으로 보통사람이 참는 인욕은 작은 인내이며, 『법화경』의 상불경 보살처럼 하심下心하여 모두를 부처로 봄이 바른 인욕바라밀입니다. 또한 역경계(逆境界: 타인으로부터 받는 박해나 비방과 모함 등)가 왔을 때 최대한 평정심을 잃지 말아야 함을 인욕바라밀이라 합니다.

넷째, 정진바라밀(精進波羅蜜,vīrya-pāramitā)은 부처님께서 주신 성불의 처방전으로 게으름(방일)을 질책하며, 쉼 없이 꾸준히 그릇됨을 참회하고, 바른 법에 물러섬이 없는 불퇴전의 행을 말합니다.

다섯째, 선정바라밀(禪定波羅蜜, dhyāna-pāramitā)는 부처님께서 주신 성불의 처방전으로 탐·진·치로 산란한 몸과 마음을 바르게 관하여, 참된 나를 찾는 것으로 쉽게는 돋보기를 햇빛에 두고 초점을 잘 맞추어 종이를 태우듯, 몸과 마음의 집중으로 견성을 향한 대승수행법입니다.

우리나라에 선수행(禪修行)에 큰 영향을 미친 중국 선풍은 크게 두 가지로 분류하기도 합니다.

1) 법화선문(法華禪門)은 혜문·혜사·천태·관정·담현 등이 법화·반야·법화삼매의 수행법으로 교학의 지침과 좌선·행선·예참을 통해 교·관의 회통(藉教入宗)선문으로 선수행에 큰 획을 그었습니다.

2) 능가선문(楞伽禪門)은 달마·혜가·승찬·도신 능가경을 의지하여 좌선을 하였으며, 혜능·신회 등이·금강경·육조단경과 함께 좌선수행으로 선종(禪宗)이라는 큰 틀의 선문으로 우리나라에 지대한 영향을 미친 간화선의 초석입니다.

여섯째, 반야바라밀(般若波羅蜜, prajñā-pāramitā)은 부처님께서 주신 성불의 처방전으로 차별과 분별을 떠난 무분별 지혜를 체득하여, 제법실상을 바르게 아는 지혜를 말합니다. '반야바라밀'을 『팔천송 반야경(소품반야경)』「명주품(明呪品)」에서는 다음과 같이 말씀하셨습니다.

"아난아. 그러므로 '반야바라밀'은 '5바라밀'의 인도자가 되는 것이다. 아난아, 비유하면 대지 가운데 씨앗을 뿌려 인연이 화합하면 바로 싹이 트이고 자라게 되니, 이 땅에 의지하지 않고서는 끝내 싹을 틀 수 없는 것과 같다. 아난아, 이와 같이 '5바라밀'은 '반야바라밀' 가운데서 머물러 자랄 수 있으며, '반야바라밀'이 이들을 보살펴줌으로 '일체지'에 향할 수 있는 것이다. 그러므로 아난아, '반야바라밀'이 '5바라밀'의 인도자가 되는 것이다." (阿難是故般若波羅蜜爲五波羅蜜導阿難譬如大地終散基中因緣和合卽得生長 不依此地終不得生阿難如是五波羅蜜住而得增長爲般若波羅蜜所護故得向薩婆若是故阿難 般若波羅蜜爲五波羅蜜作導)

경(經, sūtra)

경(經, sūtra)의 뜻은 『불지론(佛地論)』에 잘 설명되어 있습니다.

『불지론(佛地論)』에서는 오직 2가지 뜻으로 '꿰었다'와 '섭수하다'로, 설해야할 내용을 '꿰뚫었다'는 의미와 교화할 중생을 '섭수 한다'는 의미이다. 다시 말하자면 여래께서 입멸하신지 2천여 년이 지났으나 그의 유풍(遺風)이 아직까지 남아 있으니 이렇게 정법을 들을 수 있는 것은 모든 경전을 '꿰뚫었다'는 뜻이요, 중생이 유랑하여 어찌 해야 할 바를 모르다가 부처님의 교문(教門)을 얻고서 모두 정취(正趣)로 갈 수 있는 것이 모든 경전을 섭수한다는 의미다. 이런 2가지 의미를 갖추었기에 경이라 부른다. 여기 2가지에 '변함이 없다'는 뜻을 보태어 3종 반야에 배대하면 실상은 '변함이 없음'이요, 관조는 '꿰뚫었음'이요, 문자는 '섭수함'이다. (佛地論中唯說二義謂貫也攝也貫穿所應說義攝持所化衆生且如來入滅二千餘季遺風若存得聞正法者斯皆經之貫穿義也衆生流浪莫知所從得佛教門咸歸正趣者斯皆經之

攝持義也具此二義故名爲經今以此二復加常義以對三種般若謂實相常觀照貫文字攝也)11)

대장경(大藏經)은 불교 경전 전부를 가리키는 말로 경장(經藏), 율장(律藏), 논장(論藏)의 삼장(三藏)으로 구성되어 있습니다.

첫째, 경장(經藏, sūtra-piṭka)은 부처님의 말씀을 기록한 문헌의 총칭으로, 『아함경』·『금강경』·『화엄경』·『법화경』·『열반경』 등이 있습니다.

둘째, 율장(律藏,vinaya-p)은 출가승가와 재가자를 위하여 제정하신 규범(規範)·규칙(規則)으로 계(戒, śīla)와 율(律,vinaya)로 나뉩니다. 계(戒)는 출가승의 경우 '사미(니)계'와 구족계로 '비구(니)계' 보살계 등이 있고, 재가자의 경우 '삼귀의와 오계', '보살계'와 '팔관재계' 등이 있습니다. 율(律)은 출가승단에서 지켜야 할 규범으로 법장부의 『4분율』 60권, 회색부의 『5분율』 30권, 설일체유부의 『10송율』 61권, 대중부의 『마하승지율』 40권 등이 있습니다.

셋째, 논장(論藏,abhidarma-p)은 전치사 '수승·최고'의 뜻으로 경장과 율장을 후대 인도에서 논사(論師)들의 주석서를 원칙으로 하였으나, 다른 불교국가의 불교문화가 개화될 때 선지식이 쓴 '소(疏)'에도 '논(論)'이라 추앙하기도 합니다.

대장경은 위의 삼장과 인도 이외의 국가에서 번역·찬술된 불교대장경은 크게 다섯 종류로 나누어 봅니다.

첫째, 빨리어 대장경은 상좌부불교·남방불교(스리랑카, 미얀마, 태국, 라오스,

11) 장수대사, 보련각, 금강경간정기 p,33

캄보디아 등)에서 빨리어로 쓰여진 대장경으로 대승경전은 없습니다.

둘째, 티베트 대장경은 7세기말 티베트어가 제정된 이후 범어(산스크리트어) 번역본이 주를 이루고, 소수의 한역본(漢譯本)과 빨리어본을 중역(重譯)하여 13세기에 완성되었습니다. 특히 소실된 산스크리트어 원전복원에 핵심이 됩니다.

셋째, 한역대장경(漢譯大藏經)은 730년(개원開元18년)에 지승(智昇)의 개원석교록(開元釋教錄)에 의하여 정리된 목록이 나온 후253년 만에 최초로 송(宋)나라 태조(太祖)가 발원조조(發願彫造)하여 태종(太宗)때 완성된 송의 관판대장경(官版大藏經/北宋官版大藏經)이 983년에 일체경(一切經)으로 만11년 만에 완성되었습니다. 총 1,076부 5,048권의 불전이 13만매의 목판이 조조되어 천자문 순서대로 480개함에 보관되었으나 말년에 소실됨.

넷째, 고려대장경(高麗大藏經)은 우리나라의 대장경으로

1) 초조대장경(初彫大藏經)은 북송의 관판대장경 뒤를 이어서 고려의 현종(顯宗,1010~1031)이 발원하여, 관판대장경을 모본으로 복각(復刻)하여, 강화도 선원사와 팔공산 부인사에 봉안됐으나 몽고의 침입으로 소실되었으며, 고려대장경연구소에서 2004년부터 일본 하나조노 국제선학연구소와 함께 한일 공동 초조대장경 디지털화 사업을 추진하고 있습니다. 일본 교또의 난젠지(南禪寺)에 1,800여권의 초조대장경을 소장하고 있습니다.

2) 속장경(續藏經)은 문종의 왕자 의천대각국사의 지휘아래, 1085년 직접 송나라에 가서 『화엄대불사의론(華嚴大不思議論)』 등 3천여 권을 수집했으며, 국내는 물론이고 요나라와 일본에서도 1,010부 4,740여권을 모아 신편제종교장총록(新編諸宗教藏總錄)을 선보였습니다. 문종은 그의 뜻을 받들어 교장사(教藏司)를 설치하여 속장경이 탄생했으나 외적의 방화로 많은 부분이 소실되었습니다.

3) 재조대장경(再彫大藏經)은 고종 24년(1237~1251) 16년에 걸쳐 완성되었

습니다. 이규보(李奎報)가 지은 군신기고문(君臣祈告文)에 권신(權臣), 최이(崔怡), 최항(崔沆)과 개봉사(開奉寺)의 승통(僧統) 수기(守其)는 북송판·거란판 및 초·재본 장경을 수정 보완하여 오늘의 해인사 팔만대장경입니다. 총 1,511부 6,802권 81,258판으로 구성되어 오자(誤字)가 별로 없는 것이 특징이며, 천자문 순서로 배열되었습니다.

다섯째, 대정신수대장경(大正新脩大藏經)은 현재 세계의 불교학자들이 불전의 텍스트로 쓰는 대장경은 다카쿠스 준지로오(高楠順次郎: 1886~1945)와 와타나베 가이쿄구(渡邊海旭: 1872~1933) 그리고 오노 겐묘(小野玄妙: 1883~1939) 등 다수의 불교학자들에 의하여 도감한 것(大正一切經刊行會, 現在大藏出版株式會社(c)1923~1934년간)으로 100권으로 이루어졌습니다.

신수대장경의 편찬은 1920년 다카쿠스 준지로오가 도쿄제국대학(東京帝國大)에서 한역(漢譯)경전과 빨리어경전(巴利語)을 대조 연구하던 중 계획되었습니다. 1923년(다이쇼12년) 가을 신수대장경 제1권을 출판할 예정이었으나, 9월 1일 우리나라 재일 동포들의 가슴 아픈 기억인 관동(關東) 대지진으로 난관에 봉착하기도 하였습니다. 1924년 5월 제1권 아함부가 발행되었습니다. 그리고 6월 이후 매월 1권씩 발행되어 1928년(쇼와3년) 11월에 55권 목록부(目錄部)가 발행되었으며, 총 2,276부 9,041권 55책이 완간되었습니다.

정장正藏 55권이 발행 후1929년 9월부터 속장(續藏)을 착수하여1932년 2월 제85권 고일의사부(古逸 疑似部)의 간행으로 정속장(正續藏) 총 3,053부 11,970권 85책이 간행됐습니다.

정속장正續藏 85권에 도상(圖像)12권과 총목록 3권을 합하여 총 3,493부 13,520권 100책의 신수대장경이 1934년 완간되었습니다.

고려대장경(1251년)을 저본으로 해서 송본宋本(1239년), 원본元本(1290), 명본明本(1601년)과 일본사찰에 남아있는 고본판과 돈황본을 참고 했으나 구두

점이 명확하지 않고 탈자의 오식이 많습니다. 판식은 46배판 5호 활자3단, 1단 29행, 1행17자입니다.

姚秦 天竺 三藏法師 鳩摩羅什 奉詔 譯

요진 천축 삼장법사 구마라집 봉조 역

요진 천축 삼장법사 구마라집 봉조 역

요진천축

전진왕(前秦王) 부견(苻堅)의 뒤를 이어 화북에서 일대의 불교융성기를 요진(後秦:384~417) 시대라 하며, 천축이라 함은 부친인 구마라염(鳩摩羅炎)과 구자국왕(龜玆國王)의 누이동생을 어머니로 하시기에 천축이라 합니다.

구마라집

삼장법사 구마라집(鳩摩羅什, kumārajīva 344~413)은 천축출신의 승려 구마라염(鳩摩羅炎, kumārayaṇa)과 구자국(龜玆國) 왕의 누이동생이었던 어머니 지바(jīva)이름을 따서 구마라집(지바)이라 하였으며, 구자국에서 출생하여, 7살에 어머니와 함께 동진 출가하였습니다. 라집은 5세 때부터 총명하여, 하루에 32자를 기준으로 하여 일천 송을 암송했다고 전해집니다. 구자국은 중국 감숙성(甘肅省)의 서쪽, 신경성의 북쪽에 있었던 나라로 지금의 고차(庫車), 중국대륙을 가로질러 나간 천산(天山) 산맥의 타크라 사막에 접경지역에 있었고, 예부터 설일체유부(sarvāstivāda) 불교가 성행한 나라로 이름위에 성씨로 백(白)을 즐겨 썼습니다.

7세에 출가하여 어머니를 따라 여러 곳을 다녔으며, 북인도 계빈국(罽賓國, kashmir)에서 반두달다(槃頭達多, Bandhudatta)에게 『중아함경』·『장아함경』 등 초기불교를 사사받았으며, 소륵국(疏勒國, Kashgar)에서 『증일아함경』 『아비담(阿毘曇)』 『육족(六足)』 등 여러 논서(論書)를 학습하셨습니다.

대승학자 수리야소마(須利耶蘇摩, Sūryasoma)에게 대승의 『중론(中論)』·『백론(百論)』 등을 사사했으며, 비마라차(卑摩羅叉 Vimalākṣa)에게 『십송율(十誦律)』 등 율을 배웠으며, 구자국에서 대승불교의 거성으로 국제적인 경전해석(漢譯)의 새로운 지평을 펼쳐 부처님의 종지를 함축하는 교학과 문학성으로 명성을 날렸습니다.

전진왕 부견은 구마라집 삼장을 모셔 오기위해 여광(呂光)이라는 장군과 군대를 파견하여 구자국왕실을 멸하고, 라집을 사로잡아 함께 양주(凉州)에 당도하였으나, 부견이 요장(姚萇)에게 살해되어 전진이 멸망했다는 소식을 듣고, 여광자신이 후량국(後凉國)을 세워 16년 동안 중국어를 익혔습니다.

후진(後秦)의 요흥(姚興)은 홍시(弘始)3년(401년 12월 20일) 후량을 토벌하여 라집을 장안(長安)으로 모셔 국빈 겸 국사의 예를 다하였습니다. 서명각(西明閣)과 소요원(逍遙園)에서 삼장을 번역 역출하게 되면서 한자화하는 길이 열렸습니다.

라집 삼장은 홍시4년~홍시15년, 12년에 걸쳐 『대품반야경』·『묘법연화경』·『금강경』·『아미타경』·『유마경』·『좌선삼매경』·『선법요해』·『십송율』·『십송비구계본』·『율전』·『대지도론』·『중론』·『백론』·『용수보살전』·『마명보살전』 등 『개원석교록』에서는 74부 384권을 역출했다 고 기록하고 있습니다.

중국 역경사를 구분한다면 라집삼장 전을 고역(古譯)이라 하고, 라집삼장(5세기 초)과 진제삼장(6세 기 중)을 구역이라 하고, 현장삼장(7세기 중)부터 불공삼장(8세기 중) 이후를 신역(新譯)이라 합니다.

봉조 역

라집 삼장의 개인이 번역한 것이 아니고, 황제의 칙명을 받들어 번경원에서 번역했음을 뜻합니다. 또한 송대(宋代)에 쓰인 『불조통기(佛祖統記)』 43권에서는 단순히 불전 번역뿐 아니라 불전강의, 후진양성 등의 성격을 띠고 있습니다.

① **번경원의 직제**

1 **역주(譯主)**: 상석 정면에 앉아 원전을 읽고 그 의미를 강의하는 자로서 역경작업의 주인공입니다.

2 **증의(證義)**: 역주의 왼편에 앉아 빨리어나 산스끄리뜨어를 판단하여 옳고 그름을 증명하는 사람.

3 **증문(證文)**: 역주의 오른편에 앉아서 빨리어나 산스끄리뜨어의 오역이 없나 확인하는 사람.

4 **서사(書寫)**: 빨리어나 산스끄리뜨어를 한자(漢字)로 옮겨 쓰는 사람.

수 **필수(筆受)**: 빨리어나 산스끄리뜨어를 번역된 한자를 받아쓰는 사람.

6 **철문(綴文)**: 문자를 철하여 글귀로 남기는 사람(요즈음으로는 제본하는 전단계의 사람)

7 **증범본(證梵本)**: 빨리어나 산스끄리뜨어를 한문과 비교하여 틀림없게 하는 사람.

8 **간정(刊定)**: 번잡하게 긴 문장을 줄여서 글귀의 의미를 정하는 사람.

순 **윤문(潤文)**: 번역된 문장을 일반인이 이해하기 쉽게 문학적으로 다듬는 사람

10 **기타는 탁어(度語)**: 통역인, 범패(梵唄): 번역을 시작할 때 의식을 집전하는 사람, 교감(校勘): 번역문을 교정 심사하는 사람, 감호(監護): 최후로 검정하는 사람으로 황실의 고관 등이 있습니다.

1. 법회를 이룬 인연 분

第一法會因由分 (제일법회인유분)

1-01

evaṃ mayā śrutam ekasmin samaye. Bhagavāñ Śrāvastyāṃ viharati sma Jetavane' nāthapiṇḍadasya -ārāme mahatā bhikṣu-saṃghena sārddham ardhatrayodaśabhir bhikṣu-śataiḥ sambahulaiś ca bodhisattvair mahāsattvaiḥ.

如是我聞 一時 佛在舍衛國 祇樹給孤獨園 與大比丘衆

여시아문 일시 불재사위국 기수급고독원 여대비구중

千二百五十人俱

천이백오십인구

이와 같이 나는 들었습니다. 한때 부처님께서 거룩한 비구 천이백오십인과 함께 사위나라 기원정사에 계셨습니다.

여시아문(如是我聞, evaṃ mayā śrutam)

'나(아난존자)는 이와 같이(다음과 같이) 들었습니다.'는 부처님께서 쿠시나가라에서 위대한 열반에 드신 후, 부처님의 제자(출가승)들은 한곳에 모여 위대한 스승님을 추앙하며, 마지막 예를 올렸습니다. 당시 부처님의 법맥을 이으신 마하카싸파(마하가섭)는 부처님의 가르침을 상기하셨습니다. "우리 가까이 있는 사랑스러운 모든 것들이 결국은 우리와 헤어져야 하며 멀어져야 하며 나뉘어져야 하는 것이 바로 당연한 일이다."라고 하였습니다.

이때 늦 깎기(세속 나이가 많아 늦게 출가한 이)인 수밧다 비구가 사견(邪見)으로 여러 스님들을 위로하였습니다.

"벗들이여 슬퍼하지 마시오, 왜냐하면 이제야 우리는 저 큰 스승의 통제와 엄한 가르침으로부터 완전히 벗어나게 되었기 때문이오. 스승님이 살아계시는 동안 우리는 엄격한 계율을 준수하지 못하여 언제나 꾸짖음을 들었소. 그러나 지금 우리는 우리가 하고 싶은 대로 할 수 있는 자유를 얻었소. 그러니 슬퍼하지 마시오."라고 하였습니다.

부처님께서 열반에 드신 직후 나타난 수밧다의 이와 같은 충격적인 말들은 승단 내부에 이질적인 부류들이 역시 존재했다는 추측을 불러일으킵니다.

마하카싸파 장로는 큰 충격을 받고 "존자들이여, 오시오. 모여서 법과 율을 합송(合誦)합시다. 법 아닌 것이 널리 퍼지기 전에, 법이 사라지기 전에, 율 아닌 것이 널리 퍼지기 전에, 법을 헐뜯는 자가 힘을 얻기 전에, 법을 지니는 자가 약해지기 전에" 그래서 제1 결집(첫 번째 편찬회의)이 시작되었습니다.

마하카싸파 장로는 500명의 아라한과를 증득한 출가승들을 선출하여 마가다의 서울 라자가하시(王舍城) 부근의 웨바라 언덕에 있는 삿타파니

동굴(칠협굴)에서, 아자타삿투 왕의 도움으로 7개월 동안 율과 법이 육성취의 형식으로 송출되었습니다.12)

불(佛, Bhagavāñ)

'불'은 지혜와 복덕을 갖추신 역사적인 석가모니 부처님을 지칭하는 말이며, '세존'은 일반적으로 깨침을 얻어 세간에 존경을 받을 어른. '석존'은 대화체에서 상대적인개념으로 제자가 스승님을 지칭합니다.

'석가모니'는 인도 말이며, 중국 말 로는 '능인적묵(能仁寂默)'이라 한다. '능인' 이시기에 열반에 머물지 않고, '적묵' 이시기에 생사에 머물지 않으신다. 또는 '적'은 모습을 나타내되 모습이 없음을 뜻하고, '묵'은 설법하시되 설법하심이 없다는 뜻이다. 이것은 진신(眞身)그대로가 바로 응화신불(應化身佛)을 뜻한다. '대각'이란 각은 부처님을 일컫는 말로, '대(大)'는 다른 성인과 구별하고 차별하는 말이다. 다른 성인은 깨닫기는 했어도 크다는 '대'라고는 하지 않는다. 이승(二乘)은 편각(偏覺)이요, 보살은 분각(分覺)이기에 모두 '대'가 아니다. 오직 부처님만은 한 번에 깨달음으로 영원히 깨닫지 못함이 없으신 분이다. 마치 큰 꿈을 깨어남과 같으며, 연꽃이 피어남과 같이 뭇 성인들이 아득히 초탈하였음으로 유독 '대'라고 하는 것이다. '존'이란 거룩한 여래십호(如來十號)를 갖추어 중생들이 존경하는 바가 남다르다.13)

여대비구중(如大比丘衆, mahatābhikṣu-saṃghena sārddham)

'여대비구중'은 악마를 겁나게 하는 포마(怖魔)또는 계행을 청정하게 하는 정계(淨戒)와 일체 생업에 종사하지 않는 걸사(乞士)를 종합해서 자비심과

12) 최봉수, 『원시불교와 초기대승불교 사상』,(재)탄허불교문화재단,1996, pp.17~18.
13) 장수, 『금강경간정기』, 봉선사 활자본, pp.98-9.

덕 높은 장로스님들을 총칭하는 말입니다.

천이백오십인(千二百五十人, ardh-trayodaśabhir)

천 이백오십 인은 초전법륜 시 5비구, 3가섭형제로 우루빈나 가섭과 제자들 500인, 나제 가섭과 제자250인, 가야 가섭과 제자 250인, 사리불과 동료들 100인, 목건련과 동료 100인, 야사와 권속들 50인으로 정확히는 1,250인의 훌륭히 깨침을 얻으신 장로스님들입니다. 1,250인을 두 그룹으로 분류합니다.

첫째, 상수중(常隨衆)은 부처님과 아난존자를 위시하여 30~40여명이 함께 기거하는 승려들.

둘째, 수연중(隨緣衆)은 부처님께서 설법하실 장소의 반경 20km 내외로 반나절 정도 걸어서 올 수 있는 거리의 승려요, 우리나라 실정이라면 교구본사와 인접교구 스님들과 본사에 속하는 말사의 스님들로 이해하시면 큰 무리는 없을 것 같습니다.

사위국(舍衛國, śrāvastyāṃ)

'사위국'은 코살라국 수도 이름이며, '사위'란 물자가 풍부하다는 뜻이 있으며, 파사익왕이 불교를 신봉하고 선정을 베풀었다고 합니다. 이 사위성 안에 있는 기원정사에서 25년간 설법하시고, 안거를 가장 많이 한 곳입니다.

기수급고독원(祇樹給孤獨園, Jetavanenāthapiṇḍadasya-ārāme)

'기수'는 'jeta'의 뜻으로 번역하여 '전승자(戰勝者)'로 파사익왕의 태자 이름이고, 'vane'는 '숲'으로, '태자소유의 숲'이란 뜻입니다. '급고독원'은 'nāthapiṇḍadasya-ārāme'로 '고독 한(늙고·병들고·외로운 사람들)사람에게 먹을 것을 주는 사람. 즉 요즈음 말로 사회복지를 실천하신 수달타(sudatta)장자가 부처님께 절 불사를 위하여 후보지를 물색한 땅이 바로 태자의 소유로, 매매할 의향이 없어 엄청난 값을 불렀으나, 주저함 없이 사서 온 인류의 스승이신 부처님께 헌납하고자 한다는 말에 감동하여 숲 값은 치지 않고, 자기이름으로 헌납한다 하여 '기타 태자의 숲과 급고독 장자가 세운 절'을 줄여서 '기원정사'라 합니다. 『옥야경(玉耶經)』의 주인공 옥야가 바로 장자의 며느리입니다.

1-02

atha khalu Bhagavān pūrvāhṇa-kāla-samaye nivāsya pātracīvaram ādāya Śrāvastīṃ mahā-nagarīṃ piṇḍāya prāvikṣat. atha khalu Bhagavañ Śrāvastīṃ mahā-nagarīṃ piṇḍāya caritvā.

爾時 世尊食時 著衣持鉢 入舍衛大城乞食 於其城中 次第乞已

이시 세존식시 착의지발 입사위대성걸식 어기성중 차제걸이

還至本處

환지본처

그때 세존께서는 공양 때가 되어 가사를 입으시고 발우를 들고 걸식하고자 사위대성에 들어가셨습니다. 성 안에서 차례로 걸식하신 후 기원정사에 돌아오셔서

이시(爾時, atha khalu)

탁발하러 가실 시간 또는 그때를 말합니다.

식시(食時, pūrvāhṇa-kāla-samaye)

소납의 생각은 대략 오전8시~오전10시 정도로 생각됩니다. 왜냐하면 기원정사에서3~4km 내외의 거리로 걸어서 한 시간내외로 가는데, 5~7집에서 한 집마다 설법 3분~5분정도를 계산하면 큰 무리는 없는 듯합니다. 공양시간이 아니고 걸식하러 갈 때이기 때문입니다.

착의지발(著衣持鉢, pātra-cīvaram āḍāya)

'착의'는 '승가리/가사(僧伽梨/袈裟)[14]를 수함을 뜻합니다.

가사의 유래는 석가모니부처님과 시자 아난존자가 마가다국 들판을 거닐던 중에 논이나 밭이 둑을 경계로 질서 정연함이 보시고 "저 잘 정비된 들판에 논을 보았느냐?" "아난아, 너는 저 들판과 같이 비구들의 가사를

14) 승가리僧伽梨/가사袈裟: 직사각형의 천 조각들을 세로로 나란히 꿰맨 것을 1조로하고, 가로로 나란히 9개면 9조~25개면 25조 대가사로 걸식, 설법, 왕실 출입 시 수함.

만들어 보아라." 에 힌트를 얻어 화장터 같은 곳에서 버려진 옷을 빨아 재활용 할 수 있는 것을 수거하여 세탁을 하고, 만든 것을 분소의(糞掃衣)[15]라 합니다.

스님들이 대가사(僧伽梨, saṅghṭī)[16]를 수하기 전에 격식에 맞게 잘 포개어 머리위에 얹고 정대게(頂戴偈) 좋고! 좋구나! 해탈복이여, 위없는 복전의로다. 제가 지금 이 가사를 머리에 대니 세세생생 가피를 얻게 하소서.(善哉解脫服 無上福田衣 我今頂戴受 世世常得被) 《 옴 마하가바 바다싯제 사바하 》를 세 번 합니다.

7조 가사(鬱多羅僧, uttarā saṅga)[17]는 《옴 도바도바 사바하》를 합니다. 5조 가사(安陀會, antaravāsaka)[18]는 게송은 같고 주는 《옴 싯다야 사바하 》를 세 번을 하면서 가사점안을 봉행하고 수하게 됩니다.

부처님 재세시 또는 인도에서는 통가사로 몸을 가리기 때문에 의(衣)라 하였고, 중국·우리나라·일본 등 추운지방에서는 장삼을 입고, 가사를 두르기에 수한다 합니다. 인도불교에서는 입는다는 것이 정확한 표현이고, 추운지방에서는 겉에 두르는 관계로 수한다는 것이 맞습니다.

가사의 5가지 공덕으로는 하나, 큰 죄와 사견(邪見)을 갖고 있는 사람도 가사를 공경과 존경하는 마음을 내면 삼승(三乘)에들 것이며. 둘, 천룡팔부 등이라도 가사에 공경과 존경을 내면 삼승에서 불퇴전할 것이며. 셋, 귀신이나 사람이 가사에 공경심과 존경한 마음으로 한 조각만 지녀도 음식이 풍요할 것이며. 넷, 일체 중생이 원수처럼 미워한다 해도 가사를 공경과 존경심을 내면 자비심이 증장되며. 다섯, 전쟁터에 나가는 이가 공경과

---

15) 『사분율四分律』에서는 쥐가 쓸었 던 옷, 화재로 불에 탄 옷, 여성의 생리 한 것 내지는 묻은 옷, 죽은 자의 버려진 옷 등

16) 걸식과 외부 출입시 발아래 복숭아뼈까지 가리는 것. 상품의上品衣

17) 포살법회 대중 안에 들어갈 때 오른쪽 어깨가 드러나도록 편단우견의. 중품의中品衣

18) 하반신을 가리며 실내에서 쉬거나 운력, 주무실 때 입는 것. 하품의下品衣

존경심을 내며 가사 한 조각만 지니면 목숨을 잘 보존한다 하였습니다.

'지발'은 '발우(음식을 담는 그릇)' 를 들고 란 뜻입니다. 발우에 담겨진 뜻은 첫 번째 삼세의 불법을 받들고 따름이요, 두 번째는 외도(外道)를 파함이요, 셋 번째는 위의(威儀)를 갖추어 중생에게 이익을 나타냄이요, 네 번째는 무한한 공덕의 그릇을 뜻합니다. 또한 『무량의경』에서는 발우를 공덕을 쌓는 복덕이라 하였습니다.

입사위대성걸식(入舍偉大城乞食, Śrāvastīṃ mahā-nagarīṃ piṇḍāya prāvikṣat)

'입사위성'은 사위성에 들어가는 모습이며, '걸식'은 '탁발걸식(托鉢乞食)'을 뜻합니다.

성에 들어가는 길목에서도 걸식을 하시기도 하였습니다. 어느 바라문이 "사문이시여! 나는 밭갈이를 하고 씨를 뿌려 농사를 짓고 먹습니다.

당신도 농사를 짓고 먹습니까?" 부처님께서 "바라문이여! 나도 또한 밭을 갈고 씨를 뿌리고 나서 먹습니다." 바라문은 다시 "우리들은 당신의 모습도 농기구도 보지 못했습니다. 그런데 어떻게 밭을 갈고 씨를 뿌리고 먹는다 하십니까?"

부처님께서 "바라문이여! 믿음은 씨앗이요, 마음을 다잡음은 비요, 지혜는 모습이고 삽이요, 부끄러움은 멍에요, 의사(意思)는 밧줄이요, 깊은 생각은 자침(剌針)이요, 몸을 막고, 말을 막고, 음식의 종류를 제한하고 먹습니다.

진실로 풀베기를 하고, 유화(柔和)는 내 멍에입니다. 내 일손은 근심 없는 곳에 이르러 다시 돌아옴이 없습니다. 내 밭갈이는 이렇게 진행되고, 내 감로의 결실은 맺습니다. 모든 사람이 농업을 하면서도 참으로 마음의 밭을 갈 줄 안다면 모든 고통에서 벗어 날수 있습니다." 바라문은 그 말씀에 감화되어 발우에 우유를 가득 채워드리고 "세존이시여! 참 밭갈이를 하는 분입니다. 참으로 감로의 열매를 맺는 훌륭한 농부이십니다." 하고 제자가 되었습니다.

어기성중(於其城中, Śrāvastīṃ mahā-nagarīṃ)

'어기성중'은 슈라와스띠의 그 큰 성 안으로 라는 말입니다.

차제걸이(次第乞已, piṇḍāya caritvā)

'차제걸이'는 엄격한 율이 정해져서 빈부·귀천에 차별하지 않고, 일곱 집 혹은 다섯 집을 차례로 걸식하며 삼독심을 버리고 하심(下心)하는 수행의 한 부분입니다.

편의상 쉽게 이야기한다면 '차제걸이'가 율장으로 정해진 이유는 마하가섭존자와 수보리존자의 공양물을 보시고 정한 것입니다. 수보리존자는 현재의 부유한집은 미래에도 부유함의 상속만을 배려하여 걸식해서 풍요로움이, 마하가섭존자는 가난한 이는 과거세에 보시를 게을리 해 가난의 대물림을 끊는 배려심으로 복을 짓는 뜻으로 가난한 집에서만 걸식하여 형편없는 공양물 이였습니다. 두 분 다를 상대방을 배려함은 칭찬하였으나, 모든 분별심을 버리고 차례로 일곱 집에서 걸식하게 되었습니다. 또한 유마거사께 한 방망이 경책을 받기도 합니다.

비구가 걸식할 때에 지켜야 할 4가지 일(乞食四事)이 있습니다. 1) 주정계(住定戒)는 위의(威儀)를 갖추고 고요함과 계에 주함이요, 2) 주정의(住定義)는 단정하고 예의바르게 상대로 하여금 공경과 믿음을 주어야 함이요, 3) 주정명(住定命)은 부처님 정법에 따라 청정심을 잃지 않고, 오부정(五不正)[19]을 여의는 것이며, 4) 주정각(住定覺)은 육근은 괴로움의 근본임을 알아서 음식은 몸을 지탱할 수 있을 만큼만 약이요, 중생에게 이익을 주기 위함입니다.

『대지도론』에서는 '팔정도'의 '정명(바른 수행 또는 생활)'을 설명하면서 승려들의 삿된 생활을 하지 말아야 할 다섯 가지를 들고 있습니다. 우리나라 승려들에게도 큰 경책과 시사하는 바가 크다 하겠습니다. '바른 생활'은 청정한 지혜로서 다섯 종류의 '삿된 생활'을 없애 버리는 것이 '정명'입니다.

질문: "무엇이 다섯 종류의 삿된 생활(邪命)인가?"

답변: 첫째, "만일 수행자가 이익(利養, lābhalobha)을 위하여 속임(詐,kuhanā)를 써서 여러 가지 기적(寄特, āścarya)을 보이는 것." 이고, 둘째, "이익을 위하여 자기 자신의 공덕을 칭찬하는 것(自說功德, svaguṇalapanā)."이며, 셋째, "이익을 위하여 사람들에게 상(相)을 보아 길흉(吉凶, svasti-asvasti)을 점치는 것." 이고, 넷째, "이익을 위하여 큰소리(高聲, uccais)로 위엄(威, prabhāva)을 가해서 사람들에게 두려움과 존경을 일으키는 것."이며, 다섯째, "이익을 위하여 사람의 마음을 동요시켜 다시 공양을 받으려고 이미 얻은 공양물(供養,labdhapūjā)에 대해 칭찬하는 것."이다.[20]

이는 계율청정을 수행의 실천덕목으로 처방전을 주셨습니다.

환지본처(還至本處, piṇḍapāta-pratikrāntaḥ)

'환지본처'는 곧 발우가 가득 차 있으면 돌아와야 함을 기원정사로 옮을 뜻하며, 여래는 삼·사 등식(三·四等食)으로 『십이두타경十二頭陀經』에서는 1) 아픈 환자, 2) 땅과 물에 의지하는 중생, 3) 걸식한 자신의 삼등식을, 『보운경寶雲經』에서는 범행하는 이에게 평등공양을 추가해서

19) 수행자의 본분사를 벗어나는 행위, 또는 금해야 할일 다섯 가지
20) 김영희 역, 『반야경의 출세간법』, 경서원, 2006, pp.147~8.

사등식을 설합니다.

1-03

kṛta-bhakta-kṛtyaḥ paścādbhakta-piṇḍapāta-pratikrāntaḥ pātra-cīvaraṃ pratiśāmya pādau prakṣalya nyaṣīdat prajñapta eva-āsane paryaṅkam ābhujya ṛjuṃ kāyaṃ praṇidhāya, pratimukhīṃ smṛtim upasthāpya. atha khalu sambahulā bhikṣavo yena Bhagavāṃs tenopasamkraman upasamkramya Bhagavataḥ pādau śirobhir abhivandya Bhagavantaṃ triṣpradakṣiṇīkṛtyaikānte nyaṣīdan.

飯食訖 收衣鉢 洗足已 敷座而座

반사흘 수의발 세족이 부좌이좌

공양을 드신 뒤 가사와 발우를 거두시고 발을 씻으신 후에 자리를 펴시고 앉으셨습니다.

반사흘(飯食訖, paścād-bhakta)

'반사흘'은 공양을 드신 후며,

수의발(收衣鉢, pātra-cīvaraṃ pratiśāmya)

'수의발'은 가사와 발우를 거두시고 이며.

세족이(洗足已, pādau prakṣalya)

'세족이'는 발을 씻으시고 이며, 『아함경』에서는 부처님께서는 도보행걸(塗步行乞)하실 때는 4치(寸 ; 대략10cm)정도 땅에 닿지 않고, 연꽃이 받혀주지만 미세먼지가 있을까 염려하셔서 발을 씻습니다. 두 번째는 반야에 존경과 설법을 위함이며, 셋째는 승가의 와구(臥具)청결을 위함이요, 넷째는 모든 이가 발에 예경을 표함을 위하여, 다섯 번째는 중생의 번뇌를 청정하게 하기 위한 배려입니다.

부좌이좌(敷座而坐)

'부좌이좌'는 반야를 설법하기 위하여, 삼매에 드신 오전 11 ~정오사이로 법회에 모인 설법청중의 근기에 맞는 눈높이를 점검하는 때이며, 요즈음으로 치면 입정(入定)하실 때입니다.

모든 부처님의 율전과 경전 서분에서 접하게 되는 문장인 증신서(證信序)에서 육성취(六成就)가 나오게 된 배경은 부처님의 유교(遺教) 때문입니다.

육성취가 나오게 된 배경

건립하게 된 연유는 아난존자가 석가모니 부처님께서 입멸하시려 할 때 위대한 스승님을 떠나 보내야함을 처절하게 느끼시고 슬픔에 잠겨있을 때, 마침 아니루두(阿泥樓豆: 천안제일 아나율) 존자가 질문하여 유언의 말씀을 드리라는 권유로 네 가지 질문을 시작하게 되었습니다.

장수대사는 『금강경 간정기』에서 육성취가 건립하게 된 연유를 이렇게 말씀하셨습니다.

> '증신(證信)'이란 바로 '육성취'로서 설주(說主: 법을 설하시는 부처님)와 '청자(請者: 법을 설하실 때 인연이 되어 듣는 이들)'·'시설(時說: 법을 설하여 펴실 때)'와 '처설(處說: 법을 설하신 장소)'가 낱낱이 분명하게 드러나서 허물이나 잘못이 없음을 증명하여 중생들로 하여금 '신(信: 믿음)'을 주기 때문이다. '발기(發起)'란 '사상(事相)[21]'을 표시하여 '정종법의(正宗法義)[22]'를 발기한 것이다. 그러나 이 두 가지 '서(序)'는 또 다른 명칭으로 '통서(通序)'와 '별서(別序)'로 나눈다. '통서'란 모든 경전과 동일한 부분을 이르는 말이고 '별서'란 모든 경전과 차별되어 다른 부분을 이르는 것이다. (證信者卽六成就也顯說聽時處一一分明以證非謬今物生信故發起者則以事相表示發起正宗法義也然此二序更有異名謂通序別序通謂諸經同告別謂諸經別故亦謂)[23]

또한 규산대사는 『금강경(소疏)간정기』 에서 이렇게 말씀하셨습니다.

---

21) 낱낱이 차별되어지는 모습이나 현상으로 교상(教相)과 같은 뜻

22) 부처님의 가르침을 올바르게 전하거나 잇게 하는 법의 참뜻

23) 『금강경간정기』, 봉선사 활자본, p.160.

첫째는 건립하게 된 원인을 이야기한다. 부처님께서 멸도하실 즈음에 아난존자가 네 가지 일을 여쭈어보니, 부처님께서 "내가 멸도한 후에 첫째는 사념처(四念處)에 의지하여 주하라. 둘째는 계율을 스승으로 삼으라. 셋째는 악성비구(포악하고 못된 비구)는 묵묵부답 침묵으로 물리쳐라. 넷째는 모든 경전의 첫머리에는 언제나 여시아문(如是我聞: 이와 같이 나는 들었습니다). 일시(一時: 한때), 불재모처(佛在某處: 부처님께서 어느 곳에서), 여모중(與某衆: 어떤 대중과) 약간등(若干等: 몇 분이 함께 게셨다)" 이라 하시고. (一明建立之因則佛臨滅度阿難請問四事佛一一答我滅度後一依四念處住二以戒爲師三默擯惡性比丘四一切經初皆云如是我聞一時拂在某處與某衆若干等)

'육성취' 중 '여시아문'이 건립되게 된 뜻

장수대사는 『금강경간정기』에서 이렇게 말씀하셨습니다.

'여시아문'이 건립되게 된 뜻은 어디에 있는가? 하는 뜻으로, 여기에는 세 가지 뜻이 있는데 문장의 삼단과 같다. '의심을 끊어 주었다.'는 것은 『지도론』에서 다음과 같이 이야기 한다. 부처님께서 멸도하신 후에 모든 천왕(天王) 등이 가섭존자에게 간청하여 "법성(法城)이 무너지려하고 법당(法幢)이 쓰러지려하니, 마땅히 자비로서 불법을 일으켜 세워야 합니다."하였다. 가섭존자께서 간청을 받아드려 수미정(須彌頂)으로 가서 큰 북과 종을 급한 모임을 알렸다. 모든 성스런 제자(아라한)들 중에 신통을 얻은 분들이 모두 결집하는 장소에 모여 드셨다. 가섭존자께서 말씀하셨습니다. "불법이 멸하여 시들어지려하니 중생들이 가엾다. 결집(편찬모임)이 끝나야 성인들의 입멸을 허락한다."하셨다. 그 자리에 모이신 모든 성스런 분들께서는 핍팔라(칠협굴)굴에 오셨다. 가섭존자께서 선정에 드셔서 천안(天眼)으로 관찰하시니, 지금 모이신 성스런 분들 가운데 어느 분이 아직 번뇌가 남아 있어서 당장 축출해야 할 것인가 살펴보시려 한 것입니다. 그런데 오직 아난존자만이 번뇌를 아직 다하지 못하였습니다. 그때 가섭존자께서 선정에서 나와 대중가운데 아난존자를 지목하셔서 말씀하셨습니다. "청정한 대중 가운데 지금 법장(法藏)을 결집하려

한다. 그대는 아직 번뇌가 다하지 않았으니 그대는 이곳에 머물 수 없다."하셨습니다. 이때 아난존자께서 부끄럽고 창피하여 슬피 우시면서 가섭존자께 말씀하셨습니다. "저는 능력이 충분하여 오래전에 도를 성취할 수 있었으나 다만 부처님을 모시고 시봉해야 했기 때문입니다. 아라한은 부처님을 모시고 시봉할 수 없어서 조금의 번뇌가 남아 있고, 아직 끊지 못했을 뿐입니다."(建立意者建立如是等言意在於何此有三意如文三斷疑等者智度論說佛滅度後諸天王等謂迦葉言乃至云法城欲頹法幢欲倒當以大悲建立佛法迦葉受請往須彌頂擊大建槌諸聖弟子得神通者皆來集會迦葉告言佛法欲滅衆生可愍待結集竟隨汝入滅諸來聖衆受教而住畢鉢羅屈迦葉入定以天眼觀今是衆中誰有煩惱應逐出者唯有阿難煩惱未盡爾時迦葉從定而起於大衆中牽出阿難告言淸淨衆中結集法藏汝結未盡不應住此是時阿難慚恥悲泣告迦葉言我能有力久可得道但爲侍佛以阿難漢者不得給侍故留殘結不盡斷)24)

가섭존자께서는 아난존자를 끌어내시면서, "그대는 번뇌가 다하면 다시 들어 올 수 있다."라고 말씀하자마자 저절로 굴의 문이 닫혔습니다. 그 때 아난존자께서는 눈물을 흘리며 슬피 우시고 번뇌를 끊기 위해 온갖 정성을 다 기울여서, 한참을 지나 밤에 피로가 겹쳐 몰려오니 베게에 누워 쉬려 할 찰라에 밝게 삼명육통(三明六通)25)을 얻어 대아라한이 되시어, 다시 굴 입구에 이르셔서 문을 두드려 부르시니 가섭존자께서 "그대가 무슨 용무로 다시 찾아왔는가?" 라고 하셨다. "저는 번뇌가 이미 다하였습니다." "그대가 만일 번뇌가 다 했다면 신통으로 문 자물쇠 구멍을 통과하여 들어 올 수 있다."라고 하셨습니다. 아난존자는 몸을 솟구쳐 들어오셔서 모이신 번뇌를 다 하신 분들의 발에 예배를 하셨고, 가섭존자께서 아난존자의 머리를 어루만지시며, "내가 그대에게 도를 얻게 하기 위하여 그러했으니 그대는 너무 언짢게 여기지 말라."(迦葉牽阿難出語言汝漏盡可來言訖自閉窟門是時阿難涕淚悲泣求斷結惑靡不精誠至於後夜疲極偃息頭未至

---

24) 『상게서』, P.167.

25) 아라한과를 증득한 분이 갖춘 덕성으로 숙명명(宿命明, 자신과 타인의 과거내지 지난세상 생활을 아는 것)·천안명(天眼明, 자신과 타인의 다음세상 생활을 아는 것)·누진명(漏盡明, 현세의 고통을 알아 번뇌를 끊는 것)과 천안통(天眼通, 육안으로 볼 수 없는 것을 보는 신통)·천이통(天耳通, 보통사람이 들을 수 없는 소리를 듣는 신통)·타심통(他心通, 사람의 마음을 읽을 줄 아는 신통)·숙명통(宿命通, 과거 지난 세상의 생과 사를 자재하게 하는 신통)·신족통(神足通, 불가사의 하게 마음대로 날아다니는 신통)·누진통(漏盡通, 자유자재로 번뇌를 끊는 신통)을 말한다.

枕朗然得悟三明六通作大羅漢却至窟門擊門而喚迦葉言汝復何來曰我漏已盡迦葉言汝若漏盡可從神通於后鑰孔中入阿難騰身入來禮拜僧足迦葉手摩阿難頂言我欲爲令汝得道汝勿嫌恨)26)

대중이 아난존자께 청하여 법상(法床)에 올라 법장(法藏)을 결집해 주시기를 간청하였습니다. 아난존자께서 법상에 올라 법을 설하시기 전에 자신의 상호가 부처님과 똑같음을 느끼시고 있을 때, 동참하신 대중들께서 마침내 세 가지 의심을 내기 시작하였습니다. 고설(故說)하는 자신이 속으로 생각하건데 "내가 부처님으로부터 직접 들었다."라고 "말한다면 부처님이 다시 일어나신 것이 아니요", "타방불(他方佛)이 오신 것도 아니요", 또 "아난존자가 성불한 것도 아닌 것을 알 수 있기 때문에 세 가지 의심을 단박이 없앤 것이다."

(大衆請阿難升座結集法藏旣升座已未發言間感得自身相好如佛是時大衆遂起三疑故說下旣言我從佛聞則知非佛重起非他方佛來亦非阿難成佛故云三疑頓斷)27)

아난존자의 '여시아문'에 의구심을 끊어주다

모든 율전에서 우파리 존자께서 '여시아문' 하실 때에는 의구심이 없으나, 모든 경전에서 아난 존자께서 '여시아문' 하시면 100% 믿지 않는 무리가 있겠지요. 왜냐하면 석가모니 부처님께서 성도하신 날 출생하셨고, 그 후 20년 뒤에 세 가지 조건을 달고 출가했지만, 20년의 설법공백기간에 언제 부처님 법을 다 들었을까? 하는 의구심을 갖게 된 것입니다.

규산대사와 장수대사는『금강경 간정기』에서 다음과 같이 명쾌하게 답을 주셨습니다.

아난존자께서 듣지 못한 20년 전의 경전에 대해서 어떤 이는 "여래께서 직접 다시 설해주셨다." 라고 하고, 또 어떤 이는 "깊은 삼매를 얻어서 모두 알 수 있었다." 라고 한다. 그러나 사실대로 말한다면 아난존자는 대권보살(大

26) 상게서, PP. 169-170.
27) 상게서, P.170.

權菩薩)[28]이라서 무슨 법이라도 통달하지 못한 것이 없다. (阿難所不聞二十年前之經有云如來重說有云得深三昧總領若推本而言卽阿難是大權菩薩何法不通)[29]

장수대사는『금강경 간정기』에서 더 상세하게 설명하고 계십니다.

규산대사의 " 이구(二句)는 질문하는 내용을 적은 것이다. 요컨대 아난존자는 부처님께서 성도하신 날 밤에 태어났고, 나이 20세에 출가하여 비로소 부처님을 모시는 시자가 되었다. 그렇다면 20년 전에 부처님께서 설하신 법은 전혀 듣지 못했다는 것이다. 그런데 어떻게 모든 경전을 결집할 때 " '여시아문' 이라 할 수 있는가?" 하는 의구심에 대한 통석(通釋)이며, 여기에는 세 가지 뜻이 있다.

첫 번째로 '유운중설(有云重說)' 이라 한 것은 부처님께서 처음 아난에게 시자가 되도록 부름을 받자 아난은 부처님께 세 가지 조건(요구사항)을 간청하였습니다. 첫 번째는 부처님의 헌 복전의를 입지 않는 다는 것이요, 두 번째는 부처님을 따라 별청에 참석하지 않는다는 것이요, 세 번째는 아직 듣지 못한 법을 설해 주실 것을 요청하였던 것입니다. 부처님께서 그의 원을 허락해 주시며 20년 전의 설법을 들을 수 있게 된 것이다.

두 번째로 '득심삼매(得深三昧)'등은『금강화선경(金剛華仙經)』에서는 "아난존자가 법성각자재삼매력(法性覺自在三昧力)을 얻었기에 이전의 부처님께서 설하신 모든 경전을 기억하여 직접들은 것과 다름이 없다." 라고 하였다. 그리고『법화경』에서는 "세존께서 매우 거룩하게도 저에게 과거의 한량없는 모든 불법을 기억하게 하시어 오늘 지금들은 것과 같게 하셨다." 라고 하셨습니다.

세 번째로 '약추하(若推下)'는『부사의경계경(不思議境界經)』에서는 "다시 백천

28) 일체의 모든 경전을 분별하여 잘 아시고 꿰뚫어 보시는 무결점 교해(敎海)의 원력보살
29) 상게서』, p.177.

만 억 보살이 성문의 몸을 나투시어 같이 자리에 있었으니, 그분들의 이름은 사리불내지 아난 등등 이었다." 라고 하셨다. 그렇다면 세 가지 중에 두 가지는 방편으로 이야기 한 것이고, 그 다음은 사실대로 논한 것으로 '추본(推本: 시작과 끝을 바르게 아는 근본)'이라 한다. (前二句牒難辭謂阿難是佛成道夜生年至二十方爲侍者二十年前佛所說法並且不聞阿得結集諸經皆稱我聞有云下通釋此有三意有云重說者一也佛初命阿難爲侍者阿難從佛乞三願一不著佛退衣二不隨佛受別請三請說未聞之法佛隨其願故得聞也得深三昧等者二也金剛華仙經說阿難得法性覺自在三昧力故前所說經皆得憶持與聞無異故法華經云世尊甚希有令我念過去無量諸佛法如今日所聞若推下三也不思議境界經云復有百千萬億菩薩現聲聞形亦來在座其名曰舍利弗乃至阿難等是則三中前二勸說後一實論故言推本也.)30)

'육 성취' 중의 '신 성취' 는 불자의 기본과 핵심 키워드

모든 종교의 근본 뿌리는 교조의 가르침을 따라 배우고 익혀서 실천에 옮기는 선행조건이 뒤따르기 마련입니다. 불교에서의 '신 성취' 는 종파와 학파를 떠나, 모든 출·재가자 함께 공유해야 하는 실천덕목의 우선순위인 보물 제1호입니다.

장수대사는『금강경 간정기』에서 이렇게 말씀하셨습니다.

'신위능입(信爲能入)'이란 불법이 한없이 무량하여 '믿음'이 기초가 되니, 만약 '믿는 마음'이 없다면 어떻게 수행하고 익힐 수 있으리오, 그런 연유로 '오위(五位)' 중에서도처음에위치하고, '십신(十信)' 중에서도 '신'을 '제일'이라 칭하며, '십일선법(十一善法)'에서도 '신'이 역시 선두에 두는 것이다. 그렇게 하므로 '신심(信心)' 전에는 아무런 선법이 없어서 '신본(信本)'을 의지하여야 비로소 '해(解)'와 '행(行)'을 일으키고 내지는 '증입(證入)'하게 됨을 알 수 있는 것이다. 하여『화엄경』에서는 " '신'은 도의 근원이요, 공덕의 어머니요, 일체의 선근을 길러내고, 의심의 그물을 끊으며 사랑(자비)의 강을 건너 열반의 무상도를 열어 보이신다." (信爲能入者然佛法無量信爲初基若無信心寧骨修習由是五位之內信位居初十信之中信稱第一十一善法信亦爲先故知信心之前更無善法依此信本方興解行乃至證入故華

30)『상게서』, pp.177-178

嚴經云信是道源功德母長養一切諸善根斷除疑網出愛河開示涅槃無上道)

『금강경』에서도 서분 첫머리에 1-01 〈여시아문如是我聞 일시一時 불재사위국기수금고독원佛在舍衛國祇樹給孤獨園 여대비구중與大比丘衆 천이백오십인구千二百五十人俱〉가 나오게 됩니다.

❀

이 부두에서는 크게 '삼학(계·정·혜)'의 가르침을 전해 주십니다.

석가모니 부처님 재세시(在世時)에 초대되어 부처님과 거룩하신 제자 장로스님들의 평범한 일상생활 속에서 일일(一日) 일식(一食)하는 부처님의 인간적인 냄새·체취, 장로스님들의 걸식 수행하는 모습이 생생하게 있는 그대로 방영되는 생방송처럼 다가옵니다.

그렇다면 석가모니 부처님께서는 왜 하필이면 인간세상에 출현하셨는가? 『금강경 간정기』에서는 이렇게 말씀하고 있습니다.

유독 인간 중에서 몸을 나투신 까닭은 천상(天上)은 즐거움을 탐닉하기 때문에 발심할 여지가 전혀 없고, 삼악도(三惡途: 지옥·아귀·축생)지극히 고통스러운 곳이기에 매우 곤란한 곳이고, 오직 인간만이 고통과 즐거움이 겸하여 고통을 당하면 능히 발심할 수 있음으로 부처님이 출현하신 것이다. 비유컨대 천상은 병이 들지 않는 것과 같아서 굳이 약을 쓸 필요가 없고, 삼악도는 불치의 병과 같음으로 치료해야 할 여지가 없으며, 인간은 가벼운 병에든 것 같아서 약을 쓸 수 있다. 그래서 부처님은 인간 중에 출현하셨다. (現相者卽化身相也人中者卽現化之處也唯向人中示相者天上著樂無由發心三途極苦正當難處唯於人中苦樂相兼對苦必能發心所以佛出現化天上如病未發豈須鍼艾三途似膏肓之病不足醫治人中如小瘵所縈堪可與藥故佛出現)31)

31) 『금강경간정기』, 보련각, 1971, p.62.

1. 계의 가르침

25년간 주석하셨던 사위나라 기원정사에서 율에 따라 구족(비구·비구니) 계를 받으신 훌륭한 장로스님들과 율에 따라 '복전의(福田衣: 가사)'를 수하고 '발우(鉢盂)'를 들고 5~7집(五·七家食)에 걸식(탁발)하러 가심은 율에 정하는 바 계의 향기가 전해 옵니다.

계는 삿됨을 여의고 거친 바다에서 파도를 멈추게 하는 것이고, 스승이 상수제자에게 소중히 물려주는 승가의 전통도 '가사' 와 '발우'입니다. '의발'은 곧 '삼보'를 의미합니다.

사문의 정명(正命: 수행하는 생활양식)

'걸사(乞士)'란 어떻게 공양과 정명(正命)으로 재 발심으로, 수행점검을 하는가? 일깨워 주십니다.

장수대사는 『금강경 간정기』에서 이렇게 말씀하셨습니다.

> '걸사'란 위로는 선우(善友)로부터 법을 빌어 마음을 편안하게 함이요, 아래로는 시주단월로부터 음식을 빌어 건강을 챙기라는 뜻입니다. 하여 『지도론』에서는 "어떤 이를 '비구'라 하는가? '비구'는 '걸사'로서 청정히 생활함으로서 '비구'라고 부른다." 『지도론』에서 이르시기를 "사리불 존자가 음식을 빌어 벽을 향해 드시고 있는데, 그때 정목(淨目)이라는 범지(바라문)의 딸이 사리불 존자를 보며 "사문이시여, 그대의 음식은 깨끗합니까?"하고 여쭈었습니다." 사리불 존자는 "이 음식은 깨끗하다." 라고 하셨습니다. 정목은 다시 "사문이시여, '하구식(下口食)'을 하십니까?" 사리불 존자는 "아니다"라 하셨고, 정목은 다시 묻기를 "앙(仰)·유(維)·방(方) 등을 하십니까?"하고 다시 여쭈었습니다. 사리불 존자는 그때마다 "아니다."라고 대답하셨습니다. 그러자 정목이 말했다. "음식에는 네 종류가 있습니다. 제가 당신에게 물으면

그때마다 '아니다'라고만 하십니다. 저는 지금 당신의 말씀을 이해할 수 없습니다. 출가인이 약을 제조하거나 곡식을 뿌리거나 나무를 심는 것 등으로 부정하게 생활하는 이가 있다면 이는 '하구식(下口食)'이요, 해·달·별·비·바람·천둥·번개(天文) 등을 관찰하는 등의 부정한 생활을 하는 이가 있다면 이는 '앙구식(仰口食)'이며, 권력과 세력 있는 이에게 아첨하며 사방으로 돌아다니면서 교묘한 말장난으로 턱없는 것을 요구하는 것은 '방구식(方口食)'이요, 갖가지 주술이나 길흉을 점쳐주는 것으로 부정하게 생활하는 것이 '유구식(維口食)'입니다."라고 상기 하였다. 사리불 존자는 "누이 정목이여, 나는 이러한 네 종류의 부정식에 타락하지 않고, 청정걸식으로 생활하고 있다."라고 하시자 정목이 "이렇게 청정법식에 대해 설하신 말씀을 듣고 기뻐하며 믿고 이해하다가 문득 수다원도에 이르렀다 하니, 이렇게 청정걸식으로 생활하는 이를 '걸사'라 부른다." (乞士者謂上從善友乞法以鍊心下從檀越乞食以資身故智度論云何名比丘比丘名乞士淸淨活命故名乞士如經中說舍利弗乞食向壁而餐時有梵志女名淨目來見舍利弗云沙門汝食淨耶答言食淨淨目言沙門下口食耶答曰不也乃至問仰維方等皆答言不也淨目女言食有四種我問於汝汝皆言不我今不解汝說舍利弗言有出家人合藥種穀植樹等不淨活命名下口食有觀星宿日月風雨雷電等不淨活命名仰口食有曲媚豪勢通致四方巧言多求不淨活命名方口食有以種種呪術卜算吉凶不淨活命名維口食姊我不墮是四種不淨食中我用淸淨乞食活命淨目因聞是說淸淨法食歡喜信解得須陀洹道如是淸淨乞食活命故名乞士)32)

2. 정의 가르침

기원정사에 오셔서 가사와 발우를 거두시고 맨발로 다니셨으니, 혹여 먼지나 때가 염려되어 발을 씻고 자리를 펴시고 앉으셨습니다.

요즈음 승가로 치면 죽비 3타 후 입정에 드신 모습으로 오늘 시절인연이 되어 어떤 중생들이 왔는가? 천차만별의 근기로 중생 눈높이에 맞는 설법을 위한 준비단계라 하겠습니다. 또한 계의 향기가 전해 옴은 요동치는 바닷물이 고요해짐으로서 정이 나타납니다.

32) 『금강경간정기』, 봉선사 활자본, pp.194-5.

장수대사는 『금강경 간정기』에서 이렇게 말씀하셨습니다.

'여상부좌(如常敷座)'등 이란 이를테면 여래께서는 매회 반야부 경전을 설하실 때만은 언제나 변함없이 손수(스스로) 좌구(좌복)를 펴셨다. 손수 좌복을 펴심은 반야가 모든 부처님께서 출생하시는 바로 부처님의 모태이기 때문입니다. 반야에 대한 지극한 공경심을 표하시려 손수 좌구를 펴신 것입니다. 이미 8회를 설하셨고, 지금은 제 9회에 해당되지만, 의식은 고치지 않으시고 평소와 같음이라 한 것이다. (如常敷座等者謂如來每會說般若皆自敷座具爲般若出生諸佛卽是佛母表敬般若故自敷座已說八會此當第九儀軌不易故曰如常)33)

계정혜는 삼위일체

규산대사는 『금강경 (소)간정기』에서 이렇게 말씀 하셨습니다.

이를테면 걸식의 위의는 삿된 생활을 여읜 것이며, 이것은 지계이다. 계(戒)는 정(定)에 도움을 줄 수 있고, 정은 혜를 일으킬 수 있으므로 계와 정은 반야를 새롭게 일으키게 할 정종(正宗)을 삼는다. (謂乞食威儀離於邪命是爲持戒戒能資定定能發慧故以戒定發起般若正宗)34)

장수대사는 『금강경 간정기』에서 이렇게 말씀하셨습니다.

계능 등(戒能 等)이란 계는 삿된 것을 막고 방지한다는 뜻이요, 정은 고요하여 요동치지 않는다는 뜻이요, 혜는 환하게 비추어 간택(揀擇: 깊게 관찰하고 판단함) 한다는 뜻이다. 삿됨을 막을 수 있다면 마음에 요동침이 없게 되고, 마음에 요동침이 없으면 혜가 분명해져서 세간이나 출세간법을 거울에 비추어 보지

33) 『상계서』, p. 215.
34) 『상계서』, p. 201.

못함이 없다. 이것은 마치 바다 속에 온갖 형상이 나타나려 한다면 반듯이 물이 맑아야하고, 물이 맑으려면 파도가 거칠지 않아야 하는 이치다. 파도가 잔잔하게 되면 그것은 계와 같음이요, 물이 고요하게 되면 정과 같음이요, 물이 맑게 되면 혜와 같음이요, 나타난 온갖 형상들이 자세히 나타나듯 법에서는 일심(一心) 뿐이고, 비유컨대 오직 일수(一水) 뿐이요, 법과 비유를 상대해보면 이치가 분명할 것이다. (戒能等者以戒是防非止惡義定是寂靜不動義慧是明照揀擇義但能防非心卽不動心若不動慧乃分明世出世法無不鑒照其猶海中欲現萬象必要守廳欲求清水無過水靜欲得水靜勿令起波止波如戒水靜如定水清如慧所現萬象如一切法喩中則水若不起波則水靜水靜則水淸水淸則現萬象法中則心不起非則心寂心寂則照知萬法法上但唯一心喩上但唯一水法喩相對義則昭然)35)

사문의 적절한 공양시간

규산대사는 『금강경 (소)간정기』에서 이렇게 말씀하셨습니다.

식시(食時)는 진시(辰時: 대략 오전7시~9시정도)를 말하는 것으로 하루의 초분에 해당된다. 이때는 구걸하기가 수월하여, 구걸 하는 이나 시주하는 이가 서로 부담스럽지 않아서이다. 걸식을 마치고 기원정사에 오시면 바로 사시(巳時: 대략 오전9시~11시정도)되는 일상적인 공양법이다. (食時辰時當日初分求乞易得不惱自他乞已歸園正當巳時如常齋法)

장수대사는 『금강경 간정기』에서 이렇게 말씀하셨습니다.

'당일초분'이란 하루의 낮과 밤을 총 사등분 할 시에는 첫째 초분(初分)은 인·묘·진(寅卯辰 03시~09시정도)시로 제천(諸天)이 공양할 때요, 둘째 중분(中分)은 사·오·미(巳午未: 09시~오후3시경정도)시로 사람이 공양할 때요, 셋째 포분(哺分)은 신·유·술(申酉戌: 오후3시~9시경정도)시로 귀신이 먹을 때요, 넷째 야분(夜分)은 해·자·축시(亥子丑: 밤9시~03시경 정도)로 축생들이 먹을 때라

---

35) 『상게서』, pp. 201-2.

하였다. (當日初分者謂一日夜十二時總成四分一初分卽寅卯辰諸天食時二中分卽巳午未人法食時三哺分卽辛酉戌神鬼食時四夜分卽亥子畜生食時)[36]

부처님께서 스스로 걸식하신 뜻

장수대사는『금강경 간정기』에서 이렇게 말씀하셨습니다.

부처님께서 스스로 걸식하신 사실을『영락경(瓔珞經)』에서 말씀하시기를 "열 가지 뜻이 있다 첫째는 고통을 멈추기 위하여 눈 먼 장님이 볼 수 있게 된 적이 있기 때문이요, 둘째는 즐거움을 얻기 위하여 한 번 쳐다보고 예를 올림으로서 무량한 복을 얻게 되기 때문이요, 셋째는 아만을 제거하기 위해서 이를테면 중생이 이런 일을 보게 되면 아만을 내지 않음이요, 넷째는 발우에 가득 차는 원을 이루어 주기위해서 부유한자가 보시하려하면 발우가 차지 않고, 가난한 이가 적게 보시하더라도 발우가 가득 채워졌음이요, 다섯째는 귀신도 공양할 수 있는 기회를 주기 위함이요, 여섯째는 장애인이 부처님을 뵙게 하기 위함이니, 늙고 병든 이나 천박한 이도 모두 부처님을 뵐 수 있음이요, 일곱째 천상에서 준 발우를 보여주기 위함이요, 여덟째는 모범을 보이기 위함이요, 아홉째는 비방을 없애기 위함이요, 열째는 제자들에게 여덟 가지 부정한 물건을 간직하지 말기 위함이니, 이와 같은 열 가지 의도가 있어서 스스로 걸식하신 것이다."(佛自乞食準瓔珞經說有十意一止苦故謂盲得見二得樂故謂一瞻一禮生無量福三除慢故謂衆生見之不生我慢四滿鉢願故富欲施多鉢則爲空貧欲施少鉢則爲滿五鬼神供養故六障閡者見佛故老病貧賤悉皆得見佛也七示天王所獻鉢故八作軌模故九絶誹謗故十令弟子不畜八不淨物故有此十意故自乞食)[37]

---

36) 『상게서』, p. 204.
37) 『상게서』, p. 208.

3. 혜의 가르침

계·정이 갖추어 졌으니, 당연히 바다 속의 온갖 현상을 다 볼 수 있습니다. 그것이 바로 혜입니다. 부처님의 위신력 속에 '금강무상반야법회(金剛無相般若法會)'에 동참함으로서 자연스럽게 '혜(반야)'가 구족되는 것입니다.

2. 수보리가 가르침을 청하는 분

第二 善現起請分 (제이 선현기청분)

2-01

tena khalu punaḥ samayena-āyuṣmān Subhūtis tasyām eva parṣadi samnipatito' bhūt saṃniṣaṇṇaḥ. atha khalv āyuṣmān SUBHŪTIR utthāya-āsanād, ekāṃsam uttarā-saṅgaṃ kṛtvā, dakṣiṇaṃ jānu-maṇḍalaṃ pṛthivyāṃ pratiṣṭhāpya, yena Bhagavāṃs tena-añjaliṃ praṇamya Bhagavantam etad avocat: āścaryaṃ Bhagavan parama-āścaryaṃ Sugata, yāvad ev Tathāgatena-arhatā samyaksambuddhena bodhisattvā mahāsattvā anuparigṛhītāḥ parameṇa-anugraheṇa. āścaryaṃ Bhagavan yāvad eva Tathāgatena-arhatā samyaksam- ddhena bodhisattvā mahāsattvāḥ parīnditāḥ paramayā parīndanayā.

時 長老須菩提 在大衆中 卽從座起 偏袒右肩 右膝着地 合掌恭

시 장로수보리 재대중중 즉종좌기 편단우견 우슬착지 합장공

敬 而白佛言 希有世尊 如來善護念諸菩薩 善付囑諸菩薩
경 이백불언 희유세존 여래선호념제보살 선부촉제보살

그때 대중가운데 있던 장로 수보리가 대중가운데 있다가
자리에서 일어나 오른쪽 어깨를 드러내고,
오른 무릎을 땅에 꿇고 두 손 모아 공손히 부처님께 여쭈었습니다.
"거룩하십니다. 세존이시여! 여래께서는 보살들을
잘 염려해 주시며 보살들을 잘 부탁하여 위촉해주십니다."

장로(長老, āyuṣmān)

'장로'는 요즈음 개신교에서 쓰이기 이전부터 불교에서 유래되었습니다. '장로'란 선과 교학에 능통하시고 덕망 있는 스님의 존칭입니다. '명자(命者)'·'구수(具壽)'·'혜명(慧命)'·'장자(長子)'·'정명(淨命)'·'존자(尊者)'로 번역하기도 합니다.

수보리(須菩提, Subhūtis)

'무쟁(無諍)제일'이요, 10대 제자 중 '해공(解空) 제일'이며, 나한의 한 분입니다. 10대 제자는 불교교단 확립과 중생교화에서 큰 족적을 남기신 일인자를 말하며, 『유마경』에 근거합니다.

1. 두타 제일 마하가섭(大迦葉, mahā kāśyapa) 존자

마가다국 바라문출신이며, 부인도 바라문출신이었으나 함께 부처님께 출가하여 엄격한 투타(의·식·주)에 욕심이 없는 수행으로 부처님의 법맥을 잇는 분입니다. 부처님의 법맥은 인정으로 잇는 것이 아니라, '정법안장(正法眼藏)'이 갖추어져야 함을 뜻합니다. 인정으로 하면, 아들인 라후라 존자가 되겠지요. 또한 제1 결집 때 500 아라한의 수장(증명법사)이 되셨습니다. 『법화경』에서는 '광명여래(光明如來)'로 수기 받습니다.

삼처전심(三處傳心)은 선종(禪宗)에서 화두의 시작으로 봅니다.

첫째, 영산회상(靈山會上)에서 염화미소(拈花微笑)로 전하셨습니다. 어느 날 마가다국 수도 왕사성 영축산에서 설법하실 때 대범천왕께서 허공에 꽃다발을 보내셨습니다. 그때 부처님께서 꽃 한 송이 들고, "이 도리를 아는가? 허공에서 보낸 이 도리를?" 묵언으로 미소를 보이셨기에 '염화미소'라 합니다. 왜? 하필 법문을 하시다 말고 의아해했습니다. 가섭 존자만이 그 뜻을 알고 환한 미소로 화답하셨습니다. 부처님께서 이심전심으로 통함을 아시고, 『대범천왕문불결의경(大梵天王問佛決疑經)』에서 "여래에게 '정법안장(正法眼藏)'의 '열반묘심(涅槃妙心)'이 있으니 이를 마하가섭에게 전하노라"하셨습니다.

둘째, 다자탑(多子塔) 앞에서 분반좌(分半座)로 전하셨습니다. 어느 날 중인도 서쪽 다자탑 광장에서 법좌에 오르셨습니다. 그러나 광장은 빈자리가 없이 꽉 차서 인산인해를 이루었습니다. 가섭 존자께서 남루하고 초라한 모습으로 어느 누구도 알아보지 못하였으나 부처님께서 알아보시고, "마하가섭이여, 어서 오라! 여래의 옆으로 와서 앉으라."하시며, 한 법좌에 두 분이서 같이 앉으셨습니다. 모두는 의아하게 생각하고 설마 앉으실까? 하였으나 당당하게 앉으셨습니다.

셋째, 사라쌍수(沙羅雙樹) 하에서 곽시쌍부(槨示雙趺)로 전하셨습니다. 쿠시나가라성 외곽 사라수 여덟 그루가 둘씩 마주서 있는 곳에서 열반에 드시니, 그 숲이 하얗게 변하여 학이 앉는듯하여 '학의 숲'이라고도 하고, 사라수가 둘씩 서있어서 '사라쌍수'라 합니다. 부처님께서 대열반에 드신 후 부처님의 몸을 관에 모시고, 다비(茶毘, 화장)하려고 애를 써도 불이 붙여지지 않았습니다. 가섭 존자가 뒤늦게 열반에 드심을 알고 오셔서 관에 모셔진 세존께 오른쪽으로 세 번 돌고난 뒤, 부처님 발쪽에서 세 번 절하고 엎드려서 "부처님이시여! 부처님께서는 어찌 이렇게 빨리 열반에 드셨습니까?" 하고 슬피 우셨습니다. 이때 관 밖으로 부처님의 두 다리가 뻗어 나오니 무상한 육신은 세상을 떠났지만, 법신(法身)은 '상주불멸(常住不滅)'하다는 것을 깨닫게 됩니다.[38]

2. 지혜 제일 사리불(舍利弗, śāriputra) 존자

마가다국 바라문 출신으로 지혜 제일로 육사외도(六師外道)인 산자야의 수제자로, 신통 제일 목건련과 함께 부처님제자 아설시(阿說示)로부터 인연법 "모든 법은 인연을 좇아서 생겼다가 인연이 다 하면 소멸된다.(諸法從緣生亦從因緣滅)"는 가르침을 받고, 죽림정사로 찾아가 250명의 제자와 함께 부처님 제자가 되었습니다. 자이나교 문헌과 외도들은 자주 불교교단을 지칭할 때 "사리불 불교"라 할 만큼 지혜가 특출하셨던 분입니다. 또한 부처님 재세시 거의 유일하게 법납(출가한 순서 또는 년 수)에 예외를 두어 목건련과 함께 좌우 상수제자로 하여, 요즈음 승가라면 대중공사를 할 뻔 했습니다. 부처님께서 가장 오래 머물렀던 기원정사 건립 때도 적안(赤眼)이라는 바라문과 논하여 물리쳐서 가능했습니다.

4촌 동생이며, 아난존자의 형인 데바닷다가 부처님께 반발하여 불교교단이 최초의 분열조짐을 겪을 때 설득으로 수습하였고, 교단을 지키려는 노력은 눈물겹도록 후세 교단에 귀감이 됩니다.

---

38) 『선문염송』 참조

부처님보다 3개월 먼저 입적하셨으며, 차마 존경하옵는 부처님의 열반을 뵈올 수 없어서, 그 때 부처님이 가장 가슴아파하시기도 한 제자며, 최상근기로 『법화경』에서 최초로 '화광여래(華光如來)' 로 수기를 받습니다.

3. 신통 제1 목건련(目犍連, maudgalyāyana) 존자

마가다국 바라문출신으로 신통 제일로 사리불과 함께 산자야의 제자였으며, 어머니에 대한 지극한 효심으로 우란분절(백중)도 존자로부터 출발합니다.

사리불 존자와 함께 데바닷다가 다섯 가지 비법(非法)으로 가야산에서 승단을 분열 시킬 때, 사리불 존자와 함께 수습을 잘 하셔서 부처님께서 역시 나의 좌우 상수제자로구나 하셨던 분들입니다. 『아함경』 여러 곳에서 도리천을 자유자재로 왕래하고, 오른쪽 발가락으로 땅을 짚어 도리천궁을 진동시켜 많은 이적을 보였으며, 지극한 효심은 아귀의 과보를 받은 어머니를 위하여 우란분절(하안거)[39]을 부처님께서 진단 시약으로 내렸습니다.

그리고 탁발하던 도중 바라문교도들이 던진 돌과 기왓장에 맞아 입적하신 첫 순교자며 부처님보다 먼저 입적함 『법화경』에서 '다마라발전단향여래(多摩羅跋栴檀香如來)'로 수기 받습니다.

4. 지계 제일 우바리(優波離, upāli) 존자

노예계급 수트라 출신의 석가족 이발사였으며, 지계 제일이라 합니다.

39) 음력7월 15일에 동참하신 모든 스님들께 공양을 올리고, 함께 왕생극락을 발원 함

석가족 왕자들인 아난·난타·아나율·라후라 보다 먼저 출가하여, 한 때는 그들이 노예출신이라 하여, 못마땅하게 여겼으나 부처님은 먼저 출가하는 이를 윗자리에 앉히고, 하심을 배우게 하기도 하였습니다. 제1 결집 때 율을 송출하였습니다. 또한 불교의 평등사상을 실천 행으로 보여주신 부처님의 큰 배려입니다. 석가족 왕자들 보다 7일 먼저 출가를 시켰습니다.

'경장'에서의 '여시아문'은 '아난존자'며, '율장'에서는 '여시아문'은 '우바리존자'입니다.

5. 설법 제일 부루나(富樓那, pūrṇa) 존자

바라문 출신으로 부처님과 같은 날에 출생하신 설법 제일로 녹야원에서 부처님 설법을 듣고 제자가 되었습니다. 10대제자 중 유일하게 교화 때문에 제1 결집에 참석하지 못하였으며, "상좌들이 법과 율을 함께 외어 결집한 것은 참 잘한 일이요, 그러나 나는 세존께 집적 들어서 받들고 있는 그대로를 지니오."라며 『남전율장』 「소품500건도」에서 거부를 선언 하셨습니다.

부루나존자는 설법의 특징은 100여종의 외도의 논서와 불서를 통달하셔서, 첫째 모든 이에게 기쁨을 주어 긴장을 풀게 하시고, 둘째 알고 모름을 떠나 실천에 옮기게 경책을 잘 하셨고, 셋째 상법으로 공(空)도리를 펼치신 분입니다. 포교에 원을 세운 사람들은 한 번쯤 마음으로 새겨야 할 일화를 소개하겠습니다.

부루나 존자께서는 주로 지금의 아프카니스탄 쪽으로 포교를 떠나기 전 부처님과 대화인 『잡아함경』 13권에서 "부루나야! 그곳 사람들은 거칠고 사나우니, 너에게 욕을 한다면 어떻게 하겠느냐?" 물었습니다. 부루나 존자는 "부처님! 그들이 저에게 때리지 않음을 다행으로 알겠습니다."라고 대답하셨습니다. 부처님께서 다시 "부루나야! 만약 그들이 때린다면 어떻게 할 것인가?"

"그들이 몽둥이나 돌로 친다면." 부루나존자는 "죽이지 않음을 다행으로 여기겠습니다." 다시 부처님께서 말씀하셨습니다. "죽인다면?" "네 부처님! 저는 세상에 살면서 생기는 온갖 슬픈 일과 괴로움에서 육신을 벗고 나를 해탈케 함을 다행으로 알겠습니다."라고 하였습니다. 우리 모든 불자들에게 반성과 참회로 몸 둘 바를 모르게 합니다. 『법화경』에서는 '법명여래(法明如來)'로 수기 받으십니다.

6. 해공 제일 수보리(須菩提, subhūti) 존자

사위국 바라문 장자출신으로 해공(解空)제일로 나한이기도 합니다. 성질이 고약하고, 화를 잘 내어 부모로부터 쫓겨났으나 부처님의 설법으로 공사상을 깨달아 그 뒤부터는 선한 일을 많이 하였습니다. 그리고 해공제일이란 아상 등 사상四相이 없는 자비심 제일이며, 『금강경』에서 부처님과 문답하는 주인공이며, 기원정사를 보시한 수닷타 장자가 백부가 되시며, 부처님과 인연은 기원정사 낙성법회 참석이 인연이 되었습니다.

태어날 때도 부친의 꿈에 태몽으로 창고가 텅 비어보여서 공생(空生)이라 이름을 지었으며, 일주일 후 다시 꿈에 창고가 가득 참을 보고, 선현(善現)으로 또는 묘생(妙生) 선길(善吉) 등으로 불려 집니다. 『법화경』에서는 '명상여래(名相如來)'로 수기 받습니다.

7. 다문 제일 아난(阿難, ānanda) 존자

곡반왕의 아들 사촌 동생으로 다문 제일 이며, 부처님을 25년을 비서실장으로 시봉을 잘하였습니다. 부처님께서 성도하신 날 저녁에 태어나 출가하면서도 조건을 달고 출가한 유일한 분이기도 합니다. 조건으로 첫째 부처님께 보시한 승복과 음식을 받지 않고, 제가 받은 보시물을 부처님께 올리는 것이 자유롭게 해주십시오. 둘째 부처님을 친견하기 위하여 외국에서 오신 분들을 지체 없이 뵐 수 있게 하셔야 합니다. 셋째 제가 개인사정으로 설법을 듣지 못한 법문은 다시 부처님이 직접 들려주신다는 것을 조건으로 출가를 하였습니다.

아난존자가 얼마나 부처님 설법 듣기를 좋아했는지 하루는 아난존자가 지독한 등창이 치성하여, 참아볼 수 없을 정도였습니다. 부처님의 주치의인 지바에게 보였습니다. 지바가 부처님께 말씀드렸습니다. "부처님! 이 종기는 수술을 해야 합니다. 그 고통이 극심하니 부처님 설법을 듣고 있을 때가 아니면 불가능합니다."라고 할 만큼 부처님 설법을 듣게 되면 모든 잡념이 사라져 마음집중이 잘 되신 분입니다. 수술 후 부처님께서 "아난아 고통이 없었느냐?"하고 물어보았습니다. "부처님이시여! 부처님의 설법을 듣고 있을 때는 온 몸이 부서진다 하여도 조금도 아픈 줄 모릅니다."라고 하였습니다.

아난존자는 부처님께서 열반에 드실 무렵 긴요한 네 가지 질문으로 승가의 바른 길을 안내 하셨습니다.

질문: 사념처에 의지하여 주하라.

질문: 계를 스승으로 삼으라.

질문: 악성비구는 침묵으로 물리치라.

질문: 모든 경전은 첫머리에 '이와 같이 나는 들었습니다.'라는 육성취를 넣으라. 답하셨습니다.

아난존자의 6가지 죄는 1)여인을 출가시켜 정법이 500년 쇄약하게 한 죄. 2) 쿠시나가라에서 열반에 드실 쯤 물을 급히 찾았으나 빠르게 대처하지 못한 죄. 3) 어떤 이가 사신족(四神足)을 함께 수행하는 이가 있다면 1겁을 더 누리되, 없다면 1겁을 누리지 않겠다는데 대답을 하자않아 일찍 열반에 들게 한 죄. 4) 울다라승(鬱多羅僧,가사의 종류)으로 몸에 감싸고 누운 죄. 5) 부처님 승가리(僧伽梨)를 갤 때 밟은 죄. 6) 부처님 열반 시 음장상(陰藏相)을 여인에게 보인 죄입니다.

『법화경』에서는 '혜자재통왕여래(山海慧自在通王如來)'로 수기 받습니다.

8. 논의 제일 가전연(迦旃延, kātyāyana) 존자

아반타국 왕족 출신으로 왕의 심부름으로 부처님께 법을 청하로 왔다가 부처님 설법을 듣고, 출가하신 외도의 논서(論書)에 능통하여, 논의 제일이라 합니다. 끝내는 심부름을 시켰던 국왕을 포교하신 분입니다. 『법화경』에서 '염부나제금광여래(閻浮那 提金光如來)'로 수기 받습니다.

9. 천안 제일 아나율(阿那律, aniruddha) 존자

부처님의 사촌동생으로 부처님 열반 시까지 머리맡에서 임종하신 천안 제일입니다. 그는 어렸을 적부터 늘 주위의 어려운 이웃에게 보시를 잘해서 어머니로 부터 꾸중을 듣기도 하였으나, 보시가 마치 사명처럼 여겨 장차 큰 인물이 되겠지 하였던 부처님의 숙부 곡반왕의 아들이기도 합니다. 하지만 잠이 많아 늘 걱정이었습니다. 잠이 많아 부처님께서 법문하실 때 깜박 졸다가 경책을 받고, 잠을 청하지 않아 실명함과 동시에 '낙견조명금강삼매(樂見照明金剛三昧)'에 들어 천안통을 얻어 불퇴전의 보살이요, 용맹정진의 대명사요, 부처님 열반 직전에 아난존자에게 승가의 바른 수행과 의지처를 질문하게 하신분입니다.

10. 밀행 제일 라후라(羅睺羅, rāhula) 존자

부처님의 아들이며 밀행 제일로 불교교단에 최초의 사미(20세 미만의 출가자)며, 사미계도 제정하게 됩니다.

난타(정반왕과 이모사이에 태어난 부처님 이복동생) 결혼식에 초대되어 카필라성에 온지 7일째 되는 날 야소다라비가 말했습니다. "저기 저분이 뭇 별 가운데 달처럼 빛나는 분! 저분이 바로 너의 아버지다. 가서 유산을 상속받도록 하여라." 라후라는 기쁜 마음으로 부처님의 옷소매를 붙잡고 유산을 상속해 달라고 하였습니다. 부처님께서 "이 아이는 아버지에게 세상의 재물을 요구하고 있으나, 그 재물은 정처 없고 고뇌를 일으키니 내가 보리도량에서 깨달은 최고의 법재(法財)를 상속시켜 주리라."하여 출가하게 되었습니다.

라후라는 장애라는 의미가 있으며, 밀행(은밀한 인욕과 엄격한 수행) 제일이라 합니다. 『법화경』에서는 '도칠보화여래(蹈七寶華如來)'로 수기 받습니다.

비구니 제1 제자들

부처님께서 당시 인도사회 전체에 뿌리 깊게 내려오는 여성폄하를 평등사상으로 승화시킨 위대한 결정이었습니다. 기원정사 동북에 위치한 원원정사에서는 수장격인 마하파사파제(『법화경』에서는 '일체중생 희견불(一切衆生喜見佛)'로 수기 받음) 와 야소다라 등 비구니존자들도 있었습니다.

1) 지혜 제일 게마아(差摩尼) 비구니. 2) 신통 제일 웁팔라반나(蓮花色) 비구니. 3) 지계 제일 파타찰라니(波吒遮羅尼) 비구니. 4) 설법 제일 담마딘니(法興) 비구니. 5) 범행 제일 키샤코타미(機舍喬答邇) 비구니. 6) 선정 제일 교담 비구니. 7) 바사카(毘舍去)비구니. 8) 숙명 제일 묘현 비구니. 9) 마등가 비구니 등이 계셨습니다.

재대중중(在大衆中, tasyām eva parṣadi sannipatito abhūt)

'재대중중'은 설법청중과 함께 있다는 뜻.

즉종좌기(卽從座起, sanniṣaṇṇḥ atha khalu āyuṣmān Subhūtirutthāya āsanād):

'즉종좌기'는 존경하는 분의 설법을 청하기전에 자리에서 일어나는 제자로서의 도리입니다.

편단우견(偏袒右肩, dakṣiṇaṃ ekāṃsaṃ uttarāsaṅgaṃ kṛtvā)

'편단우견' 가사를 오른쪽 어깨를 들어나게 수하는 고로 상대방에게 무기를 소지하지 않았음을 알려서 안심시키는 뜻과 인도의 전통사상은 길상과 공경의 예법이기도 합니다.

우슬착지(右膝着地, dakṣiṇaṃ jānu-maṇḍalaṃ pṛthivyāṃ pratiṣṭhāpya)

'우슬착지'는 오른쪽 무릎을 바닥에 꿇고, 존경을 표시하는 인도의 전통 예법입니다.

합장공경(合掌恭敬, añjaliṃ praṇamya)

‘합장공경’은 몸과 마음을 한데모아 정숙한 마음으로, 고개 숙인 채 반배로 존경을 표하는 예법입니다.

이백불언(而白佛言, Bhagavan etad avocat)

‘이백불언’은 부처님께 사뢰어 말씀(질문)하시데.

희유(希有, parama-āścaryaṃ)

‘희유’는 부처님 살아생전에 친히 뵙고, 놀랍도록 보기 드문 기쁜 마음을 표현한 것으로 불가득(공도리)으로 유위 설법에서 무위설법을 전환하는 것이 어찌 희유하지 않겠습니까?

여래(如來, Tathāgatena)

여래십호 참조

보살(菩薩, bodhisattvā)

‘보살’은 ‘보리살타(菩提薩陀, bodhisattvā)’의 소리번역이며, ‘bodhi’는 깨달음, 각자覺者, 지혜 있는 이이고, ‘sattvā’는 꿈틀거림, 유정으로 복합명사로 보면 ‘깨달음을 구하는 자’ ‘상구보리 하화중생(上求菩提下化衆生: 위로는 깨달음을 추구하고, 아래로는 중생을 구제 하리라)’또는 자리(自利, 지혜)와 이타(利他, 자비)를 완성하고자, 사홍서원을 육바라밀로 실천하는 이를 ‘보살’이라 합니다.

『대품반야경』 「무생품」에서는 "'보살'은 아뇩다라삼먁삼보리(무상정등각)을 위하여 큰 발심의 마음을 일으킨 자로 모든 법과 일체의 모든 상(相)을 알고 이것에 집착하지 않는다. 물질의 모양새를 알면서도 집착을 여의고 계속해서 18불공법의 상도 잘 알면서 집착하지 않는 자를 보살"이라 합니다.

상좌부불교(테라와다·남방불교)에서는 『본생경(本生經,jātaka)』에서 연등불로부터 수기(授記, 예언)를 받으신 '석가보살' '수기보살' '본생보살'만 있으며, 대승불교에서 숭앙하는 보살은 나오지 않습니다.

초기근본불교에서 대승불교에 이르기까지 보살사상의 구체적인 실천의 뿌리는 사무량심(四無量心, Catvāri-apramāṇacittāni)으로부터 시작되었습니다. 사무량심, 즉 자무량심(慈無量心, Maitri-apramāṇa-citta)[40] · 비무량심(悲無量心, Karuṇā-apramāṇa-citta)[41] · 희무량심(喜無量心, Muditā-apramṇā-citta)[42] · 사무량심(捨無量心, Upekṣā-apramāṇ-citta)[43]을 실천하고 육바라밀을 실천하는 이가 보살이 아닐까 합니다.

『대반야바라밀경』 45권 「보살품」에서는 『금강경』의 본 취지에 알맞은 금구의 말씀이 나옵니다. 수보리존자가 부처님께 질문을 합니다. "보살이란 무슨 뜻입니까?"이때 부처님은 대답하셨습니다. "아무 뜻도 없는 것이 보살의 뜻이라." 하셨습니다. 마치 허공중에 비행기의 지나간 자욱이 없듯이 반야 사상과 공의 체득이 반야바라밀의 완성이며, 실체가

---

40) 성냄이 없는 것을 근본으로 하여 일체 중생에게 즐거움을 주려는 마음과 행동
41) 성냄이 없이 자비심을 근본으로 하여 일체중생에게 고통을 여의게 하는 마음과 행동
42) 즐거움과 기쁨을 주는 것을 근본으로 하여 일체중생에게 고통을 여의고 기쁘게 하는 마음과 행동
43) 탐심이 없는 것을 근본으로 하여 원수거나 친한 이를 구별하지 않고, 평등하게 또는 무차별한 마음과 행동

없다는 깊은 뜻이 담겨있습니다.

즉, 허공은 아무리 단단하고 견고한 쇠창이나 칼·화살·미사일·핵무기를 발사한다하여 잘리거나 미워하거나 슬퍼하지 않고, 인공위성·화학무기·비행기가 와도 늘 공간을 거부하지 않고 내어주며, 천둥·번개·벼락을 쳐도 무서워하거나 타지도 않고, 비·눈·바람이 와도 젖거나 흔들거림이 없고, 기쁨과 슬픔은 안중에도 없는 분별하지 않음은 사람들에게 모든 척하지 않는 실체가 없음을 증명해 줍니다.

지금시대가 요청하는 '보살상'은 『법화경』에 나오는 '지용보살(地涌菩薩)'·'상행보살(上行菩薩)'·'무변행보살(無邊行菩薩)'·'정행보살(淨行菩薩)'·'안립행보살(安立行菩薩)'처럼 『법화경』을 설하고 유통시키고자 하는 서원하는 이와 '상불경보살(常不輕菩薩)'처럼 온갖 경멸과 박해를 인욕의 평등심으로 모든 이를 부처되리라는 서원을 하는 이와 '반야회상'에서 '살타파륜보살(薩陀波崙菩薩)'처럼 목숨을 담보로 반야를 구하고자 하는 구도심과 부처님 말씀대로 실천하고자 노력한 이가 지금시대에 요청되는 '보살상' 이라 하겠습니다.

대승불교에서 숭앙하는 4대 보살은 문수사리보살, 보현보살, 관세음보살, 지장보살입니다.

1. 문수사리보살(文殊師利菩薩, Mañjuśrī)

'문수사리보살'은 소리 번역이며, 뜻으로는 '묘길상(妙吉祥)' '훌륭한 복덕을 갖추신 분'으로 늘 납자(승려)나 재가자들에게 분별심을 경책하는 추한 모습으로 전해지기도 합니다.

문수보살의 십대서원(十大誓願)은 이러합니다.

1) 모든 중생으로 하여금 부처님의 지혜와 보리심에 들게 방편으로 이끌어 줍니다.

2) 문수보살을 헐뜯고 비방하며, 자신의 목숨을 해하는 중생까지 보리심에 들게 하십니다.

3) 문수보살을 사랑과 미움을, 깨끗함과 더러운 행동에도 보리심에 들게 하십니다.

4) 문수보살을 업신여기거나 삼보를 비방해도 보리심에 들게 합니다.

5) 문수보살을 천대하거나 박해하는 이도 보리심에 들게 합니다.

6) 살생을 업으로 하거나 탐욕이 많은 이도 보리심에 들게 합니다.

7) 모든 복덕을 보리에 화향하고, 수행자에게 보리심에 들게 하십니다.

8) 나쁜 행동으로 육도를 윤회하는 모든 중생과 함께 계시며, 가난한자와 모든 지체부자유자들에게도 보리심에 들게 하십니다.

9) 삼보를 비방하고, 헤매는 중생들과 인연을 지어 보리심에 들게 하십니다.

10) 문수보살과 인연이 있거나 없거나 모든 이를 보리심에 들게 하십니다.

다음으로 문수보살 게송입니다.

"성 안내는 그 얼굴이 참다운 공양구요, 부드러운 말 한 마디 미묘한 향이로다. 깨끗해 티가 없는 진실한 그 마음이, 언제나 한결 같은 부처님 마음일세." (面上無瞋供養具 無裡無瞋吐妙香 心內無瞋是珍寶 無垢無染卽眞常)

2. **보현보살**(普賢菩薩, Samantabhadra)

'보현보살'은 문수보살이 위없는 깨달음을 이루어 부처가 되겠다는 서원을 하신 초발심 발현에 더 관심이 있다면, 보현보살은 초발심에 들어온 불자들에게 휴식 없는 실천 행으로 수행과정에 더 큰 원을 세우십니다. 즉 모든 불자들에게는 '지혜(문수)'와 '행원(보현)'은 두 수레바퀴와 같이 불도의 근원이고, 문수보살은 보현보살에게 부족한 행원을 익히고자 하고, 보현보살은 문수보살에게 지혜를 익히고자 하며, 서로에게 격려를 보냅니다.

보현보살의 십대서원(十大誓願)입니다.

1) 예경제불원(禮敬諸佛願) : 모든 사람과 일체중생들을 부처님 대하듯 한다는 비밀법장입니다.

2) 칭찬여래원(稱讚如來願): 모든 사람과 일체중생들을 부처님 대하듯 칭찬하라는 비밀법장입니다

3) 광수공양원(廣修供養願) : 모든 어려운 이웃들에게 부처님께 공양 올리듯 배려하라는 비밀법장입니다.

4) 참회업장원(懺悔業障願) : 부처님이 늘 우리 앞에 계신다고 생각하여 이웃과 함께 참회하라는 비밀법장입니다.

5) 수희공덕원(隨喜功德願) : 자신과 가족뿐 아니라 모든 인연 있는 이웃과 함께 경·조사동참을 부처님 공덕으로 생각하여 따라 기뻐하라는 비밀법장입니다.

6) 청전법륜원(請轉法輪願) : 모든 사람과 일체중생의 말없는 법문과 찬성을 위한 반대를 부처님법문 대하듯 귀하게 여기고, 아는 만큼의 포교활동이 비밀법장입니다.

7) 청불주세원(請佛住世願) : 모든 훌륭한 선지식을 부처님 대하듯 잘 섬기고, 나에게 역경계를 초래한자도 부처님 대하듯 하라는 비밀법장입니다.

8) 상수불학원(常隨佛學願) : 부처님의 바른 가르침 잘 배우고, 겉모습만 불자일 때 자비한 마음으로 경책하는 것이 비밀법장입니다.

9) 항순중생원(恒順衆生願) : 모든 일체중생들의 마음을 헤아려 그들을 부처님으로 생각하여 더 편안하게 배려하라는 비밀법장입니다.

10) 보개회향원(普皆廻向願) : 내가 지은 모든 공덕을 이웃에게 나눔을 부처님께 회향하듯 하라는 비밀법장입니다.

3. 관세음보살(觀世音菩薩, Avarokteśvara)

'관세음보살'은 '관자재보살·천수관음·성관음·여의륜관음·십일면관음·불공견색관음·마두관음·준제관음·청경관음·백의관음·양류수관음·수월관음' 등 이명동보살(異名同菩薩)로, 현실세계에서 고통 받고 있는 일체중생에게 천개의 손과 천개의 눈, 천개의 귀로 중생의 하소연을 듣고, 눈으로 보고, 손을 내밀어 구제하시는 어머니 같은 자비심의 보살(보살은 여성·남성을 초월한 초성이지만 방편상)입니다.

『법화경』 「보문품」에서 중생이 '7난3독(7難3毒)' 을 만났을 때 관세음보살을 한마음으로 간절히 부르시면 어려움에서 구하시는 구고구난(救苦救難)의 화신입니다.

관세음보살이 구하는 7난(七難) 3독(三毒)은 이러합니다.

1) 큰 불이 일어나 어쩔 수 없이 타 죽게 되었을 때

2) 홍수가 져서 세찬 물살에 떠내려 갈 때

3) 바다나 강가에서 태풍을 만나 배가 부서져 죽게 되었을 때

4) 칼이나 몽둥이를 든 사람이 위해를 가할 때

5) 무서운 귀신이 나타나 괴롭힐 때

6) 죄를 짓거나 누명으로 감옥에서 형틀에 묶이게 될 때

7) 도적을 만나거나 험한 길을 지나 갈 때 입(口)으로 염하면 감응합니다.

8) 한 마음(意)으로 관세음보살을 생각하면 탐욕과 분노와 어리석음이 눈 녹듯이 감응하십니다.

9) 청결하고 지극한 몸(身)으로 공양과 예를 올리면, 훌륭한 자녀를 낳는다 하였습니다.

10) 신·구·의(뜻)를 모아 입으로는 관세음보살을 염하고, 정갈한 몸으로는 오체투지(큰절)로 예를 올립니다.

소납의 주력 경험으로는 처음에는 큰 소리로 주력하시는 데, '관세음'을 입으로 부르고, 귀로는 '관세음'을 챙겨오고, 입으로 '보살'을 부르고, 귀로는 챙겨오고를 반복하다 보면, 부르는 나와 부르는 대상인 관세음보살이 하나 되고, 관세음보살은 살며시 속삭입니다. "그대 속에 내가 있어"라고. 그러면서 참회의 눈물과 감응이 오게 됩니다.

관세음보살은 배고픈 어린아이가 엄마 찾듯이, 병자가 훌륭한 의사 찾듯이 간절한 마음으로 부르면 응하십니다.

4. 지장보살(地藏菩薩, Kṣitigarbha)

‘지장보살’은 흔히 ‘대원본존 지장보살(大願本尊 地藏菩薩)’이라 불리며, 왜? ‘대원본존’이라 부르는가? 첫째 지장보살은 부처님과 같이 무상정등각을 이룰 수 있으나, 성불은 안중에도 없으시고, 오직 고통 속에 허덕이는 육도중생(중생이 저지른 행위에 따라 태어나고 몸 받는다고 하는 곳)을 남김없이 제도하겠다는 서원 때문에 ‘대원본존’이라 합니다.

소납이 왜곡되게 볼 수 있으나 극히 일부 승려·재가불자들의 행태는 지장보살의 서원을 지나치게 믿는 것인지 맹신적으로 믿는 것인지 혼돈이 일어납니다. 지장보살이 가장 아파하고 연민으로 어여삐 여겨 『지장보살본원경』에서 무간지옥(無間地獄)에 갈 ‘오역죄(五逆罪)’에 대해 자상하시게 처방전을 주셨습니다.

1) “부모에게 불효하고 혹은 살해하는 일들”

2) “부처님의 몸에 피를 내고, 삼보를 비방하고 경전을 소중하게 하지 않는 일들”

3) “삼보정재를 헛되이 쓰거나 승려를 더럽히거나, 가람내에서 음행하는 일들”

4) “마음은 사문이 아니면서 승복만 걸친 채 신성한 계율을 등지고 신도를 속이는 일들”

5) “삼보정재를 허락 없이 훔치거나 가져가는 일들”

“저들은 계율을 깨트려 온갖 악을 행하되 부끄러움을 모르고, 그 말은 추악하고 몸과 마음이 교만하여 청정한 온갖 법을 멀리하며, 자비심이 없는 악한 비구를 취하고는 그를 ‘복밭’이라 하고, 공경·공양하면서 그 가르침을 따른다. 그런 악인들은 그 스승과 제자가 모두 저 무간지옥으로 들어갈 것이다.”라고 친절한 가르침을 주셨습니다.[44]

44) 『대정장』13, p.704상.

소납부터 깊은 참회와 가슴을 칼로 애이듯 소신공양하는 심정으로, 수행의 지표로 스승으로 삼겠습니다.

육도(六道)

1) 지옥(地獄) : 수미산의 사방에 있는 섬부주(贍部洲) 밑에 있으며, 뜨거운 불길에서 형벌을 받는 '팔열지옥(八熱地獄)'과 혹독한 추위로 형벌을 받는 '팔한지옥(八寒地獄)'으로 나뉩니다.

2) 아귀(餓鬼) : 섬부주 밑과 인도(人道)·천도(天道)에 있으며, 재물에 인색하거나 음식에 욕심이 많거나 남을 시기·질투하는 자가 죽어서 가게 되는 곳으로 굶주림과 목마름으로 괴로움을 겪고, 배는 남산만한데 입은 바늘구멍보다 적다고 합니다.

3) 축생(畜生) : 온갖 동물들을 뜻합니다.

4) 아수라(阿修羅) : 수미산과 지쌍산 사이의 바다 밑에 있다고 하며, 인간과 축생의 중간에 위치한 세계로 싸움이 잦은 곳을 말합니다.

5) 인간(人間) : 수미산 동쪽에 있는 승신주(勝身洲), 남쪽에 있는 섬부주(贍部洲), 서쪽에 있는 우화주(牛貨洲), 북쪽에 있는 구로주(俱盧洲)의 네 대륙을 뜻합니다.

6) 천(天) : 하늘세계로 수미산 중턱에 있는 사천왕(四天王)에서 유정천(有頂天)까지를 말합니다.

『지장보살본원경(地裝菩薩本願經)』 「촉루인천품(囑累人天品)」에서 석가모니부처님께서 "지장, 그대는 그대의 신력(神力)·자비(慈悲)·지혜(知慧)·변재

(辯才)가 불가사의(不可思議)하다. 시방의 모든 부처님이 그대의 불가사의한 공덕을 천만겁 지나도록 말하여도 다 말하지 못할 것이다."라고 하였습니다.

모든 보살들이 위로는 깨달음을 구하고, 아래로는 중생을 제도한다는 '상구보리 하화중생(上求菩提 下化衆生)'을 추구하지만, 지장보살만은 상구보리에 대해 관심을 갖지 않습니다. 오직 중생의 해탈에만 심혈을 기우릴 뿐, 어떤 보살이나 부처도 서원을 따를 수 없습니다. 서원중에 서원, 가장 근본이 되는 서원입니다. 모든 보살과 부처가 존재할 수 있는 근거가 되는 본원으로 가득 차있습니다.45)

선부촉(善付囑, parīnditāḥ paramayā parīnayā)

'선부촉'은 아직 근기가 약하거나 공덕을 얻지 못한 이를 상근기와 공덕을 얻은 분에게 불퇴전의 법을 증득하게 하는 배려로, 다른 이에게 부탁·위촉하는 것입니다. 예를 들자면 무량·무작사제(無量·無作四諦)인 법신(法身)이 아닌 생멸사제(生滅四諦) 태어남과 입멸이 색신(色身)의 방편으로 보이고자 할 때 10대 제자나 1250인의 아라한에게 또는 지장보살에게 무불시대에 법을 부촉하는 의미입니다.

2-02

tat kathaṃ Bhagavan bodhisattva-yāna-samprasthitena kulaputreṇa vā kuladuhitrā vā sthātavyaṃ kathaṃ

45) 김현준, 『예불 그 속에 깃든 의미』, 효림, 2001, pp.109-173. 참조

pratipattavyaṃ kathaṃ cittaṃ pragrahītavyam?

世尊 善男子善女人 發阿耨多羅三藐三菩提心 應云何住

세존 선남자선여인 발아뇩다라삼먁삼보리심 응운하주

云何降伏基心.

운하항복기심

세존이시여! 최상의 바른 깨달음을 얻고자 하는 선남자 선여인이 어떻게 머물며, 어떻게 그 마음을 조복시켜야 합니까?"

아뇩다라삼먁삼보리(阿耨多羅三藐三菩提,anuttara samyaksaṃbodhi)

'아뇩다라삼먁삼보리'를 한역할 때는 '무상정등각(無上正等覺)'이라 하며, 현상계에 나타나는 생사를 초월한 구경의 본체로 부처님께서 모든 교의와 깨달음을 집약시킨 최상의 깨침을 말합니다.

조금은 군더더기에 불과하지만 간략하게 풀이해 보면 '무상'은 최고 또는 최상 또는 무한한 높이의 뜻이며, '정'은 인간과 삼라만상의 근본 바탕의 바른 진리이며, '등'은 현상적으로 나타난 무차별이나 무분별심을 뜻하며, '각'은 깨침 또는 성불의 적정상태라고 할 수 있습니다.

부처님 깨침의 한 소식을 언어로 표현하기가 참 어렵지만, 『해심밀경』에서는 "'이언법성(離言法性)'또는 '승의(勝義)'라고 불려진다. 승의는 성인이 내면에서 스스로 깨달은 것이며(聖者內自所證), 형상이 없이 작용하며(無相所行), 말로 나타낼 수 없으며(不可言說), 표현할 길이 없고(絶諸表示),모든 논쟁이 끊어진 것(絶諸論爭)의 다섯 가지 이유에서 일체 사려 분별의 경계를 초월한 것이다. 요컨대 궁극적인 진리는 개념적인 사고의 대상이 아니며, 개념이나 말로써 나타낼 수 없다."46)

선남자선녀인(善男子善女人, kula-putreṇa vā kula-duhitrā)

'선남자 선녀인'은 부처님 법을 여실히 믿고 받든 불자가정에서 태어나 외도에 현혹됨이 없이 성불을 향한 착한 남·여 불자들, 또는 부처님 법을 가까이에서 모신다는 '근사남 근사녀'라고도 합니다.

응운하(應云何, tat kathaṃ)

'응운하'는 '마땅히 어떻게'라는 말입니다.

운아항복기심(云何降伏其心, kataṃ cittaṃpra-grahītavyam)

'운하항복기심'은 '그 마음을 어떻게 항복받아야 합니까?'로 육조 혜능스님은 "일체중생이 조급하고 흔들려서 쉬지 못하는 것이 마치 문틈으로 비치는 먼지와 같으며, 요동치는 마음이 회오리바람과 같다"고 비유하였습니다.

모여서 일어나므로 '심'이라 이름하고, 생각하고 헤아림으로 '의'라 하고, 분별하여 인식하기 때문에 '식'이라고 한다. 다시 해석하면 선·악에 물들어 갖가지 차별하기 때문에 '심citta'이라 하고, 다른 마음에 의지가 되어 주므로

46) 橫山紘一, 묘주, 『유식철학』, 경서원, 1997, pp.32-33.

이것을 '의manas'라 하며, 근에 의지하므로 '식viñāna'이라 한다. 그러므로 심·의·식의 이 세 가지 명칭은 비록 의미는 다르더라도 그 체는 하나이다. (集起故名心 思量故名意 了別故名識 復有釋言 淨不淨界種種差別 故名爲心 卽此爲他作所依止故名爲意 作能依止 故名爲識 故心意識 三名所詮 義雖有異而體是一) 47)

심·의·식은 동의어로 초기불교경전과 아비달마구사론과 유식에서도 같으며, 쓰임새와 문맥에 따라 다르게 해석되어지며, 구사론에서는 느낌(受)·인식(想) 그리고 심리현상(行)에서는 52가지(중첩되는 마음-13가지, 악한마음-14가지, 착한마음-25가지)로 세분화하기도 합니다. 그리고 문헌에 따라 욕계 54가지 마음, 색계 15가지 마음, 무색계 12가지 마음, 출세간 8가지 마음으로 분류하기도 합니다.

유식학에서 보는 큰 틀의 아홉 가지 마음

당 삼장법사 현장스님도 교학체계의 이설異說48)에 의문을 품고 629년(貞觀3년) 8월 29세 때 인도유학을 결심하고 당국에 허가를 신청하였으나 거절당하고, 바른 불법을 배우고 가르치고 싶지만 무한정 기다림의 연속은 나이 때문에 촉박함을 느껴 마침내 서원을 세우고 중국서쪽 사천성 송도(유비·재갈공명)국경이 가까이 있는 허름한 암자를 찾아감. 절마다 병든 노스님을 모시는 열반당이 우리나라에도 있듯이 그 곳의 늙고 병든 외국인 노스님은 대·소변과 궂은일을 하는 간병스님 한분 계시겠지요? 속세에서 긴병에 효자 없다는 말이 나오듯 조금은 귀찮듯 노스님을…정성껏 병수발을 하시다가 국경을 넘어 구법여행을 가심도 바로 유식의 바른 이해를 위함이었습니다.

---

47) 『대정장』29, p.21하.

48) 유식의 지론학파地論學派에 있어서 제8식 아뢰야식을 정식淨識으로 취한 남도학파, 제9식 아말라식을 진식眞識과 청정식淸淨識으로 취하고 제8식을 망식妄識으로보는 북도파가 있다.

1. 전오식(前五識)

1) 안식(眼識)은 안근(眼根: 눈)을 통해 나타나는 모든 사물에 빛깔·형태를 구분하는 눈의 망막을 통해 시각적으로 인식하는 것을 '안식'이라 합니다.

2) 이식(耳識)은 이근(耳根: 귀)의 고막을 통해 청각으로 들리는 모든 소리를 인식하는 것을 '이식'이라 합니다.

3) 비식(鼻識)은 비근(鼻根: 코)의 달팽이관을 통해 취각·후각으로 모든 냄새 맡는 것을 인식하는 것을 '비식'이라 합니다.

4) 설식(舌識)은 설근(舌根: 혀)의 미뢰·미각을 통해 모든 맛을 인식하는 것을 '설식'이라 합니다.

5) 신식(身識)은 신근(身根: 피부)몸의 촉감을 통해 부드러움·딱딱함·아픔 등을 인식하는 것을 '신식'이라 합니다. 따라서 전 오식의 감각기관을 '부진근(扶盡根)'이라고도 합니다.

전 오식은 오직 자기 영역을 고수하는 특징이 있습니다. 예를 들면 안식은 모든 사물의 형태나 빛깔만을 고수하지 듣거나 냄새 맡은 등의 영역을 하지 못합니다.

2. 제6 의식(意識)

제6 의식은 안·이·비·설·신(전오식)을 종합적으로 인식하며, 기억·추리·상상·회상·착각 등의 생각이나 마음으로 표현 되며, 크게 두 가지로 분류합니다.

첫째, '오구의식(五俱意識)'으로 '전 오식'과 항상 함께 일어나는 종합 판단하는 것입니다.

둘째, '불구의식(不俱意識)'은 '전 오식'과 함께 일어남이 없는 의식으로 회상·추억·환상·몽중의식 등이 '불구의식'입니다.

3. 제7 말라식(末那識)

'제7 말라식'은 '염오의(染汚意)'→ '말라식(末那識)'→'제칠식(第七識)'의 순서로 발전했으며, '말라식'은 자아의식(我執)을 선천적인 것(俱生)과 후천적인 것(分別起)으로 나누고, 선천적인 것 중에 '제7 말라식'이 '제 8 아뢰야식'을 대상으로 자아처럼 집착하는 이른바 근원적인 자아의식을 발견한 것이 말라식 이다. 즉 선천적 ·후천적·현재에 이르기까지 신체와 정신을 총괄하며, 표층적인 자아의식 속에 허망한 것의 훈습이 항상 신체와 함께 하며, 아만(我慢)·아애(我愛)·아치(我癡)·아견(我見)[49]의 네 가지 번뇌가 같이 일어납니다.

하여, 쉽게 있는 그대로를 보지 못하고, 맑고 밝은 날씨를 짙은 색안경을 끼고, 흐리다고 보는 오염된 마음입니다.

4. 제8 아뢰야식(阿賴耶識; ālaya-vijñāna)

부파불교에서부터 꾸준히 연구되었던 업(業)에 의한 윤회(輪迴)의 주체가 연구되면서 '아뢰야식'의 발견은 유식학의 큰 획을 그었으며, 그 뜻은 '저장'·'함장'·'내재'·'잠재'·'숨는'·'저장고'·'종자식'·'이숙식'·'윤회의 주체' 등으로 불리게 됩니다.[50]

49) 아만(我慢)은 교만하고 뽐내는 악한 마음, 아애(我愛)는 일상생활에 고통이 발생하는 죽음이나 나와 남을 차별하는 마음이며, 아치(我癡)는 곧 무명으로 자아에 대한 무지이고, 아견(我見)은 자아가 존재한다고 보는 착각하는 마음이다.

50) 横山紘一, 묘주, 『유식철학』, 경서원, 1997, pp.101~207.참조

5. 제9 아말라식(阿末那識; amala-vijñāna)

전 오식·제 6의식·제7 말라식·제8 아뢰야식까지는 번뇌 망상에 물든 염식(染識)으로 보고, 제9 아말라식은 '청정무구식(淸淨無垢識)'이라 합니다.

2-03

evam ukte BHAGAVĀN āyuṣmantaṃ Subhūtim etad avocat: sādhu sādhu Subhūte, evam etad yathā vadasi. anuparigṛhītās Tathāgatena bodhisattvā mahāsattvāḥ parameṇa-anugraheṇa, parīnditās Tathāgatena bodhisattvā mahāsattvāḥ paramayā parīndanayā. tena hi Subhūte śṛṇu sādhu ca suṣṭhu ca manasikuru, bhāṣiṣye haṃ te yathā bodhisattva-yāna-samprasthitena sthātavyaṃ yathā pratipattavyaṃ yathā cittaṃ pragrahītavyam.

佛言 善哉善哉 須菩提 如汝所說 如來 善護念諸菩薩善付囑

불언 선재선재 수보리 여여소설 여래 선호념제보살선부촉

諸菩薩 汝今諦聽 當爲汝說 善男子善女人 發阿耨多羅三藐

제보살 여금제청 당위여설 선남자선여인 발아뇩다라삼먁

三菩提心 應如是住 如是降伏其心

삼보리심 응여시주 여시항복기심

부처님께서 말씀하셨습니다. "훌륭하고 훌륭하다. 수보리야!
네 말과 같이 여래는 보살들을 잘 염려해 주며, 보살들을 잘 부탁하여 위촉해 준다. 그대는 자세히 들어라. 그대에게 설하리라.
최상의 바른 깨달음을 얻고자 하는 선남자선여인은 이와같이 머물며 이와 같이 그 마음을 항복시켜야한다."

선재선재(善哉善哉, sādhu sādhu)

'선재선재'는 '훌륭하고 훌륭하다'고 격려하고 칭찬하는 감탄사의 말입니다.

여여소설(如汝所說, evam etad yathā)

'여여소설'은 '수보리야, 네 말과 같이'라는 말입니다.

여금제청(汝今諦聽, tena hi śṛṇu sādhu ca)

'여금제청'은 '수보리, 너는 이제 자세히 들어라'라는 뜻입니다.

당위여설(當爲汝說, bhāṣiṣye ahaṃ te)

'당위여설'은 '마땅히 너를 위하여 설(말)하리라'라는 말입니다.

응여시주(應如是住, yathā sthātavyaṃ)

'응여시주'는 '마땅히 이와 같이 머물고'라는 말입니다.

2-04

evaṃ Bhagavan ity āyuṣmān Subhūtir Bhagavataḥ pratyaśrauṣīt.

唯然世尊　願樂欲聞

유연세존　원요욕문

"예, 그러하옵니다. 세존이시여!" 원컨대 잘 듣고자 합니다.

유연(唯然, evaṃ)

'유연'은 '예, 그렇습니다.'로 정확하게 이해되어 긍정하는 의미입니다.

원요욕문(願樂欲聞, suṣṭhu pratyaśrauṣīt)

'원요욕문'은 '원하옵건 데, 즐거이 듣겠습니다.'라는 말입니다.

❀

이 부두에서는 크게 두 가지로, 수보리 존자가 우리네 불자가 우를 범하기 쉬운 질문을 하고 그것에 대해 부처님께서 답변하는 것으로『금강경』전체의 핵심이 집약된 내용입니다.

수보리 존자께서 친절하게 부처님과 처음 인연된 불자(출가자와 재가자)들에게 "최상의 바른 깨달음을 얻고자 한다면 그 마음가짐은 어떻게 하고, 그 마음을 어떻게 머물게(수행)하며, 그 마음을 어떻게 항복받아야 하겠습니까?" 를 질문하고 있습니다.

다시 말해서 2-02에서 가장 시기적절한 질문을 하는데, 공(空)의 도리를 이끌어가는 '해공제일'다운 질문을 해주셨습니다. 2-02의 시기 절절한 질문에 2-03에서 '선재선재'나 '여여소설'로 이심전심 부처님마음과 같음을 인가하시고, 해공 제일인자를 증명해주시는 대목입니다.

부처님께서 최상의 바른 깨달음을 얻고자 한다면 그 마음에 처방전을 주셨습니다. "착한 선남자·선여인들이 최상의 바른 깨달음을 얻고자 한다면 이와 같이 머물며, 이와 같이 그 마음을 항복받아야 한다." 라고 말씀하셨습니다. '이와 같이'란 쉽게 풀이 해보면 처음 발심했을 때의 그 마음은 오염되지 않는 순수한 마음으로[51] 간절함과 사무치는 마음으로, 부처님의 말씀하심에 어떤 뜻이 담겨있는지 깊이사유하고 자신이 아는 만큼 구체적

51) 이제까지 알고 있었던 지식이나 알음아리 또는 교만심과 산란심과 전도심을 여의고

인 실천행을 하면 자연스럽게 그 마음을 항복받는 '이와 같은 마음'이 됩니다.

우리네 삶은 늘 경쟁과 비교와 분별심과 조급함과 흔들림 속에서 거창하고, 장엄하고 엄숙한 고해와 생사의 바다를 건너는 최상의 바른 깨달음을 중히 여기는 것도 중요하나, 삼귀의 오계·사홍서원을 잘 챙겨서, 일상생활에서 부딪치는 역경계(逆境界: 상대방으로부터 불이익이나 불편하고 심사가 꼬일 때)가 다가올 때 나와 인연된 모든 것들52)에 이익이 되며, 나는 누구와 다르며, 모든 척하는 것이 없고, 상대방에게 무례함이 없는 낮은 자세와 모든 상대방을 부처님 대하듯 하면 그것이 최상의 바른 깨달음인 '이와 같은 마음'의 의미가 됩니다.

규봉 선사는 2-04의 '유연세존'과 '원요욕문'에 대해 『금강경 오가해(金剛經五家解)』에서 『십지경(十地經)』의 말씀을 인용하시면서 이렇게 해석하셨습니다. "목 마른 이가 찬물을 찾듯이 하고, 배고픈 이가 좋은 음식을 찾듯이 하고, 환자가 좋은 약을 찾듯이 하고, 벌 떼가 꿀통에 매달리듯이 하여, 우리들도 이와 같이 감로법을 듣고자 한다." 라고 하듯 유위법(有爲法) 생멸사제(生滅四諦)에서 무위법(無爲法) 무생사제(無生四諦)으로 가야함을 일깨워 줍니다.

『금강경 간정기회편(金剛經刊正記會編)』에서 장수대사는 삼혜(三慧)에 배대하였습니다.

초구(初句)에서는 문혜(聞慧)로서 부처님 말씀을 듣고 깊이 사유하지 않는 것은

52) 직장·이웃·사회·국제관계·친구·도반·부모·형제·자매·선·후배 등

마치 물을 마시면서 맛을 보지 않는 것처럼 무의미하다. 이구(二句)에서는 문혜(聞慧)로서 만약 음식 맛을 음미하려거든 반듯이 꼭꼭 씹어야지 그러지 않으면 맛을 볼 수 없다. 삼구(三句)에서는 수혜(修慧)로서 수행하여 미혹함을 버리는 것은 마치 약을 복용한 후 병을 고치는 것과 같다. 마지막 구절은 삼혜의 과(열매)이다. 벌이 온갖 꽃을 찾아들어 꿀을 만들 듯이 사람은 만행(萬行)을 모아서 진리를 증득하고, 벌이 꿀을 만든 후에는 꿀에 의지하여 살아가듯이 사람도 진리를 증득한 다음에는 진리에 의지하여 살아간다. (三慧初句聞慧聞法不思如飮水不味次句思慧若要尋求食味應須啖嚼第三修慧修行惑遣如服藥病除後句卽三慧之果蜂採白華以成蜜人集萬行以證眞蜂成蜜已依蜜而活人證眞已依眞已住)[53]

53) 『금강경간정기』, 봉선사 활자본, pp.297-298 참조

3. 대승의 바른 종지 분

第三 大乘正宗分 제삼 대승정종분

3-01

BHAGAVĀN etad avocat: iha Subhūte bodhisattva-yāna-samprasthitena evaṃ cittam utpādayitavyam:

佛告須菩提 諸菩薩摩訶薩 應如是降伏其心
불고수보리 제보살마하살 응여시항복기심

부처님께서 수보리에게 말씀하시데,
"모든 보살마하살은 다음과 같이 그 마음을 항복해야 한다.

3-02

yāvantaḥ Subhūte sattvāḥ sattvadhātau sattva-samgraheṇa saṃgṛhītā aṇḍa-jā vā jarāyu-jā vā saṃsveda-jā vaupapādukā vā, rūpiṇo vā-arūpiṇo vā, saṃjñino vā-asaṃjñino vā naiva saṃjñino na-asaṃjñino va, yāvan kaścit sattvadhātu-prajñapyamānaḥ prajña-pyate,

所有一切 衆生之類 若卵生 若胎生 若濕生 若化生 若有色
소유일체 중생지류 약난생 약태생 약습생 약화생 약유색
若無色 若有想 若無想 若非有想非無想
약무색 약유상 약무상 약비유상비무상

세상에 있는 온갖 중생은 알에서 태어난 것이나,
태에서 태어난 것이나, 습기에서 태어난 것이나,
변화하여 태어난 것이나, 형상이 있는 것이나, 형상이 없는 것이나,
생각이 있는 것이나, 생각이 없는 것이나,
생각이 있는 것도 아니고 없는 것도 아닌 온갖 중생들을

일체중생지류(一切衆生之類, sattvāḥ sattvadhātau sattva-saṃgraheṇa saṃgṛhītā)

'일체중생지류'는 여러 생을 윤회함이요, 또는 함께 군락을 이룸이요, 또는 많은 인과 연이 화합하여 생긴 생명체들을 '유정(有情)' 또는 '꿈틀거림'

을 뜻합니다.

난생(卵生, aṇḍa-jā vā)

'난생'은 알을 의지해서 태어난 일체 생명들인 원생동물·포유동물·새·뱀·악어·물고기 등이며, 혜능 선사는 『금강경 오가해』에서 '미(迷)한 성품'을 '난생'이라 하였습니다.

태생(胎生, jarāyu-jā vā):

'태생'은 뱃속의 태를 의지하여 태어나는 일체 생명들인 사람이나 동물·소·말 등으로 사지(四肢)의 형태를 말하며, 혜능 선사는 '습(濕)한 성품'을 '태생'이라 하였습니다.

습생(濕生, saṃsveda-jā vā)

'습생'은 습하고 음한 기운을 의지하여 태어난 일체의 생명들인 세균·박테리아·벌레·모기·귀뚜라미·지렁이 등이며, 혜능 선사는 '사견(邪見)의 성품'이라 하였습니다.

화생(化生, upapādukā vā)

'화생'은 구체적인 형상이 육안으로는 보이지 않지만 의지처가 없이 스스로 태어나는 일체의 생명체로 천상·지옥중생이며, 혜능 선사는 '견취(見趣) 성품'이라 하였습니다.

유색(有色, rūpiṇo vā)

'유색'형태가 있는 색계 천에 빛으로 태어나는 것. 육조 혜능선사는 마음을 일으켜 마음을 닦고 시비를 망령되게 보며, 안으로는 무상의 이치에 계합하지 못하는 것을 '유색'이라 합니다.

무색(無色, arūpiṇo vā)

'무색' 형태가 없는 것으로 무색계천에 빛없이 태어난 것. 혜능 선사는 안으로 마음의 정직한 것만을 지켜서 공경공양을 행하지 않고 진심(眞心)이 다만 이 부처라고 보고 복과 혜를 닦지 않는 것을 '무색'이라 합니다.

유상(有想, saṃjñino vā)

'유상' 생각이 있는 식처천에 태어나는 것. 혜능 선사는 중도를 요달하지 못하고 눈으로 보고 귀로 들음에 마음으로 생각하고 생각해서 법상에 애착하여 입으로는 부처님 행을 말하나 마음에 의지해서 행하지 않는 것이 '유상'이라 합니다.

무상(無想, asaṃjñino vā)

'무상' 생각이 없는 것 색계4선천 무상천무색계의 최후 무소유처천에 태어난 것. 혜능 선사는 미한 사람이 좌선하는데 단번에 망상을 없애려하고 자비희사와 지혜방편을 배우지 않아 목석과 같이 작용이 없는 것이 '무상'이라 합니다.

비유상비무상(非有想非無想, naiva saṃjino na asaṃjñinovā)

'비유상비무상' 지각이 있다 없다 라말 할 수 없는 것으로 '비상비비상처천'으로 말함. 두 가지 법상에 애착하지 않기 때문에 '약유비상'이요, 이(理)를 구하는 마음이 없기에 '약비무상'이라 합니다.54)

3-03

te ca mayā sarve' nupadhiśeṣe nirvāṇa-dhātau parinirvāpayitavyāḥ.

我皆令入無餘涅槃 而滅度之

아개영입무여열반 이멸도지

내가 모두 무여열반에 들게 하리라.

무여열반(無餘涅槃, anupadhiśeṣe nirvāṇa)

부파 불교에서는 '무여열반'과 '유여열반'으로 분류하며, '무여열반'은 일체의 번뇌를 끊고, 육체마저 다 없어져 업과 과보가 없는 반열반(般涅槃)

54) 무착無著, 『금강반야론金剛般若論』 권상卷上(대정장大正藏25, p.786중)참조

쉽게는 진리와 하나가되는 사후부터 미래세까지이며, '유여열반'은 일체의 번뇌를 끊고, 생사에서 벗어났으나 아직은 과거의 업과 과보가 남아있는 상태를 '유여열반' 쉽게는 석가모니 부처님이 35세에 정각을 이루면서 쿠시나가라에서 열반에 드셔서 생멸을 보이심이 '유여열반' 이라 합니다.

대승불교에서는 두 가지를 추가하여 '자성청정열반(自性淸淨涅槃)'과 '무주처열반(無住處涅槃)'으로 나눕니다.

'자성청정열반'은 마음의 본성이나 일체법의 진리가 법성연기로 보아서 '자성청정열반'이라 하고, '무주처열반'은 큰 지혜 때문에 생사에 머물지 않으며, 큰 자비심 때문에 열반에도 머물지 않아 '무주처열반'이라합니다.

열반사덕(涅槃四德)인 상·낙·아·정(常樂我淨)은 무여열반의 세계는 영원하고 즐겁고 자아가 청정함을 『열반경』에서 말하고 있습니다.

3-04

evam aparimāṇan api sattvān parinirvāpya na kaścit sattvaḥ parinirvāpito bhavati.

如是滅度 無量無數無邊衆生　實無衆生得滅度者

여시멸도 무량무수무변중생　실무중생득멸도자

이와 같이 헤아릴 수 없이 많은 중생을 무여열반에 들게 하였으나,

실제로는 무여열반을 얻게 한 중생은 한 중생도 없다.'

3-05

tat kasya hetoḥ? sacet Subhūte bodhisattvasya sattva-saṃjñā pravarteta, na sa bodhisattava iti vaktavyaḥ. tat kasya hetoḥ? na sa Subhūte bodhisattvo vaktavyo yasya-ātma-saṃjñā pravarteta, sattva-saṃjñā vā jīva-saṃjñā vā pudgala-saṃjñā vā pravarteta.

何以故 須菩提 若菩薩 有我相 人相 衆生相 壽者相 卽非菩薩

하이고 수보리 약보살 유아상 인상 중생상 수자상 즉비보살

왜냐하면 수보리야! 보살에게 아상·인상·중생상·수자상이 있으면 보살이 아니기 때문이다."

아상(我相, ātma-saṃjñā)

오온이 화합하여 생긴 몸과 마음을 나와 남을 비교하여 내가 있다고 착각하는 모든 범부중생들의 병폐를 뜻합니다.

인상(人相, pudgala-saṃjñā)

나는 축생이나 아귀와 다르고 지금 이 몸으로 인간으로 다시 태어날 것 같은 착각을 뜻합니다.

중생상(衆生相, sattva-saṃjñā)

괴로움이 찾아오면 싫어하고, 즐거움이 찾아오면 계속해서 집착하는 병폐요, 나는 범부 중생인데 언제 수행하여 부처가 되나 하는 안일한 생각을 뜻합니다.

수자상(壽者相, jīva-saṃjñā)

나만은 타인들보다 좀 더 오래 살 것 같은 착각과 망심.

❁

이 부두에서는 수보리 존자가 부처님께 질문한 내용인 즉, '어떻게 마음을 항복 받아야하는가?'에 대해 청정한 마음으로 일체 중생을 부처님으로 생각하고 공경하는 태도를 머리로만 입으로만 하는 것이 아니라 구체적인 실천을 강조합니다. 예를 들면 불자님들이 법우님들과 인사를 나눌 때 '성불 합시다'하는데, 입으로 성불하는 것이 아니라 구체적인 실천행이 우선될 때, 아니면 절에 오래 다닌 것도 소중하나 웃는 얼굴로 법우님을 맞이하는 것이 중요합니다. 불교를 믿었을 때와 믿지 않을 때에 인격의 변화가 오지 않는 것은 불보살님들을 욕보이는 것입니다.

일체중생들을 '무여열반'에 들어 '해탈'하게 하는 것을 혜능 선사는 『금강경 오가해』에서 '일체중생'을 이렇게 말씀하셨습니다.

'난생'은 성품이 '미(迷)혹한' 성품으로, '태(胎)생'은 '습성(習性)으로 무언가 배우고 익히는 성품'으로, '습(濕)생'은 '정견보다는 그릇됨을 쫓는 사견의 성품'으로, '화(化)생'은 보면 바로 '욕심을 내는 성품으로 업을 반복해서 짓고, '삿된 마음이 강한 성품'으로, '유색(有色)'은 마음을 닦아 헛되게 시비를 걸고, 마음으로는 무상(無相)의 이치로 보지 못하고, '망령된 성품'으로 '무색(無色)'은 속마음으로는 올곧고 공경·공양을 행하지 않고, 삿됨을 따르고 올곧은 마음만을 부처님으로 보아 복과 지혜를 닦지 않는 성품으로, '유상(有想)'은 치우침이 없는 중도의 이치를 요달하지 못하고 눈·귀로 보고 들으며, 사유하여 법상(法相)에 애착하고 입으로만 부처님을 말하고, 마음속에는 사무처 생각하지 않으니 '유상'이라 하고, '무상(無想)'은 미혹한 사람이 좌선하며 한결같이 망령만 없애고 자비희사(慈悲喜捨)의 지혜방편을 체득하지 못하여, 마치 목석같이 아무런 작용이 없는 것을 '무상'이라 하고, 유무(有無)에 집착하지 않으므로 '비유상(非有想)'이라 하고, 이치를 구하는 마음이 있어서 '비무상(非無想)'이라 한다.

장수대사는 『금강경 간정기』에서 이렇게 말씀하셨다.

'천옥화생(天獄化生)'이란 천상과 지옥은 오직 '화생' 뿐으로 가장 좁다. '귀통태화(鬼通胎化)'란 그 다음으로 넓다. 예를 든다면 지행나찰(地行羅刹)과 귀자모(鬼子母)[55]는 모두 태생이다. 그러므로 귀자모가 목련존자에게 "저는 밤낮으로 각각 500명의 자식을 낳자마자 다 잡아먹었지만 배가 부르지 않았습니다."

55) 대 야차여신으로 어린 아이를 잡아먹었으나 부처님께 귀의 하여, 해산 육아 양육을 담당함

하여 태생에도 귀신이 있는 줄 알 수 있었다. 그 이외는 모두 화생이다. '인축각사(人畜各四)'란 가장 넓다. '인사(人四)'란 비사가모(毗舍佉母; 鹿子母)[56]는 알로 32명의 자식을 낳은 적이 있으며, 태생은 일반적인 경우와 같다. 습나녀(濕柰女)[57]는 암나수(菴羅樹)습기에서 태어났고, 화생은 겁초의 인간이다. 하여 『구사론』에서는 "이선(二禪)은 복이 다하면 남섬부주에 화생 한다"라고 하였다. (天獄化生者天上地獄唯是化生最狹也鬼通胎化者次寬也謂地行羅刹及鬼子母皆是胎生故有鬼母白目連曰我晝夜分各生五百子隨生自食雖盡不飽故知有胎生鬼也餘皆化生也人畜各四者卽崔寬也人四者毗舍佉母卵生三十二子胎生常人濕卽柰女從菴羅樹濕氣而生化生卽劫初之人故俱舍云二禪福將盡下生瞻部洲.)[58]

'사상(四相)'을 혜능 선사는 '아상(我相)'·'인상(人相)'·'중생상(衆生相)'·'수자상(壽者相)'이 있다면 '중생'이요, 없다면 '부처'라는 뜻으로 갈무리되는 중요한 부분이라 보았습니다.

'아상'은 미혹한 사람이 재산과 학벌 그리고 배경 있는 가문이나 권력을 앞세워 상대방을 없인 여기는 것을 '아상'이라 하고, 인의예지신(仁義禮智信)을 행하나 뜻을 높이 품고 있다하여 모든 상대방을 공경하지 않음을 '인상'이라 하고, 이익 되고 좋은 일은 내 탓이고 손해난 궂은일은 남의 탓으로 전가함을 '중생상'으로, 어떤 경계에 대해 취사선택함을 '수자상'이라 한다.

하여 '범부중생의 사상'이라 하셨으며,

출가 수행자에게도 '사상'이 있으니 '아상'은 '당신과 나는 다르다'고 생각하는 '교만심'을, '인상'은 자신은 계를 잘 지킨다는 믿음으로 파계자(破戒者)를

56) 인도 앙카국 장자의 딸로 기원정사 동쪽에 2층으로 된 대강당 또는 동원정사에 금108만근을 드려 지어서 헌납 함.

57) 기(지)바의 어머니. 부처님 동시대의 인물로 부처님의 주치의요, 당대에 가장 뛰어난 의술을 펼침. 아사세가 부왕을 살해하고 뉘우쳐 부처님께 귀의케 했던 이

58) 『금강경간정기』 봉선사편, pp.304-5.

가볍게 여기는 것을, '중생상'은 삼악도의 고통과 괴로움을 싫어하여 천상에 나는 것을, '수자상'은 장수하는 것을 좋아해 열심히 복업을 닦아 모든 집착을 잊지 못함을 '수자상'이라 한다.

4. 바른 묘행은 머문 바 없다는 분

第四 妙行無住分 (제사 묘행무주분)

4-01

api tu khalu punaḥ Subhūte na bodhisattvena vastu-pratiṣṭhitena dānaṃ dātavyam, na kvacit pratiṣṭhitena dānaṃ dātavyam,

復次須菩提 菩薩於法 應無所住 行於布施

부차수보리 보살어법 응무소주 행어보시

"또 수보리야! 보살은 마땅히 모든 법에 머문 바 없이 보시해야 한다.

응무소주(應無所住, vastu-pratiṣṭhitena)

'응무소주'란 '머무른 바 없음'으로 보은과 과보에 집착함을 경계하는 의미이며, 즉 색·성·향·미·촉·법에 머무르지 않음을 뜻합니다.

행어보시(行於布施, dānaṃ dātavyam)

'행어보시'는 보시와 육바라밀을 권유하는 대목으로 대승보살이 있게 되는 근간이요, 실천행을 강조합니다.

4-02

na rūpa-pratiṣṭhitena dānaṃ dātavyam, na śabda-gandha-rasa-spraṣṭavya-dharmeṣu pratiṣṭhitena dānaṃ dātavyam.

所謂不住色布施 不住聲香味觸法布施

소위부주색보시 부주성향미촉법보시

말하자면 형상에 머문 바 없이 보시해야 하며 소리, 냄새, 맛, 감촉, 법에도 머문 바 없이 보시해야 한다.

4-03

evaṃ hi Subhūte bodhisattvena mahāsattvena dānaṃ dātavyaṃ yathā na nimitta-saṃjñāyām api pratitiṣṭhet.

須菩提 菩薩應如是布施 不住於相
수보리 보살응여시보시 부주어상

수보리야! 보살은 마땅히 이렇게 보시하되 어떤 상에도 머물지 말아야 한다.

부주어상(不住於相, yathā na nimittasaṃjñāyām apipratitiṣṭhet)

상에 안주하거나 머무르지 않는 대 자유를 뜻합니다.

4-04

tat kasya hetoḥ? yaḥ Subhūte' pratiṣṭhito dānaṃ dadāti, tasya Subhūte puṇya-skandhasya na sukaraṃ pramāṇam udgrahītum.

何以故 若菩薩不住相布施 其福德不可思量.
하이고 약보살부주상보시 기복덕불가사량

왜냐하면 보살이 상에 머문 바 없이 보시한다면 그 복덕은 헤

아릴 수 없기 때문이다.

기복덕(其福德, tasya puṇya-skandhasya)

그 복덕으로 선(善)을 수행하는 돕거나 복되게 하는 것입니다.

불가사량(不可思量, na sukaraṃ pramāṇam udgrahītum)

'불가사량'은 생각으로 헤아려 보거나 숫자로 헤아릴 수 없는 허공과 같은 의미입니다.

4-05

tat kiṃ manyase Subhūte sukaraṃ pūrvasyāṃ diśy ākāśasya pramāṇam udgrahītum?

SUBHŪTIR āha: no hīdaṃ Bhagavān.

須菩提 於意云何 東方虛空 可思量不 不也世尊
수보리 어의운하 동방허공 가사량부 불야세존

수보리야! 네 생각은 어떠하냐? 동쪽 허공을 헤아릴 수 있겠느냐?"

"헤아릴 수 없습니다. 세존이시여!"

어의운하(於意云何, tat kiṃ manyase)

너의 생각은 어떠하냐?

4-06

BHGAVĀN āha: evam dakṣiṇa-paścima-uttara -āsvadha-ūrdhvaṃ digvidikṣu samantād daśasu dikṣu sukaram ākāśasya pramāṇam udgrahītum?

SUBHŪTIR āha: no hīdaṃ Bhagavan.

BHAGAVĀN āha: evam eva Subhūte yo bodhisattvo' pratiṣṭhito dānaṃ dadāti, tasya Subhūte puṇya -skandhasya na sukaraṃ pramāṇam udgrahītum.

須菩提 南西北方 四維上下虛空 可思量不 不也世尊 須菩提

수보리 남서북방 사유상하허공 가사량부 불야세존 수보리

菩薩無住相布施福德 亦復如是 不可思量

보살무주상보시복덕 역부여시 불가사량

"수보리야! 그러면 남·서·북방과 사이사이 간방, 아래 위 허공을 헤아릴 수 있겠느냐?"

"헤아릴 수 없습니다. 세존이시여!"

"수보리야! 보살이 상에 대해 머문 바 없이 보시하는 복덕도 이와 같이 헤아릴 수 없다.

4-07

evaṃ hi Subhūte bodhisattva-yāna-samprasthitena dānaṃ dātavyaṃ yathā na nimitta-saṃjñāyām api pratitiṣṭhet.

須菩提 菩薩但應如所教住

수보리 보살단응여소교주

수보리야! 보살은 마땅히 가르친 바대로 살아야 한다."

❁

이 부두에서는 '머문 바 없는 보시바라밀'로 재가자의 신행과 수행자들이 범하기 쉬운 것으로, "나는 누구인데, 법당건립 불사·부처님 봉안불사

또는 가사·좌복·불기·율원·선원·강원 또는 어느 큰스님께 무엇을 했네."라고 자랑하는 것, "나는 법보시로 경전을 얼마만큼 했네, 아니면 수재·풍재·화재·소외된 이웃에게 자원봉사나 보시를 했네." 등등으로 과시하는 것을 경계하는 것입니다. 이 부두에서는 보시바라밀만 나오지만 육바라밀을 모두 포함하고 있습니다.

'복덕'과 '공도리'의 간접표현으로 가장 적절한 일화로, 달마 대사는 527년 천축국에서 중국(양나라) 수도 남경에 도착하였습니다. 중국에서 불교를 절실히 숭앙했던 호법황제인 무제가 있었다면 인도에는 아쇼카왕이 호법왕으로 칭송이 자자합니다. 달마대사께 "내가 황위에 즉위한 후 수많은 사찰을 짓고, 경전을 홍포하고, 고위직에서 일반 백성들에게 출가를 권하여 출가 승려를 양성했고, 수많은 승려들에게 공양을 베풀었는데, 공덕이 얼마나 됩니까?"라고 하여 달마대사는 "무(無)! 전혀 없습니다." 라고 법향(法香)을 주셨습니다.

군더더기 같은 이야기 같으나, 일상생활에서 과보(果報)나 보은(報恩)을 생각하고 보시를 행한다면 무에 가깝다고 부정을 하지만, 무주상보시無住相布施를 통해서 마음 씀씀이를 항복받는 것이며, 바램이 없는 그 마음과 공덕은 헤아릴 수 없는 허공처럼 공덕과 복덕이 큰은 긍정의 시작을 알립니다. 하여, 부정가운데 긍정이 나옵니다.

모든 법에서 집착을 여의면 색·성·향·미·촉·법에 걸림이 없어 그 복덕은 불가사의하게 큼을 의미합니다.

5. 여여한 이치와 실상을 바르게 보는 분

第五 如來實見分 (제오 여래실견분)

5-01

tat kiṃ manyase Subhūte lakṣaṇa-sampadā Tathāgato draṣṭavyaḥ?

須菩提 於意云何 可以身相 見如來不

수보리 어의운하 가이신상 견여래부

"수보리야! 네 생각은 어떠냐? 몸과 형상으로서 여래를 볼 수 있느냐?"

가이신상(可以身相, lakṣṇā)

외형에 나타난 신체나 몸의 형상으로 전륜성왕과 부처님만이 갖는다는 32상 80종호와 외모의 형상, 매력적인 음성, 몸에서 나는 향기, 귀한 차나 음식, 부드러운 촉감, 또는 사견을 쫓는 모든 것 부처님의 말씀을 잘 이해만하고 실천을 등한시함을 뜻하기도 합니다.

5-02

SUBHŪTIR āha: no hīdaṃ Bhagavan, na lakṣaṇa-sampadā Tathāgato draṣṭavyaḥ.

不也世尊 不可以身相 得見如來

불야세존 불가이신상 득견여래

"아닙니다. 세존이시여! 몸의 형상으로는 여래를 볼 수 없습니다.

불야(不也, no hīdaṃ)

아닙니다. 없습니다.

5-03

tat kasya hetoḥ? yā sā Bhagavan lakṣaṇa-sampat Tathāgatena bhāṣitā saiva-alakṣaṇa-sampat.

何以故 如來所說身相 卽非身相

하이고 여래소설신상 즉비신상

왜냐하면 여래께서 말씀하신 몸의 형상은
바로 몸의 형상이 아니기 때문입니다."

5-04

Evam ukte BHAGAVĀN āyuṣmantaṃ Subhūtim etad avocat: yāvat Subhūte lakṣaṇa-sampat tāvan mṛṣā, yāvad alakṣaṇa-sampat tāvan na mṛṣeti hi lakṣaṇa-alakṣaṇatas Tathāgato draṣṭavyaḥ.

佛告須菩提 [凡所有相 皆是虛妄 若見諸相非相 則(卽)見如來]
불고수보리 범소유상 개시허망 약견제상비상 즉견여래

부처님께서 수보리에게 말씀하셨습니다.
"무릇 온갖 형상들은 모두 헛된 것이니 형상이 형상 아님을 본다면 바로 여래를 친견하리라."

범소유상 개시허망(凡所有相 皆是虛妄, lakṣaṇa-sampat tāvanmṛṣā)

'온갖 형상이 있는 것은 모두 다 허망하다'라는 말입니다.

약견제상비상 즉견여래(若見諸相非相 卽見如來, iti hilakṣaṇa-alakṣaṇatas Tathāgato draṣṭavyaḥ):

"만약 모든 형상들을 형상 아닌 줄 바르게 알면 즉시 여래를 본다."는 '사구게(四句偈)'입니다. '사구게'란 불교경전의 내용을 산문(散文)이나 대화체에서 전체내용을 함축하는 핵심이며 뼈대로 네 구절로 된 게송을 말합니다.

『금강경』에 나오는 사구게를 소개합니다.

1) "범소유상 개시허망 약견제상비상 즉견여래(凡所有相 皆是虛妄 若見諸相非相 卽見如來)", 제5 여리실견분

2) "불응주색생심 불응주성향미촉법생심 응무소주이생기심(不應住色生心 不應住聲香味觸法生心 應無所住而生其心)", 제10 장엄정토분

3) "약이색견아 이음성구아 시인행사도 불능견여래(若以色見我 以音聲求我 是人行邪道 不能見如來)", 제26 법신비상분

4) "일체유위법 여몽환포영 여로역여전 응작여시관(一切有爲法 如夢幻泡影 如露亦如電 應作如是觀)", 제32 응화비진분

보편적으로 네 문구를 사구게로 해석하지만, 학자나 승가에서는 아래 네 문구도 사구게로 봅니다.

5) "지아설법 여벌유자 법상응사 하황비법(知我說法 如筏喩者 法尙應捨 何況非法)", 제6 정신희유분

6) "과거심불가득 현재심불가득 미래심불가득(過去心不可得 現在心不可得 未來心不可得)", 제18 일체동관분

7) "시법 평등 무유고하 시명 아뇩다라삼막삼보리 이 무아 무인 무중생

무수자수일체선법 즉득 아누다라삼보리(是法 平等 無有高下 是名 阿耨多羅三藐三菩提 以 無我 無人 無衆生 無壽者修一切善法 卽得阿耨多羅三菩提)", 제23 정심행선분

8) "여래자 무소종래 역무소거 고명여래(如來者 無所從來 亦無所去 故名如來)", 제29 위의적정분

❋

이 부두에서 '사구게'가 처음 나옵니다.

"범소유상 개시허망 약견제상비상 즉견여래(凡所有相 皆是虛妄 若見諸相非相 卽見如來: 무릇 온갖 형상들은 모두 헛된 것이니 형상이 형상 아님을 본다면 바로 여래를 친견하리라.)"로 부처님께서 부처님 자신이 몸의 형상인 32상 80종호 또한 부정하면서 중도의 현문(玄門)인 법신(法身)을 일깨워줍니다. 쉽게 풀이해보면 이 부두에서도 온갖 형상으로 헛됨을 이야기하지만 형상 아닌 법신으로 본다면 여래를 본다는 긍정이 나옵니다. 쉽게 풀어보면 상이 있는 응신불은 쓰임새인 용(用)으로, 상이 없는 법신불은 본체인 체(體)로 이해하면 됩니다.

장수대사는 『금강경간정기』에서 이렇게 말씀하셨습니다.

유(有)·무(無)등을 가지고 '사구(四句)'를 삼는 것이다. 예컨대 제일 처음은 '유구(有句)'요, 다음은 '무구(無句)'요, 그 다음은 '역유역무구(亦有亦無句)'요, 또 그 다음은 '비유비무구(非有非無句)'인데, 문장과 뜻이 겸하였기에 '최상의 묘'라 하였다. 이 네 가지 뜻으로 능히 실상을 꿰뚫고 관통할 수 있으니, 이것이 바로 사문(四門)인 것이다.(有無等爲四句也謂第一是有句第二是無句第三是亦有亦無句第四是非有非無句文義兼備故云最妙以此四義能遍實相卽是四門)

또 다시

사의(四義; 四門)가 결여되면 비방이 일어나고, 빠짐없이 골고루 갖춰지면 문(門)이 된다는 뜻이다. 하여 비방이 일어나면 무가 결여되면서 부풀려 점점 늘어남이 일어나며, 유가 결여되면서 점점 줄어 들고, 비유비무가 결여되면서 모든 것이 서로 달라서 갈라지거나 어긋남이 일어나고, 역유역무가 결여되면서 언어의 유희 또는 말장난이 일어나서, 유는 고정이나 틀에 갇히게 된 유요, 무는 고정이나 틀에 갇히게 된 무라서 네 가지 비방이 일어나게 된다.(謂闕之成謗具之成門或謗者謂闕無成增益謗 闕有成損減謗闕非有非無成相違謗闕亦有亦無成戱論謗以有則定有無則定無餘二例之故成四謗)

하시고 또,

구사구(具四句: 빠짐없이 골고루 원만히 갖춰진 사구)란 말하자면 뜻이 결여된 것이 없기 때문이다. 유는 고정되거나 틀에 갇힌 유가 아니라 무에 의지한 유요, 무는 고정되거나 갇힌 무가 아니라 유에 의지한 무여서 어느 일구(一句)를 들던지 뚜렷이 사구(四句)의 뜻을 볼 수 있음으로 늘고 줄어드는 등의 비방에 떨어지지 않고 문이 성립되는 것이다. 왜냐하면 법이 이와 같기 때문이요, 이것은 반야바라밀이 마치 시원한 연못과 같아서 사면으로 들어갈 수 있는 것과 마찬가지다. 다만 사람은 법에 의지해야만 한다. 법이 다르면 사람도 그릇되게 된다. 만일 법의 뜻이 완전하다면 어찌하여 보리를 증득하지 못하겠는가? 그러므로 이 경을 수지 독송하면 보시하는 복보다 더 수승하다. (具四句者謂義無所闕故有不定有是卽無之有無不定無是卽有之無餘亦例之隨於一句之中圓見四句之義不隨增感等謗故成門也何以故法如是故如法見故斯則般若波羅蜜猶如淸凉池四面皆得入但以人依於法法異人乘苟法義之所全豈菩提而不證矣故言受持此經勝於施福)[59]

라고 사구게를 상세히 풀이해주셨습니다.

59) 『금강경간정기』 보련각, 1971, pp.392-394. 참조

사람 몸 받기 어려운데, 그것도 출가한 승려는 얼마나 소중한 부처님 법으로 맺어진 인연입니까? '바른 삶(正命)'에 반하는 '삿된 생활(邪命)' 또는 '삿된 명식(邪命食)60)'으로 갈 수 있는 환경이 심히 친한 척하면서 동거하자고 유혹의 손길을 내밉니다. 소납부터 육근참회六根懺悔와 이사참화理事懺悔를 하겠습니다. 참 부끄럽습니다! 참 부끄럽습니다! 참 부끄럽습니다.

60) 농사나 약초로 의식(衣食)을 구하는 것(下口食)·천문과 술수로 의식(衣食)을 구하는 것(仰口食)·권력과 재력에 편승하여 衣食을 구하는 것(方口食)·주술이나 길흉을 보는 것으로 衣食을 구하는 것(維口食)

6. 바른 믿음의 희유한 분

第六 正信希有分 (제육 정신희유분)

6-01

Evam ukte āyuṣmān SUBHŪTIR Bhagavantam etad avocat: asti Bhagavan kecit sattvā bhaviṣyanty anāgate' dhvani paścime kāle paścime samaye paścimāyāṃ pañca-śatyāṃ sad. dharma-vipralopa-kāle vartamāne, ya imeṣv evaṃrūpeṣu sūtrānta-padeṣu bhāṣyamāṇeṣu bhūta-saṃjñām utpādayiṣyanti?

須菩提白佛言 世尊 頗有衆生 得聞如是言說章句 生實信不

수보리백불언 세존 파유중생 득문여시언설장구 생실신부

수보리가 부처님께 여쭈었습니다. "세존이시여! 이와 같은 말씀을 듣고, 진실한 믿음을 내는 중생들이 있겠습니까?"

생실신부(生實信不, bhūta-saṃjñām utpādayiṣyanti)

진실한 믿음 낼까 의심하는 마음을 말합니다.

6-02

BHAGAVĀN āha: mā Subhūte tvam evaṃ vocaḥ. asti kecit sattvā bhaviṣyanty anāgate' dhvani paścime kāle paścime samaye paścimāyāṃ paūcaśatyāṃ sad-dharma-vipralope vartamāne, ya imeṣv evaṃrūpeṣu sūtrāntapadeṣu bhāṣyamāṇeṣu bhūta-saṃjñām utpādayiṣyanti. api tu khalu punaḥ Subhūte bhaviṣyanty anāgate' dhvani bodhisattvā mahāsattvāḥ paścime kāle paścime samaye paścimāyāṃ pañca-śatyāṃ sad-dharma-vipralope vartamāne guṇavantaḥ śīlavantaḥ prajñavantaś ca bhaviṣyanti, ya imeṣv evaṃrūpeṣu sūtrānta-padeṣu bhāṣyamāṇeṣu bhūtasaṃjñam utpādayiṣyanti.

佛告須菩提 莫作是說 如來滅後 後五百歲 有持戒修福者

불고수보리 막작시설 여래멸후 후오백세 유지계수복자

於此章句 能生信心 以此爲實

어차장구 능생신심 이차위실

부처님께서 수보리에게 말씀하셨습니다. "그런 말 하지 말라.

여래가 열반에 든 오백년 뒤에도 계를 지니고 복덕을 닦는 이는 이러한 경전의 말씀에 신심을 낼 수 있고 이것을 진실한 말씀으로 여길 것이다.

막작시설(莫作是說, evaṃ vocaḥ)

그런 말 하지 말라.

후오백세(後五百歲, paścimāyāṃ pañca śatyāṃ)

『대지도론(大智度論)』에서는 '후오백세'는 석가모니 부처님께서 열반하신 뒤 500년을 지난 후 500년마다 한 가지씩 굳어져 불법의 쇠퇴기를 맞이하는 다섯 번의 500년을 예언하셨습니다.

부처님께서 열반에 드신 첫 번째 500년을 '해탈견고(解脫堅固)시대'라 하셨습니다. '해탈견고시대'란 지혜가 있어서 정법이 성행하고, 해탈을 증득한 사람이 많으며, 가르침과 수행(修行)과 증과(證果)가 함께하는 시대입니다. 두 번째 500년을 '선정견고(禪定堅固)시대'라 하셨습니다. '선정견고시대'란 가르침이나 수행을 올바르게 닦는 사람이 많은 시대입니다. 세 번째 500년을 '다문견고시대(多聞堅固時代)'라 하셨습니다. '다문견고시대'란 불경과 설법을 많이 배우고, 익히는 사람이 많은 시대입니다. 네 번째 500년을 '탑사견고시대(塔寺堅固時代)'라 하셨습니다. '탑사견고시대'란 절이나 탑 또는 불상을 크게 조성하는 사람이 많은 시대입니다. 다섯 번째 500년을 '투쟁견고시대(鬪爭堅固時代)'라 하셨습니다. '투쟁견고시대'란 가르침은 있으나 수행도 증과도 없는 시대로, 이권다툼이 성행한 시대입니다.

소납이 해석하기에는 달콤하기가 꿀 같고, 궁중요리처럼 맛있는 삼독심(貪·瞋·痴)의 훈습(薰習)은 '필경공(畢竟空)'을 사금구(死金句)나 마약처럼 경계하신 부처님의 진단 시약으로 세월을 초월하여, 출가자나 재가불자들에게 귀감이 되는 경책의 '할'입니다.

유지계수복자(有持戒修福者, guṇavantaḥ śīlavantaḥ prajñāvantaś)

'유지계수복자'는 계율을 잘 지켜서 수행하고 공덕을 쌓아 복과 덕을 잘 수행하는 이를 말하며, 재가자는 '삼귀의계', '오계'를, 출가자는 '사미(니)10계'와 '비구 250계' '비구니 348계'를 잘 지키라는 의미가 있습니다.

6-03

na khalu punas te Subhūte bodhisattvā mahāsattvā eka-buddha-paryupāsitā bhaviṣyanti, na-eka- buddha -avaropita-kuśala-mūlā bhaviṣyanti, api tu khalu punaḥ Subhūte aneka-buddha-śatasahasra-paryupāsitā aneka-buddha-śatasahasra-avaropita-kuśala-mūlās te boddhisattvā mahāsattvā bhaviṣyanti, ya imeṣv evaṃrūpeṣu sūtrānta-padeṣu bhāṣyamāṇeṣv eka-citta -prasādam api pratilapsyante.

當知是人 不於一佛二佛三四五佛 而種善根 已於無量

당지시인 불어일불이불삼사오불 이종선근 이어무량

千萬佛所 種諸善根 聞是章句 乃至一念 生淨信者
천만불소 종제선근 문시장구 내지일념 생정신자

마땅히 알라, 이 사람은 한 부처님이나 두 부처님, 서너 다섯 부처님께 선근을 심었을 뿐만 아니라 이미 한량없는 부처님처소에서 여러 가지 선근을 심었으므로 이 말씀을 듣고, 잠깐이라도 청정한 믿음을 내는 이를 알아야 한다.

선근(善根, kuśala-mūlā)

온갖 좋은 과보를 받을 인(因)과 선과를 받을 만한 구체적인 행위를 말합니다.

6-04

jñātās te Subhūte Tathāgatena buddha-jñānena, dṛṣṭās te Subhūte Tathāgatena buddha-cakṣuṣā, buddhās te Subhūte Tathāgatena. sarve te Subhūte' prameyam asamkhyeyaṃ puṇyaskandhaṃ prasaviṣyanti pratigrahīṣyanti.

須菩提 如來悉知悉見 是諸衆生 得如是無量福德

수보리 여래실지실견 시제중생 득여시무량복덕

수보리야! 여래는 이러한 중생들이 이와 같이 무량한 복덕 얻음을 다 알고 다 본다.

실지실견(悉知悉見, buddha-jñānena buddha-cakṣuṣā)

'실지실견'은 '다 알고 다 본다.'는 의미로 부처님의 말씀(경전)은 거짓이 없으므로 부처님이 증명하니 '의심하지 말라'는 뜻입니다.

6-05

tat kasya hetoḥ? na hi Subhūte teṣāṃ bodhisattvānāṃ mahāsattvānām ātma-saṃjñā pravartate na sattvā-saṃjñā na jīva-saṃjñā na pudgala-saṃjñā pravartate. na-api teṣāṃ Subhūte bodhisattvānāṃ mahāsattvānāṃ dharma-saṃjñā pravartate, evaṃ na-adharma-saṃjñā. na-api teṣāṃ Subhūte saṃjñā na-saṃjñā pravartate.

何以故 是諸衆生 無復我相人相衆生相壽者相 無法相

하이고 시제중생 무부아상인상중생상수자상 무법상

亦無非法相

역무비법상

왜냐하면 이러한 중생들은 또 다시 아상·인상·중생상·수자상도 없고, 법상도 없으며 비법상도 없기 때문이다.

무법상(無法相, dharma saṃjñā pravartate)

법이라는 상이 생겨나지 않는다는 뜻입니다.

6-06

tat kasya hetoḥ? sacet Subhūte teṣāṃ bodhisattvānāṃ mahāsattvānāṃ dharma-saṃjñā pravarteta, sa eva teṣām ātma-grāho bhavet, sattva-grāho jīva-grāhaḥ pudgala-grāho bhavet. saced a-dharma-samjñā pravarteta, sa eva teṣām ātma-grāho bhavet, sattva-grāho jīva-grāhaḥ pudgala-grāha iti.

何以故 是諸衆生 若心取相 則(卽)爲着我人衆生壽者

하이고 시제중생 약심취상 즉 위착아인중생수자

若取法相 卽着我人衆生壽者 何以故 若取非法相 卽着我人衆生壽者
약취법상 즉착아인중생수자 하이고 약취비법상 즉착아인중생수자

왜냐하면, 이러한 모든 중생이 아상·인상·중생상·수자상이 없으며, 법이라는 상도 없으며 법이 아니라는 상도 또한 없다.

6-07

tat kasya hetoḥ? na khalu punaḥ Subhūte bodhisattvena mahāsattvena dharma udgrahītavyo na-adharmaḥ.

是故 不應取法 不應取非法
시고 불응취법 불응취비법

그러므로 법에 머물어도 안 되고, 법 아닌 것에 머물러도 안 된다.

6-08

tasmād iyaṃ Tathāgatena sandhāya vāg bhāṣitā: kolopamaṃ dharma-paryāyam ājānadbhir dharmā eva prahātavyāḥ prāgeva-adharmā iti.

以是義故 如來常說 汝等比丘 [知我說法 如筏喩者 法尙應捨
이시의고 여래상설 여등비구 지아설법 여벌유자 법상응사
何況(況)非法]
하황 비법

그러기에 여래는 항상 설했다. "너희 비구들아! 나의 설법을 뗏목과 같이 알라. 법도 버려야 하거늘 하물며 비법이랴!"

여벌유자(如筏喩者, kola-upamaṃ)

뗏목의 비유로, 강이나 바다를 건너려면 꼭 필요한 뗏목이지만 강이나 바다를 건넌 후에는 굳이 무거운 뗏목을 메고 산이나 육지를 갈 필요가 없음을 뜻합니다.

법상응사(法常應捨, dharma eva prahātavyāḥ)

법도 당연히 버려야 한다는 뜻입니다.

❋

이 부두에서는 수보리존자가 부처님께서 열반하신 후 '후오백세(五濁惡世)'에 일어나날 수 있는 '신심(信心)'과 '의구심(疑懼心)'을 염려하여 질문하는 내용을 설법으로 답하시고, '사상(四相)' 과 법상(法相)을 여의면 바로 '삼학(戒定慧)'이 구족되어 '아뇩다라삼먁삼보리'에 다다를 수 있다는 내용입니다.

'바른 신심'에 대해 혜능 선사는 『금강경 오가해』에서 다음과 같은 귀한 말씀을 주십니다.

"반야바라밀로 일체 번뇌를 제거함을 믿고, 반야바라밀이 일체 출세간 공덕을 성취함으로 믿고, 반야바라밀이 일체 제불을 출현하심을 믿고, 자기 몸에 불성과 함께 평등하여 둘이 아님을 믿고, 육도중생이 본래 상이 없음을 믿고, 일체중생이 모두 다 성불함을 믿는 것이니 이를 '청정하게 믿는 마음'이다."

6-05~06의 뜻은 '반야'입니다. 장수대사는『금강경 간정기』에서 이렇게 말씀하셨습니다.

여래께서 중생의 집착하는 병근(病根: 아주 나쁜 습관)을 타파하시려고 공종(空宗)의 '반야'를 설하셨다. 그런데 대승교법은 한량없는데 무엇 때문에 오직 '반야'만을 설하셨나 하면 바로 집착을 깨기 위해서다. 대승의 초문(初門)에서 만약 두 가지 집착(아집과 법집)을 제거하면 진성(空性)이 저절로 나타나기 때문이다. 하여 고덕(古德)께서 말씀하시기를 "'화엄경'은 이 나라를 다스리는 '법'이나 운기를 북돋아주는 '약'과 같다면, '반야'는 '난리'를 평정하는 '장수'나 '병'을 낫게 하는 '약'과 같다"라고 하셨다. (如來意欲盡衆生有執之病根方談空宗之般若然大乘教法無量無邊何故此中唯談般若謂正能破執大乘初門二執若除眞性自現故唯談此除基病也故古德云華嚴經如治國之法養性之藥般若教如定亂之將治病之藥)61)

---

61) 『금강경 간정기』, 보련각, 1971, pp.70-71.

유무(有無)의 집착함을 여의면 금강반야바라밀이 저절로 생겨남을 설하십니다.

'아집'과 '법집'은 모든 반야부 경전에 '병폐'와 '우환'의 근본이요, 모든 불자들(출·재가자)의 성불과 수행을 방해하는 첫 손에 꼽히는 '방해꾼'입니다. 그 중에서도 '아상'은 '근본 주인공'이고, '인상'·'중생상'·'수자상'은 부수적으로 따라오는 '보조역할'입니다. 또한 '법상(법집)'이 그 '다음 주인공'입니다. 아무리 강조해도 지나치지 않습니다. 왜냐하면 부처님 법은 강을 건너는 나룻배처럼 방편의 쓰임새에서 한 걸음 더 나아간다면, 부처님께서 비로소 미소 짓는 모습을 보시게 되고, '아상'과 '법상'을 여의면 '최상의 바른 깨달음'을 얻기 때문입니다.

6-07의 뜻에 대해서 장수대사는 『금강경 간정기』에서 이렇게 말씀하셨습니다.

'결귀중(結歸中)'이란 '불응취법(不應取法)'은 '유(有)'를 여읜 뜻이고, '불응취비법(不應取非法)'은 '무(無)'를 여읜 것이다. 이미 '유무'를 여의였다면 그것은 곧 '중도(中道)'에 들어간 것이라 한다. 또한 '가언현의(假言顯義)'란 예를 들어 말한다면 '비법(非法)'이라는 것은 법체(法體)가 성계(性計)를 여의였음을 밝힌 것으로 만약에 '비법'이라는 말이 없다면 그러한 뜻을 알 수가 없다. 나머지도 모두 이와 같은 뜻을 알라! 뜻은 저절로 드러나는 것이 아니라 반듯이 언어를 빌려야 함을 이르는 것이다. 하여 『정명경(유마경)』에서는 "문자를 버리고 해탈을 설하지 못한다."고 하셨다.

'불응등(不應等)'이란 '비법'이라는 말에 집착하는 잘못을 막는데 있다. '불취등(不取等)'이란 만약에 완전히 버리고서 언어를 부정한다면 어떻게 제법의 공의

(公義)를 알 수 있겠는가? 그 병만 제거할 뿐 그 법을 버려서는 안 될 것임을 알 수 있고, 이것은 터무니없이 언어를 버리는 우를 막는 것이다. 하여 완전히 집착하고 버리는 것은 둘 다 극단에 치우치니, 『화엄경소』에서는 "법은 언상(言象)이 아니지만 언상을 여읜 것이 아니다. 언상이 없으면 잘못된 미혹이요, 언상을 집착하면 진리에 미혹한 것이다."라고 하셨다"……

또한 '논운(論云)'하는 게문(偈文)을 전석(轉釋)하였다. '득증지등(得證智等)'이란 언어로서 지혜를 설명하지만 지혜를 얻고 나면 언어를 버려야 한다. 언어를 버리는 것이 바로 '부주(不住)'다. "이는 마치 뗏목을 타고 강을 건너지만 언덕(부두·선착장)에 다다르면 뗏목을 의지할 필요 없이 버리는 것과 같다."라고 한 것이다. '수순등(隨順等)'이란 아직 '증지(證智)'를 얻기 전에는 반듯이 언어를 전부다 버려서는 안 되며, 저 언덕에 도착하기 전에는 뗏목을 버려서는 안 된다. (結歸中者不應取法離有也不應取非法離無也旣離有無卽歸中道假言顯義者謂所言非法是顯法體離於性計若無非法之言罔知彼義餘皆例此當知義不自顯必假於言故淨名云無離文字說解脫也不應等者謂雖聞非法不得如言便執空義此遮一向執言者也不執等者謂若全棄非之於言則安解祭法空義將知但除其病不除其法此遮一向離言者也是則全執全棄二皆不可故華嚴疏云夫法無言象非離言象無言象而倒惑執言象而迷眞........論云下轉釋偈文得證智等者以言詮智得智忘言忘言卽不住也如乘筏渡河至岸捨筏隨順等者未得證智不可都忘其言未達彼岸不應捨筏)[62]

62) 『상게서』, pp.373-375.

7. 얻을 것과 설할 것이 없는 분

第七 無得無說分 (제칠 무득무설법)

7-01

punar aparaṃ BHAGAVĀN āyuṣmantaṃ Subhūtim etad avocat: tat kiṃ manyase Subhūte, asti sa kaścid dharmo yas Tathāgatena-anuttarā samyaksambohir ity abhisambuddhaḥ, kaścid vā dharmas Tathāgatena deśitaḥ?

須菩提 於意云何 如來得阿耨多羅三藐三菩提耶

수보리 어의운하 여래득아뇩다라삼막삼보리야

如來有所說法耶

여래유소설법야

"수보리야! 그대 생각은 어떠하냐? 여래가 최상의 바른 깨달음을 얻을 수 있겠느냐? 여래가 설한 법이 있겠느냐?"

7-02

evam ukta āyuṣmān SUBHŪTIR Bhagavantam etad avocat: yathā-aham Bhagavan Bhagavato bhāṣitasya-artham ājānāmi, na-asti sa kaścid dharmo yas Tathāgatena-anuttarā samyaksambodhir ity abhi-sambuddhaḥ, na asti dharmo yas Tathāgatena deśitaḥ.

須菩提言 如我解佛所說義 無有定法名 阿耨多羅三藐

수보리언 여아해불소설의 무유정법명 아뇩다라삼먁

三菩提 亦無有定法如來可說

삼보리 역무유정법여래가설

수보리가 대답하였습니다. "제가 부처님께서 말씀하신 뜻을 알기로는 최상의 바른 깨달음이라 이름 할 만한 법이 없고, 또한 여래께서 설하신 법도 없습니다.

7-03

tat kasya hetoḥ? you’ sau Tathāgatena dhamo’

bhisambuddho deśito vā, agarāhyaḥ so’ nabhilapyaḥ, na sa dharmo na-adharmaḥ. tat kasya hetoḥ?

asaṃskṛta-prabhāvitā hy ārya-pudgalāḥ.

何以故 如來所說法 皆不可取 不可說 非法 非非法 所以者何

하이고 여래소설법 개불가취 불가설 비법 비비법 소이자하

一切賢聖 皆以無爲法 而有差別

일체현성 개이무위법 이유차별

왜냐하면, 여래께서 설한 법은 모두 얻을 수도 없고 설할 수도 없으며, 법도 아니고 비법도 아니기 때문입니다. 그것은 모든 현성들이 다 무위법 속에서 차별을 둔 까닭입니다."

현성(賢聖, ārya-pudgalā)

수행과정에서 생멸사제(生滅四諦)를 명료하게 알아 견혹(見惑)을 굴복시켜 악을 여윈 성인의 위치를 뜻합니다.

무위법(無爲法, asaṃskṛta darma)

'무위법'은 '조작함이 없는 있는 그대로의 법' 또는 '온갖 분별을 여윈 법'을 뜻하며, 『금강경』의 요지이기도 합니다.

☸

이 부두에서는 세상의 모든 것은 얻었다거나 부처님 경전의 설하심까지도 없음을 나타내는 분으로 '정법(正法)'을 '정법(定法)'이나 '사법(邪法)'으로 집착하는 우(愚)를 경계하신 분입니다.

'유위법(有爲法)'은 쉽게 어떤 사물을 볼 때 있는 그대로 보는 것과는 다르게 색안경을 끼고 '이것이 무슨 색이다.' 라고 보면 무언가 분별하고, 감정·욕심·차별심이 있는 것으로 그릇된 사견(邪見)은 '정법(定法)'으로 확정과 고착됨을 경계합니다.

장수대사는 『금강경 간정기』에서는 7-03에 대해서 이렇게 말씀하셨습니다.

> '불가취(不可取)' '불가설(不可說)'은 듣되 들음이 없고, 설하시되 설하심이 없다는 뜻이지 전혀 듣지도 설하시지도 않는 다는 뜻은 아니다. 『정명경』에서는 "대게는 법을 설한다는 것은 설한 것도 없으며, 보인 것도 없는 것이다. 법을 듣는다는 것은 들음도 없고, 얻음도 없는 것이다."라고 하였습니다. (此則聞而無聞說而無說非謂全不聞不說也如淨名云夫說法者無說無示其聽法者無聞無得是玆義)63)

'무위법(無爲法)'은 색안경을 끼지 않고 있는 그대로를 봅니다. 즉 마음이 개입되지 않고 조작됨이 없어, 마치 허공에는 무지개가 뜨면 뜬 대로, 천둥번개가 동반해도 두려움이나 탈것이 없으며, 하물며 핵물질인 방사선이나 유해물질에게도 넉넉하게 오고 감에 걸림이 없어서 평등한 '무위법'입니다.

---

63) 『금강경간정기』, 보련각, 1971,p. 380.

8. 법에 의한 출생 분

第八 依法出生分 (제팔 의법출생분)

8-01

BHAGAVĀN āha: tat kiṃ manyase Subhūte yaḥ kaścit kulaputro vā kuladuhitā vemaṃ trisāhasramahā-sāhasram lokadhātuṁ sapta-ratnaparipūrṇaṃ kṛtvā Tathāgatebhyo’ rhadbhyaḥ samyaksambuddhebhyo dānaṃ dadyāt, api nu sa kulaputro vā kuladuhitā vā tato nidānaṃ bahutaraṃ puṇya-skandham prasunuyāt?

須菩提 於意云何 若人 滿三千大千世界七寶 以用布施

수보리 어의운하 약인 만삼천대천세계칠보 이용보시

是人 所得福德 寧爲多不

시인 소득복덕 영위다부

“수보리야! 네 생각은 어떠하냐? 어떤 사람이 삼천대천세계에 칠보를 가득 채워 보시한다면 이 사람이 얻는 복덕이 많겠느냐?”

삼천대천세계(三千大天世界, trisāhasramahāsāhasram-lokadhātuṃ)

끝없이 넓고, 높고, 깊은 '우주'라는 뜻입니다. 세친 보살의 『구사론』에서는 대천세계를 이렇게 설명하고 있습니다.

"사대주(四大洲)와 해와 달과 수미산과 육욕천(六欲天)과 초선천을 모두 천을 곱하면 '소천세계(小千世界)'라 부르고, 이 '소천세계'를 천을 곱하면 '중천세계(中千世界)'라 부르며, '중천세계'를 천을 곱하면 '대천세계'니 모두가 똑같이 생겼다가 사라진다."

불교의 우주구조 설에 따르면 넓고 넓은 공간에는 향수해(香水海)라는 바다가 있고, 그 바다에는 여러 개의 사대주(四大洲), 즉 남섬부주(南贍部洲)[64]·서구다니주(西瞿陀尼洲)[65]·북구로주(北拘盧洲)[66]·동불파제(東弗婆提)[67]가 그룹을 지어 존재한다고 합니다.

이 사대주를 중심으로 하여 여덟 겹의 바다가 있으니 이를 팔향수해(八香水海)라 하고, 그 향수해 사이마다 일곱 겹의 산이 둘러 있으니 이를 칠금산(七金山)이라 하는데, 바깥쪽으로 마지막 산을 철위산(鐵圍山)이라 하여 해와 달보다 높이 솟아 마치 어떤 집의 높은 담과도 같다 합니다. 이와 같이 옆의 사대주도 그 구조가 같으므로 결국 철위산과 철위산이 인접해 있게 되고, 철위산 사이에는 해와 달이 비치지 못하여 지옥을 이룬다고 합니다.

그리고 한 사대주 복판에 수미산이라는 높은 산이 있는데 그 높이는 팔만 사천유순(由旬)입니다. 한 유순은 대략 육십 리에 해당하며, 해와 달은 그 수미산중턱의 높이를 오고 간가고 합니다.

---

64) 수미산 남쪽에 위치하며 나무가 많으며 사람이 사는 곳으로 여러 부처님이 출현할 수 있는 지구촌을 뜻함.

65) 수미산 서쪽에 위치하며, 소를 화폐단위로 쓴다 함.

66) 수미산 북쪽에 위치하며, 수명은 천세고 살기 좋은 쾌락이 많은 곳임.

67) 수미산 동쪽에 위치하며, 사람들이 수승하여 수명이 이백오십 세임.

그리고 사대주 한 철위산이 둘러싼 공간 위를 육욕천이 덮고 있으며, 육욕천은 욕심이 있는 중생이 사는 욕계(欲界)에 속하는 여섯 층의 하늘을 말하니 곧 사왕천(四王天)·도리천(忉利天)·도솔천(兜率天)·야마천(夜魔天)·화락천(化樂天)·타화자재천(他化自在天)으로 이루어져 있습니다.

이 육욕천 위에는 다시 범세천(梵世天)이라 하여, 색계(色界)의 네 하늘이 있으니, 색계라 함은 욕심이 없어진 이가 태어나는 하늘입니다. 이 하늘 사람들은 얼굴이 예쁘고 미색(美色)이 훌륭하다 하여, 색계라 하는데 그 네 하늘을 초선천(初禪天)·이선천(二禪天)·삼선천(三禪天)·사선천(四禪天)이 있으며, 이 가운데 초선천의 넓이는 한 철위산의 범위와 같고, 이것이 한 사대주의 우주권(宇宙圈)입니다.

이러한 사대주권이 천이 모이면 한 소천세계요, 이 소천세계가 천이 모이면 중천세계요, 이 중천세계가 천이 모이면 대천세계가 되니 여기서 말한 삼천대천세계는 곧 대천세계를 뜻합니다.68)

또한 불교의 세계관에 따르면 이 세계는 크게 무색계, 색계, 욕계의 삼계로 나뉘고, 삼계는 다시 욕계(欲界) 11천 , 색계(色界) 18천, 무색계(無色界) 4천으로 이루어져 있다고 합니다.

이를 좀 더 세분화하면, 먼저 욕계 11천은 ①지옥계(地獄界) ②축생계(畜生界) ③아귀계(餓鬼界) ④아수라계(阿修羅界) ⑤ 인간계(人間界)의 욕계 ⑥사천왕천(四天王天) ⑦도리천(忉利天) ⑧야마천(夜魔天) ⑨도솔천(兜率天) ⑩화락천(化樂天) ⑪타화자재천(他化自在天)의 육욕천으로 이루어져 있습니다.

욕계 위에는 초선(初禪)·이선(二禪)·삼선(三禪)·사선(四禪)의 색계(色界) 18천이 있습니다. 초선(初禪) 3천은 ⑫범중천(梵衆天) ⑬범보천(梵

68) 김월운, 『금강반야바라밀경』, 보현각, 1993, pp.129~131. 참조

輔天) ⑭대범천(大梵天)이고, 2선(二禪) 3천은 ⑮소광천(小光天) ⑯무량광천(無量光天) ⑰광음천(光音天)이며, 3선(三禪) 3 천은 ⑱소정천(少淨天) ⑲무량정천(無量淨天) ⑳변정천(遍淨天)이며, 4선(四禪) 9천은 ㉑무운천(無雲天) ㉒복생천(福生天) ㉓광과천(廣果天) ㉔무상천(無想天) ㉕무번천(無煩天) ㉖무열천(無熱天) ㉗선견천(善見天) ㉘선현천(善現天) ㉙색구경천(色究竟天)입니다. 그 위에는 ㉚공무변천(空無邊天) ㉛식무변천(識無邊天) ㉜무소유천(無所有天) ㉝비상비비상천(非想非非想天)의 무색계 4천이 있습니다.

8-02

SUBHŪTIR āha: bahu Bhagavan bahu Sugata sa kulaputro vā kuladuhitā vā tato nidānaṃ puṇya-skandhaṃ prasunuyāt. tat kasya hetoḥ? yo’sau Bahagavan puṇya-skandhas Tathāgatena bhāṣitaḥ, a-skandhaḥ sa Tathāgatena bhāṣitaḥ. tasmāt Tathāgato bhāṣate: puṇya-skandhaḥ puṇya-skandha iti. BHAGAVĀN āha: yaś ca khalu punaḥ Subhūte kulaputro vā kuladuhitā vemaṃ trisāhasramahāsāhasraṃ lokadhātuṃ sapta-ratna-paripūrṇaṃ kṛtvā Tathāgatebhyo’rhadbhyaḥ samyaksambuddhebhyo dānaṃ dadyāt,

須菩提言 甚多世尊 何以故 是福德 卽非福德性 是故

수보리언 심다세존 하이고 시복덕 즉비복덕성 시고

如來說福德多

여래설복덕다

수보리가 대답하였습니다. "매우 많습니다. 세존이시여! 왜냐하면 이 복덕은 바로 복덕의 성품이 아닌 까닭에 여래께서는 복덕이 많다고 말씀하셨기 때문입니다."

8-03

yaś ceto dharma-paryāyād antaśaś catuṣpādikām api gāthām udgṛhya parebhyo vistareṇa deśayet samprakāśayed, ayam eva tato nidānaṃ bahutaraṃ puṇya-skandhaṃ prasunuyād aprameyam asaṃkhyeyam.

若復有人 於此經中 受持乃至四句偈等 爲他人說 其福勝彼

약부유인 어차경중 수지내지사구게등 위타인설 기복승피

"만약 다시 어떤 사람이 이 경의 사구게 만이라도 받아 지니고 다른 사람을 위해 설해준다면 그 복이 저 복 보다 더 수승하다.

사구게(四句偈, catuṣpādikām api gāthām)

'사구게'란 산스크리트어의 시(詩) 형식으로 8음절을 1구로하여 32음절로 된 게송 또는 4개의 글귀로 한 경전 상에서 축약한 핵심내용을 뜻합니다.

수지(受持, udgṛhya)

'수지' 란 마음으로 사무쳐 잊지 않고 보배 롭게 받아 지니는 것을 말합니다.

위타인설(爲他人說, parebhyovistareṇa deśayetsamprakāśa-yed)

'위타인설'은 받아 지니고 남을 위해 해설해 준다는 뜻입니다.

천태대사의 '오품제자(五品弟子)'의 한 부분을 소개하면, 오품제자란 부처님 열반 후 부처님 법을 듣고, 신심을 내어 덩달아 기뻐하는 「수희품(隨喜品)」이나, 부처님 법을 보고 소리내어 읽는 「독송품(讀誦品)」,부처님 법을 타인에게 해설하는 「설법품(說法品)」, 육바라밀을 두루 행으로 모법을 보이는 「겸행육도품(兼行六度品)」,나와 남이 두루 진실한 경지로 안내하는 구체적 행동인 「정행육도품(正行六度品)」을 위타인설이라 합니다.

『법화경』에서는 '오종법사(五種法師)', 즉 타인을 위하여 『법화경』을 수지(受持 : 받아 지니고)·독(讀 : 보고)·송(誦 : 소리 내어 읽고)·해(解 : 해설해 주고)·사경(書寫 : 경전을 옮겨 쓰는 사경)도 구체적인 실천행을 강조합니다.

"약왕이여, 만일 선남자선여인이 여래께서 열반하신 후 사부대중을 위해 이 『법화경』을 설하려면 어떻게 설해야 합니까? 이 선남자 선여인은 '여래의 방'에 들어가 '여래의 옷'을 입고 '여래의 자리' 에 앉아 사부대중을 위해 이 경을 널리 설하여라. '여래의 방'이란 일체중생 중의 자비한 마음이요,

'여래의 옷'이란 부드럽고 욕됨을 참는 마음이며, '여래의 자리'란 일체법이 공한자리이니 이런 가운데 편안하게 머물러 있으면서 게으름이 없는 마음으로 여러 보살과 사부대중을 위해 이 『법화경』을 널리 설하라." (藥王 若有善男子 善女人 如來滅後 欲爲四衆說是法華經者 云何應說 是善男子善女人 入如來室 著如來衣 坐如來座 以乃應爲四衆 廣說斯經 如來室者 一切衆生 中大慈悲心是 如來衣者 柔和忍辱 心是 如來座者 一切法空是 安住是中 然後以不懈怠心爲諸菩薩乃四衆 廣說是法華經" 69)

8-04

tat kasya hetoḥ? ato nirjātā hi Subhūte Tathāgatānām arhatāṃ samyaksambuddhānām anuttarā samyaksambodhir, ato nirjātāś ca Buddhā Bhagavantaḥ.

何以故 須菩提 一切諸佛 及諸佛阿耨多羅三藐三菩提法

하이고 수보리 일체제불 급제불아뇩다라삼막삼보리법

皆從此經出

개종차경출

왜냐하면, 수보리야! 모든 부처님과 모든 부처님의 최상의 바른 깨달음의 법은 다 이 경에서 나왔기 때문이다.

69) 『대정장』9, p.31하

8-05

tat kasya hetoḥ? buddhadharmā buddhadharmā iti Subhūte' buddhadharmāś caiva te Tathāgatena bhāṣitāḥ. tenocyante buddhadharmā iti.

須菩提 所謂佛法者 卽非佛法

수보리 소위불법자 즉비불법

수보리야! 바른 불법도 불법이 아니기 때문이다."

❁

이 부두에서는 삼라만상이 법에 의지하여 잉태됨을 일깨워 주는 분으로 물질로 복 짓는 것은 끝이 있으나, 법성의 복덕(공덕)은 무한히 끝이 없음을 비유하니, 이 부두에서도 입재는 부정하되 회향은 긍정으로 나타납니다.

'복덕성(福德性)'의 바른 가르침으로 윤회를 단박에 끊는 아련함이 있습니다. 혜능 선사는 『금강경 오가해』에서 이렇게 말씀하셨습니다.

삼천대천세계의 칠보를 가지고 보시에 쓰면 복 얻는바가 많으나 성품자리에는 하나도 이익 됨이 없으며, 마하반야바라밀다를 의지하여 수행해야한다. 자성으로 하여금 모든 유(有)에 떨어지지 않으면 이를 '복덕성'이라 이름 한다. 마음에 능소(能所)가 있으면 곧 '복덕성'이 아니요, 능소심이 끊어져야 '복덕성'이라 한다. 마음에 부처님의 가르침을 의지하고 행이 부처님행과 같으면 이를 '복덕성'이라 이름하고 부처님의 가르침을 의지하지 않고는 능히 부처님의 행을 실천하고 이행하지 않으면 바로 '복덕성'이 아니다."

'사구게'를 받아 지니고 설하는 것은 바로 공덕의 증장으로 혜능 선사는 『금강경 오가해』에서 이렇게 말씀하셨습니다.

12부(경전)가르침의 큰 뜻이 모두 사구게 안에 있음을 알라. 모든 경중의 사구게를 찬탄함이 바로 이 마하반야바라밀다에 있으니, 마하반야는 모든 부처님의 어머니가 되며 삼세의 모든 부처님도 다 이 경을 의지하여 수행하고 성불하였다. 『반야심경』에서 이르시기를 "삼세제불이 모두 반야바라밀다를 의지하여 아뇩다라삼먁삼보리를 얻었다."라고 하셨다. 스승으로부터 배우는 것을 '수(受)'라 하고 뜻을 이해하고 수행함을 '지(持)'라 한다. 스스로 이해하고 스스로 실천함은 '자리(自利)'요, 남을 위해 설함은 '이타(利他)'이니, 그 공덕은 광대하기 이를 때 없느니라.

'육안'과 '혜안'으로 비유하여 참 불사(佛事)의 의미를 일깨워 주는 데 큰 틀은 상대적인 분별력과 집착을 여의는 데 주안점을 둡니다. 혜능 선사는

"여기에서 말하는 일체의 문자장구(文字章句)는 표식과 같고 손가락과 같으며, 표식과 손가락은 그림자나 메아리를 뜻한다. 표식에 의해서 사물을 취하고, 손가락에 의해서 달을 보는 것이다. 달은 손가락이 아니요, 표식은 사물이 아니다. 다만 경에 의해서 법을 취한 것으로 경은 바로 법이 아닌 것이어서 경문은 육안으로 보며, 법은 혜안으로 볼 수 있다. 만약 혜안 이 없는 자는 다만 경만보고 그 법은 보지 못하는 것과 같다. 만약 그 법을 보지 못한다면 바로 부처님 뜻을 알지 못함과 같다. 부처님 뜻을 알지 못한다면 끝내 불도를 이루지 못한다."

라고 경계하셨습니다.

9. 하나의 상은 상이 아닌 분

第九 一相無相分 (제구 일상무상분)

9-01

tat kiṃ manyase Subhūte, api nu srotaāpannasyaivaṃ bhavati: mayā srotaāpatti-phalaṃ prāptam iti?

須菩提 於意云何 須陀洹 能作是念 我得須陀洹果不
수보리 어의운하 수다원 능작시념 아득수다원과부

"수보리야! 네 생각은 어떠하냐? 수다원이 능히 생각하기를 '나는 수다원과를 얻었다.'고 하겠느냐?"

9-02

SUBHŪTIR āha: no hīdaṃ Bhagavan, na srotaāpannasyaivaṃ bhavati: mayā srotaāpatti-phalaṃ prāptam iti. tat kasya hetoḥ? na hi sa Bhagavan kaṃcid dharmam āpannaḥ. tenocyate srotaāpanna iti. na rūpam āpanno na śabdān na gandhān na rasān na spraṣṭavyān na dharmān āpannaḥ. tenocyate srotaāpanna iti. saced Bhagavan srotaāpannasyaivaṃ bhaven: mayā srotaāpatti-phalaṃ prāptam iti, sa eva tasya- ātma-grāho bhavet sattva-grāho jīva-grāhaḥ pudgala- grāho bhaved iti.

須菩提言 不也世尊 何以故 須陀洹 名爲入流 而無所入

수보리언 불야세존 하이고 수다원 명위입류 이무소입

不入色聲香味觸法 是名須陀洹

불입색성향미촉법 시명수다원

수보리가 대답하였습니다. "아닙니다. 세존이시여! 왜냐하면 수다원은 '성자의 흐름에 든 이'라고 불리지만 들어간 곳이 없으니 형상, 소리, 냄새, 맛, 감촉, 마음의 대상에 들어가지 않는 것을 수다원이라 하기 때문입니다."

수다원(須陀洹, srota-āpannasya)

'수다원'은 16 가지 마음과 88 종류의 '견도혹(見道惑)'이라는 번뇌를 끊고, 처음으로 성인의 지위로 들어갔다는 뜻과 마치 물고기가 물을 만났다는 뜻의 '입류(入流)'라 하고, 성자의 무리에 동참한다는 해서 '예류(預流)'라 하고, 16가지 마음은 욕계·색계·무색계에서의 고·집·멸·도 사성제를 수행하는 마음자세인데, 욕계에서 사제를 닦고 난 뒤 색계와 무색계에서 사제를 합하면 8마음에 각각의 제에 인(忍: 확인과 추진력)과 지(智: 완전한 성취)가 부가되면 16마음이 됩니다.

16마음에 끊어야 할 88종류의 '견도혹'은 바른 진리를 보지 못하도록 방해하는 다섯 가지 둔한 번뇌(五鈍使[70])는 다섯 가지 예리한 번뇌(五利使[71])수행하는 과정에서 나타나는 번뇌입니다.

88가지 번뇌는 삼계에 두루 퍼져있는데 사제四諦를 닦지 못하게 막고 있고, 욕계를 살펴보면 고제를 닦을 때 10가지 번뇌가 활발하게 나타나 끊고, 집제와 멸제를 닦을 때는 탐·진·치·만·의·사견·견견이 나타나 끊게 되고, 도제를 닦을 때는 탐·진·치·만·의·사견·견견·계금취견이 나타나서 모두 32가지 번뇌가 욕계의 견도혹에 나타나 끊게 됩니다.

색계의 번뇌구성은 진을 제외하며 이 세계에서는 모두 즐거워서 성낼 이유가 없으며, 고제의 경우 9가지 번뇌만 남고, 집제와 멸제의 경우 6가지 번뇌가 남고, 도제의 경우 7가지 번뇌가 있어서 28가지 번뇌를 끊게 됩니다.

무색계도 색계와 동일하므로 28개의 번뇌가 있어 욕계의 32개 번뇌+색계 28번뇌+무색계 28번뇌 =88번뇌를 끊었다고 하여 '수다원'이라 합니다. 쉽게는 미혹을 끊어 성자의 흐름에 든 이요, 처음 불문에 들어온 이는 육근·육경에 집착해 생사윤회를 하는 것이 다릅니다.

---

70) 탐욕(貪)·성냄(瞋)·어리석음(痴)·교만(慢)·망서림 또는 의심(疑)

71) 자신이 있다는 생각(身見)·한쪽에 치우친 생각(邊見)·정견을 부정하는 그릇된 생각(邪見)·위 세 가지 생각을 옳다고 믿는 생각(見見)·계율과 바른 수행을 마구니 보듯 하는 생각(戒禁取見)

9-03

BHAGAVĀN āha: tat kiṃ manyase Subhūte, api nu sakṛdāgāmina evaṃ bhavati: mayā sakṛdāgāmi-phalaṃ prāptam iti?

SUBHŪTIR āha: no hīdaṃ Bhagavan, na sakṛdāgāmina evaṃ bhavati: mayā sakṛdāgāmi-phalaṃ prāptam iti. tat kasya hetoḥ? na hi sa kaścid dharmo yaḥ sakṛdāgāmitvam āpannaḥ. tenocyate sakṛdāgāmi-iti.

須菩提 於意云何 斯陀含 能作是念 我得斯陀含果不 須菩提言
수보리 어의운하 사다함 능작시념 아득사다함과부 수보리언

不也世尊 何以故 斯陀含 名一往來 而實無往來 是名斯陀含
불야세존 하이고 사다함 명일왕래 이실무왕래 시명사다함

"수보리야! 그대 생각은 어떠하냐? 사다함이 '나는 사다함과를 얻었다.'고 생각하느냐?" 수보리가 대답하였습니다.
"아닙니다. 세존이시여! 왜냐하면 사다함은 '한 번만 돌아올 이'라고 불리지만 실로 돌아옴이 없는 것을 사다함이라 하기 때문 입니다."

사다함(斯陀含, sakṛdāgāminā)

'사다함'은 '한번만 더 돌아올 자'라는 뜻으로 '일왕래(一往來)'나 '일래(日來)'로 성문(聲聞)의 네 번째 지위에서 두 번째 성인 지위로 16가지 마음의 88번뇌는 끊었으나 삼계에 두루 퍼져있는 '수도혹(修道惑)'72)은 선천적인 훈습이고, '견도혹'은 후천적인 훈습입니다.

'수도혹'은 욕계의 탐·진·치·만과 색계의 탐·치·만과 무색계의 탐·치·만의 10가지 번뇌가 너무나 미세하여 끊기가 어려워, 욕계에 속해 있는 4번뇌(4惑)를 일률적으로 9등분하여 천천히 끊으니, 이를 욕계의 '9품수혹(九品修惑)' 또는 '사혹(思惑)'이라 합니다. 사다함은 이 9품 중 6품까지를 6 생에 걸쳐서 끊습니다.

'9품수혹'은 상상품(上上品)·상중품(上中品)·상하품(上下品)·중상품(中上品)·중중품(中中品)·중하품(中下品)·하상품(下上品)·하중품(下中品)·하하품(下下品)을 말하며, 먼저 상상품을 끊기 위하여 2생을 태어나고, 상중품·상하품·중상품을 끊기위해 2생, 중중품·중하품을 끊기 위해 2생, 나머지 하상품·하중품·하하품을 끊기 위해 한생을 온다하여,'일왕래'로 '사다함'이라 하고, 쉽게는 사후 천상에 태어났다가 다시 인간의 몸을 받기 때문에 '일왕래'라 합니다.

9-04

BHAGAVĀN āha: tat kiṃ manyase Subhūte, api nv anāgāmina evaṃ bhavati: mayā-anāgāmi-phalaṃ prāptam iti? SUBHŪTIR āha: no hīdaṃ Bhagavan, na-anāgāmina evaṃ bhavati: mayā-anāgāmi-phalaṃ

72) 도를 닦는 과정에서 감정이나 의식의 미세한 동요가 일어나 도를 닦지 못하게 방해하는 번뇌

prāptam iti. tat kasya hetoḥ? na hi sa Bhagavn kaścid dharmo yo’ nāgāmitvam āpannaḥ. tenocyate’ nāgāmi-iti.

須菩提 於意云何 阿那含 能作是念 我得阿那含果不 須菩提言
수보리 어의운하 아나함 능작시념 아득아나함과부 수보리언
不也世尊 何以故 阿那含 名爲不來 而實無 ‘不’ 來 是故
불야세존 하이고 아나함 명위불래 이실무불[73] 래 시고
名阿那含
명아나함

“수보리야! 그대 생각은 어떠하냐?
아나함이 ‘나는 아나함과를 얻었다.’고 생각하느냐?”
수보리가 대답하였습니다.
“아닙니다. 세존이시여! 왜냐하면 아나함은 ‘되돌아오지 않는 이[74]’ 라고 불리지만 실로 되돌아오지 않음이 없는 것을 아나함이라 하기 때문입니다.”

---

73) ‘不’ 자는 고려대장경에는 누락됨. 명·청·금본에는 있음.

아나함(阿那含, anāgāminā)

'아나함'은 성문의 세 번째 성인위로 '불래(不來)', '불환(不還)'이라 번역합니다. 인간 세상에 다시는 오지 않는 다는 뜻으로, 욕계의 나머지 3품을 끊었으므로 색계의 무번천(無煩天)·무열천(無熱天)·선현천(善現天)·선견천(善見天)·색구경천(色究竟天)에 태어남을 '아나함'이라 하고 쉽게는 사후 색계나 무색계에 태어나며 오욕락(재욕·색욕·식욕·명예욕·수면욕)을 벗어났다는 것입니다

9-05

BHAGAVĀN āha: tat kiṃ manyase Subhūte, api nv arhata evaṃ bhavati: mayā-arhattvaṃ prāptam iti?

須菩提 於意云何 阿羅漢 能作是念 我得阿羅漢道不

수보리 어의운하 아라한 능작시념 아득아라한도부

"수보리야! 네 생각은 어떠하냐?
아라한이 '나는 아라한의 경지를 얻었다.'고 생각하겠느냐?"

아라한(阿羅漢, arhatā evaṃ bhavati):

'아라한' 줄여서 '나한'이라 하며, 성문(聲聞)의 최고의 지위로 성인을 지칭합니다. 또 다른 이름으로는 살적(殺賊)·무적(無賊)·불생(不生)·응공(應供)75)이라 번역하기도 합니다.

색계와 무색계의 '수도혹'으로 탐·치·만 세 가지 지극히 미세한 번뇌로 색계4개, 무색계의 4개 도합 8개에서 다시 9등분 하니 모두 72에서 71을 끊으면 '아라한향(阿羅漢向)', 나머지 하나를 마저 끊으면 '아라한(阿羅漢)'이라 하는 성인의 위입니다. 쉽게는 아란나행(阿蘭那行)을 실천하는 것으로, 아란나행은 적정행寂諍行·무쟁행無諍行·청정행淸淨行을 말합니다.

'16나한'의 명호와 주하는 곳, 제자는 다음과 같습니다. 『아미타경』에 근거한 명호를 위쪽에 표시하고, 『법주기』에 근거한 명호는 아래쪽에 ()속에 표시하였습니다. 인도와 상좌부 불교권에서는 위쪽의 명호를 선호하고, 중국과 대승 불교권은 아래쪽 명호를 선호합니다.

1. 지혜제일 사리불존자(智慧第一 舍利弗尊者)

   (빈도라발라타사 賓度羅跋囉陀闍) 서구타니주/ 일천 명

2. 신통제일 목건련존자(神通第一 目犍連尊者)

   (가낙카벌차 迦諾迦伐蹉) 가습미라국/ 오백 명

3. 두타제일 마하가섭존자(頭陀第一 大迦葉尊者)

---

75) 살적(殺賊)은 번뇌의 도적을 죽였음을 뜻하고, '무적(無賊)은 번뇌의 도적이 없어졌음을 뜻하고, '불생(不生)은 인간 세상에 다시 태어나지 않음을 뜻하며, 응공(應供) 천상이나 인간세상에서 마땅히 공양을 받을만한 분을 뜻한다.

(가락카발리타사 迦落迦跋釐陀奢) 동승신주/ 일천 명

4. 논의제일 가전연존자(論議第一 迦旃延尊者)

(소빈타 蘇賓陀) 북구루주/ 칠백 명

5. 마하구치라존자

(낙거라 諾距羅) 남섬부주/ 팔백 명

6. 리바다존자

(발타라 跋陀羅) 탐몰라주/ 구백 명

7. 주리반특가존자

(가리카 迦理迦) 승가차주 / 일천 명

8. 난타존자

(벌사라불다라 伐奢羅弗多羅) 발라라주/ 천백 명

9. 다문제1 아난존자(多聞第一 阿難尊者)

(술박가 戌博迦) 수취산/ 구백 명

10. 밀행제일 라후라존자(密行第一 羅睺羅尊者)

(반탁가 半託迦) 삼십삼천/ 천삼백 명

11. 교범바제존자

(라후라 羅睺羅) 필리양구주/ 천백 명

12. 빈두로존자

(나가누타 那迦樓陀) 반도파산/ 천이백 명

13. 바라타존자

(인갈타 因揭陀) 광협산/ 천삼백 명

14. 가류타이존자

(벌나바사 伐那婆斯) 가주산/ 천사백 명

15. 마하겁빈나존자

(아시다 阿氏多) 취봉산/ 천오백 명

16. 박구라존자

(주다반탁가 周多半託迦) 지축산/ 천육백 명

9-06

SUBHŪTIR āha: no hīdaṃ Bhagavan, na-arhata evaṃ bhavati: mayā-arhattvaṃ prāptam iti. tat kasya hetoḥ? na hi sa Bhagavan kaścid dharmo yo’rhan nāma. tenocyate’rhann iti. saced Bhagavann arhata evaṃ bhaven: mayāarhattvaṃ prāptam iti, sa eva tasya-ātma-grāho bhavet sattvagrāho jīva-grāhaḥ pudgala-grāho bhavet.

須菩提言 不也世尊 何以故 實無有法名阿羅漢 世尊

수보리언 불야세존 하이고 실무유법명아라한 세존

若阿羅漢 作是念 我得阿羅漢道 卽爲着我人衆生壽者
약아라한 작시념 아득아라한도 즉위착아인중생수자

수보리가 대답하였습니다. "아닙니다. 세존이시여! 왜냐하면 실제 아라한이라 할 만한 법이 없기 때문입니다. 세존이시여! 아라한이 '나는 아라한의 경지를 얻었다.'고 생각한다면 아상·인상·중생상·수자상에 머무는 것입니다."

9-07

tat kasya hetoḥ? aham asmi Bhagavaṃs Tathāgatena-arhatā samyaksambuddhena-araṇā-vihāriṇām agryo nirdiṣṭaḥ. aham asmi Bhagavann arhan vītarāgaḥ.

世尊 佛說我得無諍三昧人中 最爲第一 是第一 離欲阿羅漢
세존 불설아득무쟁삼매인중 최위제일 시제일 이욕아라한

세존이시여! 부처님께서 저를 다툼 없는 삼매를 얻은 사람 가운데 제일이며, 욕심을 떠난 제일가는 아라한이라고 말씀하셨습니다.

무쟁삼매(無諍三昧, araṇā-samādhi):

'무쟁삼매'란 '마음에 갈등이 없는 삼매' 또는 '다툼이 없는 삼매 내지는 마음속에 산란함을 끊고, 한곳에 마음을 집중하여 흔들림이 없는 삼매'라는 뜻입니다.

삼삼매(三解脫門)와 삼매의 종류

'삼해탈문'은 '삼삼매(三三昧, samādhi)'또는 '삼해탈(三解脫, vimokṣa)'이라는 용어로 쓰이며, 내용은 '공삼매(空三昧, śūnyatāsamādhi)', '무상삼매(無相三昧, ānimittasamādhi)', '무작삼매(無作三昧, apraṇihitasamādhi)'이며, 이 세 가지 법은 삼해(三害)인 '탐(貪, rāga)'·'진(瞋, dveṣa)'·'치(癡,moha)'를 퇴치하여 해탈 혹은 열반에 이르게 하는 문입니다. 이것이 '해탈문(解脫門, vimokṣamukhi)'이라는 용어로서 부르는 이유입니다. '삼해탈문'은 '삼삼매'의 내용과 같은 것으로서 『대지도론』은 '삼삼매'란 용어로서 해설합니다. 그러나 또 다른 '삼삼매'인 세 가지 종류의 삼매로 '유각유관삼매(有覺有觀三昧)'·'무각유관삼매(無覺有觀三昧)'·'무각무관삼매(無覺無觀三昧)'가 있는데, 그것과 혼동하면 안 됩니다.76)

1) 지륜삼매(地輪三昧) : 미도지정(未到地定: 초선에 으르기 직전의 선정)을 말함.

2) 수륜삼매(水輪三昧) : 갖가지 모든 선정이 선근(善根)을 일으키는 선정을 말함.

3) 허공륜삼매(虛空輪三昧) : 오방편(五方便)의 사람들은 인연화합이며, 그 자성이 없으므로 마치 허공과 같음을 일으키는 선정

76) 김영희 역, 『반야경의 출세간법』, 경서원, 2006, p.178.

4) 금사륜삼매(金沙輪三昧) : 해탈을 생각하고 올바른 지혜조차 집착하지 않는 것이 마치 금모래와 같이 귀하게 느끼는 선정.

5) 금강륜삼매(金剛輪三昧) : 무애도(無碍道)가 삼계의 번뇌를 능히 끊어 영원히 미세한 번뇌가 없어지고 지혜가 다한 무생지(無生智)를 증득하여 열반에 들어가는 선정.

6) 공삼매(空三昧) : 모든 법은 자상(自相)이 없어 인연 따라 모이고 흩어지고 자성이 없고 불변하는 실체가 없다고 관하는 공관(空觀)삼매.

7) 무상삼매(無相三昧) : 모든 법은 모양이 없고 대립과차별을 떠난 삼매.

8) 무작삼매(無作三昧) : 있는 그대로를 꾸밈없이 원하는바가 없는 삼매.

이 삼매들은 천태대사가 초기불교의 『육묘수행문』에 전거한 『육묘법문』에 나타난 삼매입니다.

9) 해인삼매(海印三昧) : 고요한 바다에 온갖 형상이 비치고 온갖 물이 갈무리되듯 일체 안팎을 명료하게 아는 삼매로 『화엄경』을 설하실 때 드는 삼매를 말합니다.

10) 무량의처삼매(無量義處三昧) : 헤아릴 수 없는 법의 뜻을 나타내는 의지처인 실상삼매는 법화삼부경(『법화경』·『무량의경』·『관보현보살행법경』)을 설하실 때 드는 삼매입니다.

11) 법화삼매(法華三昧) : 공空·가假·중中 삼제원융(三諦圓融)의 묘리를 수행하여 중도(中道)의 깨달음으로 가는 삼매로 원래는 법안종(法眼宗) 영명연수(永明延壽) 선사가 수행했고, 남악혜사(南嶽惠思) 선사와 천태지의(天台智顗) 대사도 깨침을 얻었던 수행법입니다.

12) 수능엄삼매(首楞嚴三昧) : 보살이 닦는 선정으로 마음을 텅 비우고

청정하여 허공과 같은 삼매로 '능엄경'을 설하실 때 드는 삼매입니다..

13) 반주삼매(般舟三昧) : 7일에서 90일을 기한으로 잡고 신구의 삼업을 잘 챙기고 계율정신을 되살려 아미타 부처님을 친견하는 삼매로 염불 또는 정토부 경전을 설하실 때 드는 삼매입니다.

14) 금강삼매(金剛三昧) : 온갖 분별과 번뇌를 끊는 삼매.

15) 방등삼매(方等三昧) : 천태대사가 세운 반행반좌삼매(半行半坐三昧)로 기한을 7일~21일로 정하여 참회해서 죄업을 멸하기 위해, 먼저 12몽왕(夢王)의 하나를 얻어 그 호지를 받드는 것으로 도량주위를 돌면서 다라니를 외우고 앉아서 차별을 떠난 실상의 참모습을 관하는 삼매.

16) 염불삼매(念佛三昧) : 청정일심으로 오직 아미타불을 염하고 부처님을 염하는 삼매.

천태대사의 『마하지관(摩訶止觀)』 제 2권에서는 크게 '사종삼매(四種三昧)'로 "뛰어난 행이 없다면 뛰어난 해탈의 경지를 얻을 수 없다."라고 합니다.

1) 상좌삼매(常坐三昧)·일행삼매(一行三昧) : 항상 앉아있는 삼매로 『문수문반야경』, 『문수설반야경』에 근거하여 법계만을 사유하는 삼매로 기한은 90일이며, 90일 동안 눕거나 걷는 것이 불허되는 수행법입니다.

2) 상행삼매(常行三昧)·불립삼매(不立三昧) : 항상 앉지 않고 행하는 삼매로 『반주삼매경』에 근거하여 온 법계에 부처님이 서 계시는 것을 보게 되며, 기한은 90일이며, 7일이나 9일간 눕거나 앉거나 다니지 않고 걸으며 염불삼매의 수행법입니다.

3) 반행반좌삼매(半行半坐三昧)·좌역비좌(坐亦非坐) : 반은 행하고 반은 앉기

도 하는 삼매로 좌선과 예참 독경을 하는 『방등경』, 『법화경』에 근거하여 기한은 21일이며, 육근참회와 예경, 『법화경』을 독송하고, 밤낮으로 눕지 않고, 경행과 좌선 하는 삼매법입니다. 『방등경』은 기한이 없습니다.

4) 수자의삼매(隨自意三昧)·비행비좌(非行非坐) : 스스로 뜻에 따라 앉고 행함이 자유로우며, 앉지도 않고 행하지도 않는 삼매로 '청관음'이나 대승경전에 나옵니다. 행·주·좌·와 네 가지 위의와 순간순간 마음 챙김과 수행을 할 수 있습니다.

9-08

na ca me Bhagavann evaṃ bhavati: arhann asmy ahaṃ vītarāga iti. sacen mama Bhagavann evaṃ bhaven: mayā-arhattvaṃ prāptam iti,

我不作是念 我是離欲阿羅漢

아부작시념 아시이욕아라한

저는 '제가 욕심을 떠난 아라한이다.'라고 생각하지 않습니다.

9-09

na māṃ Tathāgato vyākariṣyad: araṇā-vihāriṇām agryaḥ Subhūtiḥ kulaputro na kvacid viharati, tenocyate' raṇā-vihāry araṇa-vihāri-iti.

世尊 我若作是念 我得阿羅漢道 世尊 則(卽)不說 須菩提 是樂
세존 아약작시념 아득아라한도 세존 즉 불설 수보리 시요
阿蘭那行者 以須菩提 實無所行 而名 須菩提 是樂阿蘭那行
아란나행자 이수보리 실무소행 이명 수보리 시요아란나행

세존이시여! 저는 '제가 아라한의 경지를 얻었다.'고 생각한다면 세존께서는 '수보리는 고요함을 즐기는 사람이다. 수보리는 실로 행한 바가 없으므로 수보리는 고요함을 즐긴다.' 라고 하셨을 것입니다."

시요아란나행(是樂阿蘭那行, tena ucyate araṇā-vihāri iti)

'시요아란나행'은 맑고 소음이 없고 고요하고 수행하기 적합한 곳을 뜻합니다.

❁

이 부두에서는 성문승을 빗대어 '사득과'(四得果)77)의 집착을 경책하고 있으며, 또한 대승 승가에도 귀감이 되는 비유의 말씀으로 선교방변(善巧方便)을 열어주셨습니다. 쉽게 설명한다면 『반야심경』에서 지혜 제1인 사리불 존자를 끌어들여 관자재보살께 문답하듯, 성문승의 성인지위를 펼쳐서 대승의 수승함을 보이고 상좌부(테라와다) 불교를 낮춰보는 의미가 있으나, 긍정적인 측면은 성문승도 금강반야회상에 초대해서 함께 정진하자는 초대장이기도 합니다.

'수다원'에 대해서 혜능 선사는 이렇게 말씀하셨습니다.

당언(唐言)으로는 '역류(逆流)'이고 생사의 흐름을 거슬러 육진에 물들지 않고, 한결 같이 무루업만 닦아서 거칠고 무거운 번뇌가 나지 않게 하고, 끝내는 지옥·아귀·축생 등 다른 부류의 몸을 받지 않으므로 '수다원과'라 이름 한다. 만약 무상법(無相法)을 요달하면 바로 과를 증득했다는 마음이 없음이요, 조금도 과를 증득했다는 마음이 있다면 '수다원'이라 이름 하지 못하니, 아니다.

'사다함' 에 대해서 혜능 선사는 이렇게 말씀하셨습니다.

당언에서는 '일왕래(一往來)'이니 삼계의 결박을 버리고, 없으므로 '사다함'이라 이름 한다. '사다함'을 왕래함은 인간이 죽어 천상에 나고 천상에서 바로 인간으로 태어나니, 드디어 생사를 벗어나 삼계의 업이 다하여 '사다함'이라 이름 한다. '대승의 사다함'이란 눈으로 일체 경계를 볼 때 마음에 '생일멸(生一滅)'만 있고, 제2의 생멸이 없어 '일왕래'라 한다. 앞생각이 망(妄)을 일으키면 뒷생각이 바로 끊어지고, 앞생각에 집착이 있으면 뒷생각이

77) 수다원·수다원과, 사다함·사다함과, 아나함·아나함과, 아라한·아라한과

바로 그 집착을 떠나서 실로 왕래가 없으므로 '사다함'이라 한다.

'아나함'에 대해서 혜능 선사는 이렇게 말씀하셨습니다.

당언에서는 '불환(不還)'이니 욕(欲)에서 벗어남이다. 출욕(出欲)이란 밖으로는 끝없는 욕심의 경계를 보지 않고, 안으로는 욕심이 없어서 끝내는 욕계를 향해 생을 받지 않으므로 '불래'라 하며, 실은 오지도 감도 없으니 '불환'이라고 하기도 한다. 욕(欲)의 습(習)이 영원토록 다하여 끝내는 생을 받지 않음으로 '아나함'이라 이름 한다.

'아라한'을 혜능 선사는 이렇게 말씀하셨습니다.

당언에서는 '무쟁(無諍)'이라하며, '무쟁'이란 끊을만한 번뇌가 없으며, 여읠만한 탐진치도 없으며, 정(情)에 어긋남이나 따를 것이 없어서 마음과 경계가 함께 공(空)하고, 내외가 늘 고요한 것을 '아라한'이라 이름하고, 만약 과를 얻었다는 마음이 있으면 바로 범부여서, "그렇지 않습니다." 라고 말씀한다.

'아란나'를 혜능 선사는 이렇게 말씀하셨습니다.

당언에서는 '무쟁행(無諍行)'이며, 다툼이 없는 행이란 바로 '청정행(淸淨行)'이다. '청정행'이란 유소득심(有所得心)을 제거한 것이니, 만약 얻은 바가 있다는 마음을 두면 바로 다툼이 있다면 그것은 청정도가 아니니, 늘 무소득심을 행하는 것이 바로 '무쟁행'이다.

또한 수보리 존자를 무쟁삼매를 얻은 이중 최고이며, 아란나 수행(부처님마음과 같은 청정심)을 인정하는 대목이 여기에 나옵니다.

10. 정토를 장엄하는 분

第十 莊嚴淨土分 (제십 장엄정토분)

10-01

BHAGAVĀN āha: tat kiṃ manyase Subhūte, asti sa kaścid dharmo yas Tathāgatena Dīpaṇkarasya Tathāgatasya-arhataḥ samyaksambuddhasya-antikād udgṛhītaḥ?

SUBHŪTIR āha: no hīdaṃ Bhagavan, na-asti sa kaścid dharmo yas Tathāgatena Dīpaṇkarasya Tathāgatasya-arhataḥ samyaksambuddhasya-antikād udgṛhītaḥ.

佛告須菩提 於意云何 如來 昔在然(燃)燈佛所 於法有所得不

불고수보리 어의운하 여래 석재연 등불소 어법유소득부

'不也' 世尊 如來在然(燃)燈佛所 於法實無所得

불야[78] 세존 여래재연등불소 어법실무소득

78) '不也' 는 고려대장경에는 누락. 송·명·청·금본에는 있음.

부처님께서 수보리에게 말씀하셨습니다. “네 생각은 어떠하냐? 여래가 옛적에 연등부처님 처소에서 법을 얻은 바가 있느냐?”

연등불(燃燈佛, Dīpaṅkarasya)

‘연등불’은 ‘정광여래’ 라고도 하며, 석가모니 부처님 이전에 출현하신 과거24불 중 한분으로 『증일아함경』, 『수행본기경』, 『대지도론』 등에 자주 등장하는 과거부처님으로 선혜(수메다 행자) 수행자 때 연등부처님이 가시는 길에 물이 흥빽 고여 있는 흙탕물에 자신의 머리카락을 풀어서 발이 더럽지 않게 하여, 당시 연등부처님이 “너는 미래의 91겁 뒤에 ‘석가모니불’” 이라 수기를 받습니다.

10-02

BHAGAVĀN āha: yaḥ kaścit Subhūte bodhisattva evaṃ vaded: ahaṃ kṣetra-vyūhān niṣpādayiṣyāmi-iti.

須菩諸 於意云何 菩薩 莊嚴佛土不

수보리 어의운하 보살 장엄불토부

“없습니다. 세존이시여! 여래께서는 연등부처님 처소에서 실제로

법을 얻은 바가 없습니다." "수보리야! 네 생각은 어떠하냐? 보살이 불국토를 아름답게 꾸미느냐?"

장엄불토(莊嚴佛土, kṣetra-vyūhān)

'장엄불토'란 훌륭하고 아름다운 것으로 국토를 꾸미고 가꾼 행위로 부처님이 계신 맑고 깨끗한 곳을 말합니다.

불·보살님들이 머물거나 거처하고 계신 곳을 흔히 '정토' 라 하며, 조금 더 세분화하면 석가모니 부처님이 계신 곳은 '영산정토'라 하고, 노사나부처님이 계신 곳은 '연화장정토'라 하고, 아미타부처님이 계신 곳은 '서방극락정토' 라 하고, 약사여래부처님 계신 곳은 '동방정유리광정토', 아촉불이 계신 곳은 '동방묘희정토'라 하고, 미륵보살은 '도솔정토' 등이라 합니다.

무형과 유형의 정토

『유마경』 「불국품」에서 '심정토정설(心淨土淨說)'로 "만약 보살이 정토를 얻으려거든 그 마음을 맑게 하라. 그 마음이 맑게 됨에 따라 불토도 맑게 된다." 라고 하였고, 신라 원효 성사께서도 '유심정토(唯心淨土)'라 하여 "정토란 마음속에 있다."라고 하여 '무형의 정토'를 설하셨습니다.

『아미타경』과 『무량수경』에서는 공간적으로 설정하여 아름다운 묘사로 구체적인 장엄된 장소로, 아미타 부처님의 본원(48원)과 무진법문이 내원궁에서 펼쳐지는 연속극이나 영화의 한 장면처럼 연상되는 것이

'유형의 정토'입니다.

중국 천태종(天台宗)의 일심사종정토(一心四種淨土)

1) 범성동거정토(凡聖同居淨土) : 범부와 성인이 함께 하는 국토로 사바세계는 '동거예토(同居穢土)'이며, 극락세계는 '동거정토(同居淨土)'라 합니다.

2) 방편유여토(方便有餘土) : 방편도를 닦아서 견혹(見惑)·사혹(思惑)의 번뇌를 끊었으나 진사(塵沙)· 무명(無明) 2혹을 끊지 못해 삼계를 벗어난 성문 연각이 태어난 곳을 이름 합니다.

3) 실보무장애토(實報無障碍土) : 보살들만이 살고 있는 국토로 진실법(眞實法)을 닦아 승보(勝報)를 올라 색(色)과 심(心)을 무애(無碍)하게 함으로 '무장애토(無障碍土)'라 합니다.

4) 상적광토(常寂光土) : 부처님들이 계시는 국토로서 진리의 세계, 깨달음의 세계를 이르는 말이며, 대열반의 경계에서 성체(聖體)가 상적(常寂)하여 항상 지혜광명이 함께 하는 세계로 '상적광토'라 합니다.

6조 혜능선사의 3정토

1) 세간정토(世間淨土) : 절·경전·훌륭한 선지식을 말합니다.

2) 신행정토(身行淨土) : 말과 행동 또는 삼업을 통틀어 무래함이 없고, 공경과 친절 싫어함과 좋아함을 여의는 것입니다.

3) 심심정토(深心淨土) : 집착이 싫어지며, 부처님 말씀대로 실천하는 것입니다.

10-03

sa vitathaṃ vadet. tat kasya hetoḥ? kṣetra-vyūhāḥ kṣetra-vyūhā iti Subhūbhte, ’ vyūhās te Tathāgatena bhāṣitāḥ. tenocyante kṣetra-vyūhā iti.

不也世尊 何以故 莊嚴佛土者 則(卽)非莊嚴 是名莊嚴.
불야세존 히이고 장엄불토자 즉비장엄 시명장엄

“아닙니다. 세존이시여! 왜냐하면, 불국토를 아름답게 꾸민다는 것은 아름답게 꾸미는 것이 아니며, 그 이름이 아름답게 꾸민다고 하기 때문입니다.”

10-04

tasmāt tarhi Subhūte bodhisattvena mahāsattvenaivam apratiṣṭhitaṃ cittam utpādayitavyam, yan na kvacit-pratiṣṭhitaṃ cittam utpādayitavyam, na rūpapratiṣṭhitaṃ cittam utpādayitavyaṃ na śabda-gandha-rasa-spraṣṭavya-darma-pratiṣṭhitaṃ cittam utpādayi-tavyam.

是故 須菩提 諸菩薩摩訶薩 應如是生淸淨心 [不應住色生心

시고 수보리 제보살마하살 응여시생청정심 불응주색생심
不應住聲香味觸法生心. 應無所住 而生基心]
불응주성향미촉법생심. 응무소주 이생기심

"그러므로 수보리야! 모든 보살마하살은 이와 같이 깨끗한 마음을 내어야 한다. 형상에 머물지 않고 마음을 내어야하고 소리·냄새·맛·감촉·마음의 형상에도 머물지 않고 마음을 내어야한다. 마땅히 머문 바 없이 그 마음을 내어야 한다.

10-05

tad yathāpi nāma Subhūte puruṣo bhaved upeta-kāyo mahā-kāyo yat tasyaivaṃrūpa ātma-bhāvaḥ syāt tad yathāpi nāma Sumeruḥ parvata-rājā, tat kiṃ manyase Subhūte api nu mahān sa ātmabhāvo bhavet?

SUBHŪTIR āha: mahān sa Bhagavan mahān Sugata sa ātma-bhāvo bhavet. tat kasya hetoḥ? ātma-bhāva ātma-bhāva iti Bhagavann a-bhāvaḥ sa Tathāgatena bhāṣitaḥ. tenocyata ātma-bhāva iti. na hi Bhagavan sa bhāvo na-abhavaḥ. tenocyata ātma-bhāva iti.

須菩提 譬如有人 身如須彌山王 於意云何 是身爲大不 須菩提
수보리 비여유인 신여수미산왕 어의운하 시신위대부 수보리
言 甚大世尊 何以故 佛說非身 是名大身
언 심대세존 하이고 불설비신 시명대신

수보리야! 어떤 사람의 몸이 산들의 왕 수미산만큼 크다면 네 생각은 어떠한가? 그 몸이 크다고 하겠는가?"수보리가 대답하였습니다. "매우 큽니다. 세존이시여! 왜냐하면 부처님께서는 몸 아님을 설하셨으므로 큰 몸이라 말씀하셨기 때문입니다."

수미산왕(須彌山王, Sumeruḥparvta-rājā)

몸의 크기를 강조하는 뜻으로 수미산보다 더 큼을 왕으로 강조하며, 보신불(報身佛)[79]을 뜻합니다.

❁

이 부두에서는 '수기법문'과 '장엄불토'와 '응무소주 이생기심'을 설하고 계시며, 혜능 선사도 이 구절을 듣고 출가하게 된 유명한 일화가 있습니다.

79) 중생구제의 원을 세워 수행하는 결과에 따라 각자 다른 모습으로 나투시는 부처님으로, 아미타 부처님·약사부처님 또는 산신의 시조로도 봄.

무엇이 진정한 정토를 장엄하는 것인지 상세하게 안내하고 있습니다.

'수기법문'에 대해 혜능 선사는 『금강경 오가해』에서 이렇게 말씀하셨습니다.

법이란 스승으로 인해 개시(開示)되긴 하나, 실로 얻은 바는 없습니다. 하시며, 다만 자성이 본래 청정하며 본래 진노(塵勞)가 없고 고요하되 늘 비추고 있음을 깨달으면 바로 스스로 성불하는 것이니 마땅히 알 지어다! 세존이 연등불(정광불) 처소에 계시며 법에 있어 실로 얻은 바가 없음이라. 끝없이 취할 수 없는 것과 같다." 라고 하셨습니다.

장수대사는 『금강경 간정기』에서 이렇게 말씀하셨습니다.

'설시어언등(說是語言等)'이란 '말(語言)'이기 때문에 얻는 것이 없고, '어언비실(語言非實)'이란 '말'은 연(緣)을 따라 있는 것이요, 연은 자성(自性)이 없어서 전체가 완전히 공하였거늘 공하기에 얻은 것이 없는 것과 다름이 없다. 이것은 듣되 들음이 없고, 설하시되 설하심이 없다는 뜻이다. (說是語言等者以是語言故無所得語言非實者謂語言從緣緣無自性擧體全空空故無得也斯則聞而無聞說而無說)80)

'장엄불토'에 대해서 혜능 선사는 이렇게 말씀하셨습니다.

불토가 청정해서 무상무형(無相無形)하여 무슨 물건으로 능히 장엄 할 것인가. 오직 정(定)과 혜(慧)의 보배로서 '거짓 장엄'이라 이름 한다. 장엄에는 세 가지가 있으니 첫째는 '세간불토(世間佛土)'로서 절을 짓고 사경과 보시공양이 있고, 둘째는 '신불토(身佛土)'로서 모든 사람을 볼 때 무례함이 없는 공경심이

80) 『상게서』, p.421.

있어야 하며, 셋째는 '심불토(心佛土)'로서 마음이 청정하면 바로 불토가 청정한 것이어서 생각 생각이 얻은바 없는 마음이 '심불토'다."

'수기법문'과 '정토장엄'와 '응무소주 이생기심'에 대해 종경(宗鏡) 선사는 『금강경 오가해』에서 이렇게 말씀하셨습니다.

여래께서는 연등불로부터 있으셨으나 실로 얻은 법이 없었으며, 보살이 정토를 장엄하나 응당히 머문 바가 없는 마음이어서 모든 망념이 녹아 없어지며, 일진(一眞)이 청정하다. 옛날 『법화경』의 묘한 뜻을 연구하다가 친히 보현보살의 가르친 말씀을 감득하여 심신이 청정하여 편안히 진실을 구하며, 깊은 뜻에 활연히 과거를 깨달으니, 바로 심과 법을 잊으므로 육근과 육진이 함께 없어진다. 또 말하되 '장엄'이란 무엇인가? 탄지(彈指: 손가락 튕기는 사이)에 팔만사천 바라밀문을 원만히 이루고 찰라에 삼아승지겁을 멸한다.

11. 함이 없는 복의 수승한 분

第十一 無爲福勝分 (제십일 무위복승분)

11-01

BHAGAVĀN āha: tat kiṃ manyase Subhūte yāvatyo Gaṅgāyāṃ mahānadyāṃ vālukās tāvatya eva Gaṅga-nadyo bhaveyuḥ, tāsu yā vālukā api nu tā bahavyo bhaveyuḥ?

SUBHŪTIR āha: tā eva tāvad Bhagavan bahavyo Gaṅgā-nadyo bhaveyuḥ, prāg eva yās tāsu Gaṅgā-nadīṣu vālukāḥ.

須菩提 如恒河中所有沙數 如是沙等恒河 於意云何 是諸恒河沙

수보리 여항하중소유사수 여시사등항하 어의운하 시제항하사

寧爲多不 須菩提言 甚多世尊 但諸恒河 尙多無數 何況(況)其沙

영위다부 수보리언 심다세존 단제항하 상다무수 하황 기사

"수보리야! 항하의 모래 수만큼의 많은 항하가 있다면 네 생각은

어떠하냐? 이 모든 항하의 모래 수는 진정 많다고 하겠느냐?"
수보리가 대답하였습니다. "매우 많습니다. 세존이시여! 항하들만 해도 헤아릴 수 없이 많은데 하물며 그것의 모래이겠습니까?"

항하(恒河, Gaṅgāyāṃ)

벵골 만에 위치한 2,511 킬로와 하류는 강폭이 16km 되는 갠지스 강가를 말합니다.

11-02

BHAGAVĀN āha: ārocayāmi te Subhūte prativedayāmi te yāvatyas tāsu Gaṅgā-nadīṣu vālukā bhaveyus, tāvato lokadhātūn kaścid eva strī vā puruṣo vā sapta-ratna-paripūrṇaṃ kṛtvā Tathāgatebhyo' rhadbhyaḥ samyak-sambuddhebhyo dānaṃ dadyāt, tat kiṃ manyase Subhūte, api nu sā strī vā puruṣo vā tato nidānaṃ bahu puṇyaskandhaṃ prasunuyāt?

SUBHŪTIR āha: bahu Bhagavan bahu Sugata strī vā puruṣo vā tato nidānaṃ puṇya-skandhaṃ prasunuyād aprameyam asaṃkhyeyaṃ.

須菩提 我今實言告汝 若有善男子善女人 以七寶滿爾所 恒河
수보리 아금실언고여 약유선남자선여인 이칠보만이소 항하

沙數三千大千世界 以用布施 得福多不 須菩提言 甚多世尊
사수삼천대천세계 이용보시 득복다부 수보리언 심다세존

"수보리야! 내가 지금 진실한 말로 네게 말한다. 선남자 선여인이 그 항하의 모래 수만큼의 삼천대천세계에 칠보를 가득 채워 보시한다면 그 복덕이 많겠는가?" 수보리가 대답하였습니다. "매우 많습니다. 세존이시여!"

11-03

BHAGAVĀN āha: yaś ca khalu punaḥ Subhūte strī vā puruṣo vā tāvato loka-dhātūn sapta-ratna-paripūrṇaṃ kṛtvā Tathāgatebhyo' rhadbhyaḥ samyaksambuddhebhyo dānaṃ dadyāt, yaś ca kulaputro vā kuladuhitā veto dharma-paryāyād antaśaś catuṣpādikām api gāthām udgṛhya parebhyo deśayet samprakāśayed, ayam eva tato nidānaṃ bahutaraṃ puṇyaskandhaṃ prasunuyād aprameyam asaṃkhyeyam.

佛告須菩提 若善男子善女人 於此經中 乃至受持四句偈等
불고수보리 약선남자선여인 어차경중 내지수지사구게등

爲他人說 而此福德 勝前福德

위타인설 이차복덕 승전복덕

부처님께서 수보리에게 말씀하셨습니다. "선남자 선여인이 이 경의 사구게 만이라도 받고 지니고 다른 사람을 위해 설해 준다면 그 복덕은 칠보를 보시한 복보다 더 수승하다."

❁

이 부두에서는 '재물보시'도 소중하나 '위타인설'의 '법보시'를 더욱 더 수승함을 일깨워줍니다.

혜능 선사는 『금강경 오가해』에서 이렇게 말씀하셨습니다.

> 칠보를 보시하는 것은 삼계의 부귀한 과보를 얻음이고, 대승경전을 강설하는 것은 모든 듣는 자로 하여금 대 지혜를 내어서 무상도(無上道)를 이루게 함을 알라! 경을 수지하는 복덕이 전자의 칠보를 보시하는 복덕보다 더 수승하다.

왜냐하면 재물보시의 과는 있겠으나 법보시의 과는 끝이 없기 때문입니다. 또한 이 부두에서도 불가취·불가설의 의심에서 어떻게 불토를 장엄할까 하는 의심을 끊어주는 대목입니다.

12. 바른 가르침을 존중하는 분

第十二 尊重正教分 (제십이 존중정교분)

12-01

aip tu khalu punaḥ Subhūte yasmin pṛthivī-pradeśa ito dharma-paryāyād antaśaś catuṣpādikām api gāthām udgṛhya bhāṣyeta vā samprakāśyeta vā, sa pṛthivī-pradeśaś caityabhūto bhavet sa-deva-mānuṣa-asura-sya lokasya;

復次須菩提 隨說是經 乃至四句偈等 當知此處 一切世間天人

부차수보리 수설시경 내지사구게등 당지차처 일체세간천인

阿修羅 皆應供養 如佛塔廟

아수라 개응공양 여불탑묘

"또한 수보리야! 이 경의 사구게 만이라도 설한다면 마땅히 알라. 이곳은 일체세간의 천상·인간·아수라가 마땅히 공양하기를 부처님 탑과 같이 하거늘

천인아수라(天人阿修羅, sa-deva-mānuṣa-asura)

하늘에 사는 무리(천인)로 도리천의 제석천왕이 반야부 경전을 공경하고 좋아하여, 자신의 설법당인 선법당(善法堂)에서 강설하나 참석하지 못한 하늘 무리는 경전에 예를 올리고 갑니다. '아수라'는 리그웨다(Rig-veda)에서는 '수승한 성령(聖靈)'이라는 뜻으로 나오지만 중기 이후 험상궂은 용모와 싸움을 좋아하나 반야부 경전을 보면 마치 부처님이 계신 탑이나 묘당(廟堂) 같이 존경하고 수호합니다.

천룡팔부는 불법을 수호하는 여덟 부류로 '팔부중(八部衆)'이라 하며, 신중탱화에도 모셔져 있습니다.

① 천인(天人) : 육욕천(六欲天)과 색계(色界)의 여러 천에 있는 하늘사람들입니다.

② 용(龍) : 바다 속에 살며 구름을 모아 비를 내리고 광명을 발하여 천지를 비춘다고 합니다.

③ 야차(夜叉,약차藥叉Yakśa) : 용건(勇健), 위덕(威德), 첩질(捷疾)이라 번역하며, 큰 위세와 큰 힘이 있으며, 나찰과 함께 수미산 북쪽을 지키는 비사문천왕의 권속으로, 땅이나 공중에 살며, 야차도 세 부류로 '천야차', '허공야차', '지야차'가 있습니다.

④ 건달바(乾闥婆,Gandahrva) : '식향(食香)', '심향(尋香)', '심향행(尋香行)'이라 번역하며, 제석천왕의 음악을 맡고 섬기며, 술과 고기를 먹지 않고 향기만 맡고 산다고 합니다. 항상 부처님 설법하는 곳에 나타나 정법을 찬탄하며, 또한 사람이 죽어서 새로운 육체를 받기까지의 '영혼신(靈魂神)', '중음신(中陰身)'의 다른 이름이기도 합니다. '중음신'은 향기를 찾아서 가고 머물러 향기를 먹고 산다고 합니다.

⑤ 아수라(阿修羅,Asura) : '수라(修羅)', '비천(非天)', '부단정(不端正)'으로 번역

하며, 인도 고대에는 전투를 일삼는 신으로 제석천왕과도 다투었다고 전해지며, 부처님설법을 듣고 불법을 수호하는 선신을 '팔부중'이라 합니다.

⑥ 가루라(迦樓羅,Garuḍa) : '갈로다(揭路荼)', '가류다(迦留荼)', '금시조(金翅鳥)', '묘시조(妙翅鳥)'로 번역하며, 독수리 같이 용맹스럽고, 조류의 왕으로 바다의 용을 잡아먹고 산다는 거대한 상상의 새

⑦ 긴나라(緊那羅,Kiṁnara) : '긴타라(緊陀羅)', '의인(擬人)' '인비인(人非人)'으로 번역하고 노래와 춤을 좋아하고 형상은 사람인지 짐승인지 새인지 사람머리에 새 몸을 하고, 말머리에 사람 몸을 애매하다 합니다.

⑧ 마후라가(摩睺羅伽,Mahoraga) : '마호락(莫呼洛)' '대망신(大蟒神)'·'대복행(大腹神)'이라 번역하며, 몸은 사람과 같고 머리는 뱀과 같고, 음악의 신 또는 땅으로 걸어 다니는 거대한 용을 말합니다.

탑묘(塔廟, caityabhūto)

'탑묘'란 산스끄리뜨어 'stūpa', 빨리어 'thūpa'라는 낱말에서 유래하며, 'caitya' 또는 'chaitya'라는 산스크리트어를 소리로 번역하여 '지제(支提)'라고도 합니다. '탑묘'는 산스크리트어와 한자의 합성어로 이해하시면 되겠습니다.

'탑'이란 무덤을 의미하며, 원래는 석가모니부처님의 진신사리(舍利, Sarira)를 묻어 봉안한 곳을 '탑묘', 또는 '탑'이라 하였으며, 『마하승지율(摩訶僧祇律)』 33에서도 "사리가 있는 것을 '탑'이라 한다."라고 하였습니다.

'근본8탑'과 사리를 담았던 '병탑'· 부처님 다비식에서 남아 있던 재를 넣어 '재탑'까지 성스럽게 여기다가 재가신도들의 수효욕구와 아쇼카왕이 '근본8탑'을 해체하여 '팔만 사천 탑'을 세웠다는 기록이 있습니다.

'탑묘'란 본존불과 같은 성격으로 신앙의 대상이었으며, 지금까지 내려오고 부처님사리를 포함하여 후대에는 훌륭한 어른 스님들의 사리탑까지 포함하는 의미입니다.[81)]

12-02

kaḥ punar vādo ya imaṃ dharma-paryāyaṃ sakala-samāptaṃ dhārayiṣyanti vācayiṣyanti paryavāpsyanti parebhyaś ca vistareṇa samprakāśayiṣyanti, parameṇa te Subhūte āścaryeṇa samanvāgatā bhaviṣyanti.

何況(況)有人盡能受持讀誦 須菩提 當知是人 成就最上

하황유인진능수지독송 수보리 당지시인 성취최상

第一希有之法

제일희유지법

하물며 어떤 사람이 능히 이 경을 받고 지니고 읽고 외움이겠는가? 수보리야! 이 사람은 최상의 제일 거룩한 법을 성취함이다.

---

81) 문명대, 『불교미술개론』, 동국대학교불전간행위원회, 1980, pp. 46~50. 참조

12-03

tasmiṃś ca Subhūte pṛthivī-pradeśe śāstā viharaty anyatara-anyataro vā vijñaguru-sthānīyaḥ.

若是經典所在之處 則(卽)爲有佛 若尊重弟子

약시경전소재지처 즉위유불 약존중제자

만약 이 경전이 있는 곳은 부처님과 존경받는 제자들이 계시는 곳이다."

약존중제자(若尊重弟子, vijñaguru-sthānīyaḥ)

존경받을 만한 거룩한 제자를 말합니다.

❁

이 부두에서는 『금강경』의 '사구게'나 '정법(正法)'이 있는 곳에는 호법선신과 불·보살님과 제자들이 늘 함께 계신다는 말씀을 전해주십니다.

혜능 선사는 이렇게 말씀하셨습니다.

경이 있는 곳에서 사람을 만나면 바로 이 경을 설하되, 응당히 생각 생각에 늘 무념심(無念心)과 무소득심(無所得心)을 행하여, 능소심(能所心)을 지어서 설하지 말라. 만약 모든 마음을 멀리하여 늘 무소득심에 의지하면 바로 이 몸 가운데 여래의 전신사리(全身舍利)가 있음이다. 하여 부처님의 탑묘(塔廟)와 같다고 함이다. 무소득심으로 이 경을 설한 자는 천룡팔부가 다 와서 듣고 받아가짐을 느끼나 마음이 청정하지 못하고 다만 명예와 이익을 위해 이 경을 설한 자는 죽어서 삼악도에 떨어진다. 무슨 이익이 있겠는가? 마음이 만약 청정하여 이 경을 설한 자는 모든 듣는 자로 하여금 미혹되고 망령된 마음을 없애고, 본래의 불성을 깨달아 늘 참되고 실답게 행하게 하므로 천인·아수라·인비인 등이 다 와서 공양한다.

장수대사는『금강경 간정기』에서 이렇게 말씀하셨습니다.

'경현등(經顯 等)'이란 부처님이 계심과 부처님이 계신 까닭을 밝히셨다. 예를 들자면 보화(報化)는 반듯이 법신(法身)을 의지하여야 하고, 법신은 또 경으로부터 드러나는 것이다. 이미 능현(能顯)의 교(教)가 있으면 반듯이 소현(所顯)의 부처님이 계신 것이다. 또는 경은 교법(教法)이요, 부처님은 과법(果法)이니 과로 인연하여 드러나고 이루어지는 것이다. 이렇게 하여 삼불(화신·보신·법신)이 완전히 구족되고 사법(四法)이 원만하게 되니 이 경이 있는 곳을 어찌하여 가벼이 여길 수 있겠는가! 우일체(又一切)하는 제자는 까닭을 밝혔다. 삼승현성(三乘賢聖)은 그 바탕이 무위(無爲)시고 경은 무위를 밝히기에 현성(賢聖)이 계시는 것이다. (經顯等者明有佛及有之所以謂報化必依法身法又從經顯旣有能顯之教必有所顯之佛又經是教法佛是果法果由理顯理由行致斯則三佛備足四法具圓所在之處豈生輕劣又一切下明有弟子之所以三乘賢聖體是無爲經顯無爲故有賢聖)

13. 여법하게 수지하는 분

第十三 如法受持分 (제십삼 여법수지분)

13-01

evam ukta āyuṣmān SUBHŪTIR Bhagavantam etad avovat: ko nāma-ayaṃ Bhagavan dharma-paryāyāḥ, kathaṃ cainaṃ dhārayāmi?

evam ukte BHAGAVĀN āyuṣmantaṃ Subhūtim etad avocat: prajñāpāramitā nāma-ayaṃ Subhūte dharma -paryāyaḥ, evaṃ cainaṃ dhāraya.

爾時 須菩提白佛言 世尊 當何名此經 我等云何奉持 佛告
이시 수보리백불언 세존 당하명차경 아등운하봉지 불고
須菩提 是經名爲金剛般若波羅蜜 以是名字 汝當奉持
수보리 시경명위금강반야바라밀 이시명자 여당봉지

그때 수보리가 부처님께 여쭈었습니다. "세존이시여! 이 경의 이름을 무엇이라 하며, 저희들이 어떻게 받들어 지녀야 합니까?"부처님께서

수보리에게 말씀하셨습니다. "이 경의 이름은 '금강반야바라밀'이니, 이 이름으로 너희들은 마땅히 받들어 지녀야 한다.

당하명차경(當何名此經, ko nāma ayaṃ dharmaparyāyāḥ)

이 경을 무엇이라 이름하며

명위금강반야바라밀(名僞金剛般若波羅蜜, prajñāpāramitā nāmaayaṃ dharma-paryāyaḥ):

이 경의 이름은 금강반야바라밀 이니라.

13-02

tat kasya hetoḥ? yaiva Subhūte prajñāpā ramitā Tathāgatena bhāṣitā saiva-a-pāramitā Tathāgatena bhāṣitā. tenocyate prajñāpāramiteti.

所以者何 須菩提 佛說般若波羅蜜 卽非般若波羅蜜

소이자하 수보리 불설반야바라밀 즉비반야바라밀

'是名般若波羅蜜'

시명반야바라밀82)

그것은 수보리여! 여래는 반야바라밀을 반야바라밀이 아니라 설하였으므로 반야바밀이라 말한 까닭이다.

13-03

tat kiṃ manyase Subhūte api nv asti sa kaścid dharmo yas Tathāgatena bhāṣitaḥ?

SUBHŪTIR āha: no hīdaṃ Bhagavan, na-asti sa kaścid dharmo yas Tathāgatena bhāṣitaḥ.

須菩提 於意云何 如來有所說法不 須菩提白佛言 世尊

수보리 어의운하 여래유소설법부 수보리백불언 세존

如來無所說

여래무소설

수보리야! 네 생각은 어떠하냐? 여래가 설한 바 법이 있느냐?" 수보리가 부처님께 말씀드렸습니다. "세존이시여! 여래께서는 설하신 법이 없습니다."

82) '是名般若波羅蜜'은 송·나집본에만 있음.

13-04

BHAGAVĀN āha: tat kiṃ manyase Subhūte, yāvat trisāhasramahāsāhasre loka-dhātau pṛthivī-rajaḥ kaccit tad bahu bhavet?

SUBHŪTIR āha: bahu Bhagavan bahu Sugata pṛthivī-rajo bhavet. tat kasya hetoḥ? yat tad Bhagavan pṛthivī-rajas Tathāgatena bhāṣitam a-rajas tad Bhagavaṃs Tathāgatena bhāṣitam. tenocyate pṛthivī-raja iti. yo' py asau loka-dhātus Tathāgatena bhāṣit-o' dhātuḥ. sa Tathāgatena bhāṣitaḥ. tenocyate lokadhātur iti.

須菩提 於意云何 三千大千世界 所有微塵 是爲多不 須菩提言
수보리 어의운하 삼천대천세계 소유미진 시위다부 수보리언
甚多世尊 須菩提 諸微塵 如來說非微塵 是名微塵 如來說世界
심다세존 수보리 제미진 여래설비미진 시명미진 여래설세계
非世界 是名世界
비세계 시명세계

"수보리야! 네 생각은 어떠하냐? 삼천대천세계를 이루고 있는 티끌이 많다고 하겠느냐?"수보리가 대답하였습니다.
"매우 많습니다. 세존이시여!" "수보리야! 여래는 티끌을 티끌이

아니므로 그 이름이 티끌이며, 여래가 설한 세계도 세계가 아니라 이름을 세계라고 말합니다.

미진(微塵, pṛthivī-rajaḥ)

'미진'은 작은 먼지를 말하며, 물질을 분석하는 극소 불가분의 단위로 '분자' 또는 '극미진'이라 하기도 합니다. 불교에서 극미진의 분석을 7극미를 '금진(金塵)'·'수진(水塵)'·'토모진(兎毛塵)'·'양모진(羊毛塵)'·'우모진(牛毛塵)'·'극유진(隙遊塵)'로 나누며, '1극미'는 '극유진'의 823,543분의 1이 되는 것입니다.83)

13-05

BHAGAVĀN āha: tat kiṃ manyase Subhūte dvātriṃśan mahāpuruṣa-lakṣaṇais Tathāgato' rhan samyaksam-buddho draṣṭavyaḥ?

SUBHŪTIR āha: no hīdaṃ Bhagavan, nadvātriṃśan-mahāpuruṣa-lakṣaṇais Tathāgato' rhan saṃyaksam-buddho draṣṭavyaḥ. tat kasya hetoḥ? yāni hi tāni

83) 1) 금진: 금속을 통과할 정도의 작은 먼지, 2) 수진 : 물속의 틈을 통과하는 작은 먼지, 3) 토모진 : 토끼 털 끝부분정도나 털의 틈새로 통과하는 먼지, 4) 양모진 : 양털 끝부분이나 털의 틈새로 통과하는 먼지, 5) 우모진 : 소털 끝이나 틈새로 통과되는 먼지, 6) 극유진 : 틈새로 들어오는 태양의 빛에 떠다니는 먼지.

Bhagavan dvātriṃśan-mahāpuruṣa-lakṣaṇāni Tathāgatena bhāṣitāny, a-lakṣaṇāni tāni Bhagavaṃs Tathāgatena bhāṣitāni. tenocyante dvātriṃśan-mahāpuruśa-lakṣaṇāni-iti.

須菩提 於意云何 可以三十二相 見如來不 不也世尊 不可以
수보리 어의운하 가이삼십이상 견여래부 불야세존 불가이
三十二相 得見如來 何以故 如來說三十二相 卽是非相
삼십이상 득견여래 하이고 여래설삼십이상 즉시비상
是名三十二相
시명삼십이상

수보리야! 네 생각은 어떠하냐? 삼십이상으로 여래를 볼 수 겠느냐?" "아닙니다. 세존이시여! 삼십이상으로는 여래를 볼 수 없습니다. 왜냐하면 여래께서 설하신 삼십이상은 곧 상이 아니고 그 이름이 삼십이상이기 때문입니다."

삼십이상(三十二相, dvātiṃśan-mahāpuruṣa-lakṣaṇais)

'32상'은 부처님의 육신과 전륜성왕의 몸에 갖추고 계시는 훌륭한 상을 말하며, 더욱 세밀하게는 '80종호'가 있습니다.

① 발바닥이 편평함(足下安平入相). ② 손과 발바닥에 수레바퀴 같은 무늬가 있음(足下二輪相, 千輻輪相) ③ 손가락이 가늘고 김(長指相) ④ 손발이 몹시 부드러움(手柔軟相) ⑤손가락 발가락사이에 엷은 막이 있음(手足指縵相) ⑥ 발꿈치가 원만함(足跟廣平相) ⑦ 발등이 높고 원만함(足趺高滿相) ⑧ 종아리가 사슴다리 같음(腨如鹿王相) ⑨팔을 펴면 손이 무릎까지 내려감(正立手摩膝相) ⑩ 남근이 오므라들어 몸 안은 숨은 것이 말의 그것과 같음(馬陰藏相) ⑪ 신장이 두 팔을 편 길이와 같음(身廣長等相) ⑫ 청색의 털이 위로 향함(毛上向相) ⑬ 모공마다 털이 남(一孔一毛生相) ⑭ 몸빛이 황금색 임(金色相) ⑮ 몸에서 비치는 광명이 한 길이 됨(丈光相) ⑯ 피부가 매끄럽고 부드러움(細薄皮相) ⑰ 두 발바닥, 두 손바닥, 두 어깨, 정수리가 평평하고 둥글고 두터움(七處隆相) ⑱ 양 겨드랑이 두툼하고 원만함(兩腋下隆滿相) ⑲ 앉은 자세 때 몸매가 사자와 같음(上身如獅子相) ⑳ 몸이 곧고 단정함(大直身相) ㉑ 양 어깨가 둥글고 원만함(肩圓滿相) ㉒ 치아가 40개임(40齒相) ㉓ 치아가희고 가지런함(齒齊滿相) ㉔ 송곳니가 희고 큼(牙白相) ㉕ 뺨이 사자와 같음(獅子頰相) ㉖ 최상의 미감을 가짐(味中得上味相) ㉗ 혀가 길고 넓음(廣長舌相: 혀가 엷고 부드러우며, 넓고 길어서 얼굴을 덮고 이마의 머리카락 까지 닿음) ㉘ 목소리가 천상에 들리는 것처럼 맑고 멀리 감(梵聲相) ㉙ 눈동자가 검푸름(眞靑眼相) ㉚ 속눈썹이 소의 것과 같음(牛眼睫相) ㉛ 정수리가 상투와 같이 올라 옴(頂上肉髻相) ㉜ 두 눈썹사이에 흰 털이남(眉間白毫).

13-06

BHAGAVĀN āha: yaś ca khalu punaḥ Subhūte strī vā puruṣo vā dine dine Gaṅgā-nadī-vālukā-samān ātma-bhāvān parityajet, evaṃ parityajan Gaṅgā-nadī-vālukā-samān kalpāṃs tān ātmabhāvān parityajet,

須菩提 若有善男子善女人 以恒河沙等身命布施
수보리 약유선남자선여인 이항하사등신명보시

"수보리야! 어떤 선남자선여인이 항하의 모래 수만큼 많은 목숨을 보시하였어도

13-07

yaś ceto dharma-paryāyād antaśaś catuṣpādikām api gāthām udgṛhya parebhyo deśayet samprakāśayed, ayam eva tato nidānaṃ bahutaraṃ puṇya-skandhaṃ prasunuyād aprameyam asamkhyeyam.

若復有人 於此經中 乃至受持四句偈等 爲他人說 其福甚多
약부유인 어차경중 내지수지사구게등 위타인설 기복심다

만약 어떤 사람이 이 경의 사구게 만이라도 받아 지니고 다른 사람을 위해 설해 준다면 그러면 그 복이 저 복보다 더 많으리라."

이 부두에서는 무한부정(無限否定)의 논리 속에서 '명칭'이나 '이름'에 속지 말고, '중도(中道)의 이치로 바로 들어가라' 는 것입니다.

13-01의 경 이름의 '금강'에 대해 규산대사는 이렇게 말씀하셨습니다.

『진제기(眞諦記)』에서 '여섯 종류의 금강'을 설하셨다. "첫째는 청색(靑色)으로 능히 재액(災厄)을 소멸 할 수 있다. 이는 반야가 능히 업장을 제거할 수 있는 것을 비유하였다. 둘째는 황색(黃色)으로 사람이 필요한 것을 얼마든지 얻게 할 수 있다. 이는 반야의 무루공덕(無漏功德)에 비유하였다. 셋째는 적색(赤色)으로 태양에 비치면 불이 일어난다. 이는 지혜가 본각(本覺)에 대하면 무생지화(無生智火: 대승의 보살로 무생무멸의 불이 일러나듯 왕성한 지혜)가 일어난다는 뜻이다. 넷째는 백색으로 능히 혼탁한 물을 맑게 할 수 있다. 이는 반야가 의혹을 맑힐 수 있다는 뜻이다. 다섯째는 공색(空色: 투명색)으로 사람을 허공중에 걷거나 앉을 수 있다. 이는 지혜가 법이 있다고 집착하는 것을 파하여 진공리(眞空理)에 든다는 뜻이다. 마지막 여섯째는 벽색(碧色: 파란색)으로 능히 여러 가지 독을 제거할 수 있다. 이는 지혜가 삼독(三毒)을 제거한다는 뜻이다.

(又眞諦記說六種金剛一靑色能消滅厄喩般若能除業障二黃色隨人所須喩無漏功德三赤色對日出火慧對本覺出無生智火四白色能淸濁水般若能淸疑濁五空色令人空中行坐慧執住眞空理六碧色能消諸毒慧除三毒) 84)

혜능 선사는 『금강경 오가해』에서 이렇게 말씀하셨습니다.

'반야바라밀'은 "부처님께서 반야바라밀을 설하심은 모든 학인들에게 지혜를 써서 어리석은 마음이 생멸하는 것을 없애게 하시고, 생멸이 모두 없어지면 바로 피안에 이르는 것이요, 만약 마음에 얻는 것이 있으면 바로 피안에 이르지 못하고, 마음에 한 법도 얻을 것이 없으면 바로 피안에 이르는 것이다.

84) 장수 대사, 『금강경간정기』, 봉선사 활자본, p. 144.

입으로 설하고 마음으로 행하면 그것이 피안에 이르는 것이다."

명칭이나 이름의 허상에 대해 부대사(傅大士)는 『금강경 오가해』에서 이렇게 말씀하셨습니다.

이름 중에는 뜻이 없고
뜻 위에는 다시 이름이 없음이라.
금강으로 참다운 지혜에 비유함이네.
능히 악의 굳고 견고함을 깨트렸다.

만약 저 언덕에 닿는다면
이치에 들어가서 어리석은 정을 벗어나리니,
지혜 있는 사람은 마음을 스스로 깨닫고,
어리석은 사람은 밖으로 소리를 구함이다.

13-06~07의 뜻에 대해 장수대사는『금강경 간정기』에서 이렇게 말씀하셨습니다.

'사신등(捨身等)'이란 "혹여나 사람들이 보배를 보시하는 것은 수지하는 것보다도 못하다는 말을 듣고서 그것은 몸 밖의 재물이기에 경보다 못한 것인가? 만약에 목숨을 보시한다면 반듯이 수지하는 것보다 훨씬 나을 것이다." 하는 생각을 갖을까봐 그런 소견을 타파하기 위해 이렇게 말씀한 것이다. 모래 수만큼 이라도 오히려 못한데 더욱이 한 몸이겠는가? (四身等者意忍人聞實施不及受持便謂以是身外之財所以劣於經福若將身命布施必勝受持爲破其見故有此文沙數猶劣況一身耶)85)

14. 상을 떠나 적멸한 분

第十四 離相寂滅分 (제십사 이상적멸분)

14-01

atha khalv āyuṣmān SUBHŪTIR dharma-vegena-aśrūṇi prāmuñcat, so’ śrūṇi pramṛjya Bhagavantam etad avocat: āścaryaṃ Bhagavan parama-āścaryaṃ Sugata, yāvad ayaṃ dharma-paryāyas Tathāgatena bhāṣito, gra-yāna-saṃprasthitānāṃ sattvānām arthāya śreṣṭha-yāna-saṃprasthitānāṃ arthāya, yato me Bhagavañ jñānam utpannam. na mayā Bhagavañ jātv evaṃrūpo dharmaparyāyaḥ śruta-pūrvaḥ.

爾時 須菩提 聞說是經 深解義趣 涕淚悲泣 而白佛言 希有世尊

이시 수보리 문설시경 심해의취 체루비읍 이백불언 희유세존

佛說如是甚深經典 我從昔來所得慧眼 未曾得聞如是之經

불설여시심심경전 아종석래소득혜안 미증득문여시지경

85) 『상게서』, P.455.

그때 수보리가 이 경 설하심을 듣고 깊은 뜻을 잘 알아서 감동의 눈물을 흘리며 부처님께 말씀드렸습니다. “거룩하신 세존이시여! 제가 부처님께서 이와 같이 깊이 있는 경전 설하심은 혜안을 얻은 후에도 들은 적이 없습니다.

체루비읍(涕淚悲泣, aśrūṇi prāmuñcat)

'체루비읍'은 석가세존의 말씀을 잘 듣고 잘 이해함으로서 일어나는 일종의 '카타르시스'요, '업장이 소멸되어 흘리는 눈물'을 뜻합니다.

14-02

parameṇa te Bhagavann āścaryeṇa samanvāgatā bodhisattvā bhaviṣyanti ya iha sūtre bhāṣyamāṇe śrutvā bhūta-saṃjñām utpādayiṣyanti.

世尊 若復有人 得聞是經 信心淸淨 則(卽)生實相 當知是人
세존 약부유인 득문시경 신심청정 즉 생실상 당지시인
成就第一希有功德
성취제일희유공덕

세존이시여! 만약 어떤 사람이 이 경의 설함을 듣고, 믿음이 청정해지면 바로 최상의 지혜가 일어날 것이니, 이 사람은 가장 거룩한 공덕을 성취할 것임을 잘 알아야 합니다.

즉(卽)

즉은 모순의 극복으로서 극과 극을 회통시켜주는 '곧·바로·즉시' 와 같은 뜻이며, 측(則)과 함께 쓰이기도 합니다.

14-03

tat kasya hetoḥ? yā caiṣā Bhagavan bhūta-saṃjñā saiva-abhūtā-saṃñā. tasmāt Tathāgato bhāṣate bhūta-saṃñā bhūta-saṃjñeti.

世尊 是實相者 則(卽)是非相 是故 如來說名實相

세존 시실상자 즉 시비상 시고 여래설명실상

세존이시여! "'이 최상의 지혜'라는 것은 최상의 지혜가 아닌 까닭에 여래께서는 최상의 지혜라고 말씀하셨습니다.

14-04

na mama Bhagavan duṣkaraṃ yad aham imaṃ dharma-paryāyaṃ bhāṣyamāṇam avakalpayāmy adhimucye.

世尊 我今得聞如是經典 信解受持 不足爲難

세존 아금득문여시경전 신해수지 부족위난

세존이시여! 제가 지금 이 같은 경전을 설하심을 듣고서, 믿고 잘 알고 받아 지니기는 어렵지 않습니다.

14-05

ye' pi te Bhagavan sattvā bhaviṣyanty anāgate' dhvani paścime kāle paścime samaye paścimāyāṃ pañca-śatyāṃ sad-dharma-vipralope vartamāne, ya imaṃ Bhagavan dharma-paryāyam udgrahīṣyanti dhārayiṣyanti vācayiṣyanti paryavāpsyanti parebhyaś ca vistareṇa samprakāśayiṣyanti, te parama-āścaryeṇa samanvāgatā bhaviṣyanti.

若當來世 後五百歲 其有衆生 得聞是經 信解受持 是人

약당래세 후오백세 기유중생 득문시경 신해수지 시인

則(卽)爲第一希有
즉　위제일희유

만약 오는 세상 오백년 뒤에도 어떤 중생이 이 경전을 듣고 믿고 잘 알고 받아 지닌다면 이 사람은 가장 거룩할 것입니다.

14-06

api tu khalu punar Bhagavan na teṣām ātma-saṃjñā pravartiṣyate, na sattva-saṃjñā na jīva-saṃjñā na pudgala-saṃjñā pravartiṣyate, na-api teṣāṃ kācit saṃjña na-a-saṃjñā pravartate. tat kasya hetoḥ? yā sa Bhagavann ātma-saṃjñā saiva-a-saṃjñā, yā sattva-saṃjñā jīva-saṃjñā pudgala-saṃjñā saiva-a-saṃjñā. tat kasya hetoḥ? sarva-saṃjñā-apagatā hi Buddhā Bhagavantaḥ.

何以故 此人 無我相人相衆生相壽者相 所以者何 我相卽是非相
하이고 차인 무아상인상중생상수자상 소이자하 아상즉시비상
人相衆生相壽者相 卽是非相 何以故 離一切諸相 則(卽)名諸佛
인상중생상수자상 즉시비상 하이고 이일체제상 즉　명제불

왜냐하면 이 사람은 아상·인상·중생상·수자상이 없기 때문입니다. 아상이 상이 아니고, 인상·중생상·수자상도 상이 아니기 때문에 온갖 상을 떠난 이를 부처님이라 이름하기 때문입니다.”

14-07

evam ukte BHAGAVĀN āyuṣmantam subhūtim etad avocat: evam etat Subhūte evam etat.

佛告須菩提 如是如是

불고수보리 여시여시

부처님께서 수보리에게 말씀하셨습니다.

“당연히, 그렇다.

14-08

parama-āścarya-samanvāgatās te sattvā bhaviṣyanti ya iha Subhūte sūtre bhāṣyamāṇe nottrasiṣyanti na samtrasiṣyanti na saṃtrāsam āpatsyante.

若復有人 得聞是經 不驚不怖不畏 當知是人 甚爲希有
약부유인 득문시경 불경불포불외 당지시인 심위희유

만약 어떤 사람이 이 경을 듣고 겁내지도 않고 놀라지도 않고 두려워하지도 않는다면 이 사람은 매우 거룩한 사람인줄 알아야 한다.

14-09

tat kasya hetoḥ? paramapāramiteyaṃ Subhūte Tathāgatena bhāṣitā yaduta-a-pāramitā. yāṃ ca Subhūte Tathāgataḥ parama-pāramitāṃ bhāṣate, tām aparimāṇā-api Buddhā Bhagavanto bhāṣante, tenocyate parama-pāramiteti.

何以故 須菩提 如來說第一波羅蜜 非第一波羅蜜 是名第一波羅蜜
하이고 수보리 여래설제일바라밀 비제일바라밀 시명제일바라밀

왜냐하면 수보리야! 여래가 설한 제일 바라밀은 제일 바라밀이 아니라고 설하였으므로 곧 제일 바라밀은 이름이기 때문이다.

제일바라밀(第一波羅蜜, parama-pāramitā)

'제일바라밀'은 으뜸가는 바라밀 또는 '최고의 바라밀'을 뜻하나 다른 말로는 '반야바라밀'을 뜻합니다. 육바라밀 중 전체를 갈무리하는 것은 '반야바라밀'로 귀결됩니다.

14-10

api tu khalu punaḥ Subhūte yā Tathāgatasya kṣānti-pāramitā saiva-a-pāramitā.

須菩提 忍辱波羅蜜 如來說非忍辱波羅蜜

수보리 인욕바라밀 여래설비인욕바라밀

수보리야! 인욕바라밀을 여래는 인욕바라밀이 아니라고 설하였다.

인욕바라밀(忍辱波羅蜜, kṣānti-pāramitā)

'인욕바라밀' 은 6바라밀의 세 번째 실천덕목으로 온갖 굴욕과 견디기 어려운 조건이나 환경을 잘 참아 마침내 열반의 경지에 이르는 수행의 경지입니다.

14-11

tat kasya hetoḥ? yadā me Subhūte Kaliṅga rājā-aṅga-pratyanga-māṃsāny acchaitsīt, tasmin samaya ātma-saṃjñā vā sattva-saṃjñā vā jīva-saṃjñā vā pudgala-saṃjñā vā na-api me kācit saṃjñā vā-ā-saṃjñā vā babhūva.

何以故 須菩提 如我昔爲歌利王 割截身體 我於爾時 無我相
하이고 수보리 여아석위가리왕 할절신체 아어이시 무아상
無人相 無衆生相 無壽者相
무인상 무중생상 무수자상

왜냐하면 수보리야! 내가 옛날 가리왕에게 온 몸을 갈기갈기 베이고 잘렸을 때도, 나는 아상·인상·중생상·수자상이 없기 때문이다.

가리왕(歌利王, Kalinga-rājā)

가리왕은 '투쟁(鬪爭)' 이라 번역하며, 또는 '극악무도(極惡無道)' 라 하기도 합니다. 석가모니 부처님의 과거세에 인욕선인(忍辱仙人)이 되시어 수행할 적에 온 몸을 갈기갈기 찌었던 '극악무도한 왕'을 일컫는 것입니다.

할절신체(割截身體, aṅgapatyanga-māmsāni acchaitsīt)

온 몸을 갈기갈기 찢기고 절단된 상태를 뜻합니다.

14-12

tat kasya hetoḥ? sacen me Subhūte tasmin samaya ātma-saṃjñā-abhaviṣyad vyāpāda-saṃjñā-api me tasmin samye' bhaviṣyat. sacet sattva-saṃñā jīva-saṃjñā pudgala-saṃjñā-abhaviṣyad, vyāpāda -saṃjñā-api me tasmin samaye' bhaviṣyat.

何以故 我於往昔節節支解時 若有我相人相衆生相壽者相
하이고 아어왕석절절지해시 약유아상인상중생상수자상
應生瞋恨
응생진한

왜냐하면 내가 옛날 사지가 갈기갈기 잘릴 때도, 아상·인상·중생상·수자상이 있었다면 성내고 원망하는 마음이 생겼을 것이기 때문이다.

14-13

tat kasya hetoḥ? abhijānāmy ahaṃ Subhūte’ tīte’ dhvani pañca-jāti-śatāni yad ahaṃ Kṣāntivādī ṛṣir abhūvam. tatra-api me na-ātma-saṃjñā babhūva, na sattva-saṃjñā na jīva-saṃjñā na pudgala-saṃjñā babhūva.

須菩提 又念過去於五百世 作忍辱仙人 於爾所世 無我相

수보리 우념과거어오백세 작인욕선인 어이소세 무아상

無人相 無衆生相 無壽者相

무인상 무중생상 무수자상

수보리야! 여래는 과거 오백생 동안 인욕선인일 때도 아상·인상·중생상·수자상이 없었다.

인욕선인(忍辱仙人,kṣāntivādī ṛṣi)

‘인욕선인’은 석가모니부처님의 전생에 사상이나 무상의 이치를 잘 수행하셔서 화를 내지 않았던 수행자를 뜻합니다.

14-14

tasmāt tarhi Subhūte bodhisattvena mahāsattvena sarva-saṃjñā-vivarjayitvā-anuttarāyāṃ samyaksam-bodhau cittam utpādayitavyam. na rūpa-pratiṣṭhitaṃ cittam utpādayitavyam,

是故 須菩提 菩薩 應離一切相 發阿耨多羅三藐三菩提心
시고 수보리 보살 응리일체상 발아뇩다라삼먁삼보리심

그러므로 수보리야! 보살은 마땅히 일체의 상을 떠나 최상의 바른 깨달음의 마음을 내야 한다.

14-15

na śabda-gandha-rasa-spraṣṭavya-dharma-pratiṣṭhitaṃ cttam utpādayitavyam, na dharma-pratiṣṭhitaṃ cittam utpādayitavyam, na dharma-pratiṣṭhitam cittam utpādayitavyam, na kvacit-pratiṣṭhitam cittam utpādayitavyam.

不應住色生心 不應住聲香味觸法生心 應生無所住心
불응주색생심 불응주성향미촉법생심 응생무소주심

어떤 형색에 머무름 없이 마음을 내야하며 소리, 냄새, 맛, 감촉, 마음의 대상에도 머무름 없이 마음을 내어야 한다.

14-16

tat kasya hetoḥ? yat pratiṣṭhitaṃ tad eva-apratiṣṭhitam.

若心有住 則(卽)爲非住
약심유주 즉 위비주

마땅히 머무름 없이 마음을 내어야 한다.

14-17

tasmād eva Tathāgato bhāṣate: apratiṣṭhitena bodhisttvena dānaṃ dātavyam. na rūpa-śabda -gandha-rasa-spraṣṭavya-darma-pratiṣṭhitena dānaṃ dātavyam.

是故 佛說菩薩 心不應住色布施
시고 불설보살 심불응주색보시

그러므로 보살은 형색에 머무름 없이 마땅히 보시해야 한다고 여래는 설했다.

14-18

api tu khalu punaḥ Subhūte bodhisattveaivaṃrūpo dāna-parityāgaḥ kartavyaḥ sarva-sattvānām arthāya.

須菩提 菩薩 爲利益一切衆生 應如是布施
수보리 보살 위이익일체중생 응여시보시

수보리야! 보살은 모든 중생을 이롭게 하기 위해 마땅히 이와 같이 보시해야 한다.

14-19

tat kasya hetoḥ? yā caiṣā Subhūte sattva-saṃjñā saiva-a-saṃjñā. ya evaṃ te sarva-sattvās Tathāgatena bhāṣitās ta eva-a-sattvāḥ.

如來說一切諸相 卽是非相 又說一切衆生 則(卽)非衆生
여래설일체제상 즉시비상 우설일체중생 즉 비중생

여래가 설한 모든 상도 곧 상이 아니며,
일체 중생이라고 설한 것도 또한 일체중생이 아니다.

14-20

tat kasya hetoḥ? bhūta-vādī Subhūte Tathāgataḥ satyavādī tathāvādy ananyathāvādī Tathāgataḥ. na vitatha-vādī Tathāgataḥ.

須菩提 如來是眞語者 實語者 如語者 不誑語者 不異語者
수보리 여래시진어자 실어자 여어자 불광어자 불이어자

수보리야! 여래는 참말을 하는 이고, 실다운 말을 하는 이며,
속임 없이 말하는 이며, 똑같이 말하는 이다.

14-21

api tu khalu punaḥ Subhūte yas Tathāgatena dharm-o’ bhisambuddho deśito nidhyāto, na tatra satyaṃ na mṛṣā.

須菩提 如來所得法 此法無實無虛
수보리 여래소득법 차법무실무허

수보리야! 여래가 얻은 법에는 실다움도 없고 거짓도 없다.

14-22

tadyathā-api nāma Subhūte puruṣo' ndhakāra- praviṣṭo na kiṃcid api paśyet, evaṃ vastu-patito bodhisattvo draṣṭavyo yo vastu-patito dānaṃ parityajati. tadyathā. api nāma Subhūte cakṣuṣmān puruṣaḥ prabhātāyāṃ rātrau sūrye' bhyudgate nānāvidhāni rūpāṇi paśyet, evam a-vastu-patito bodhisattvo draṣṭavyo yo' vastu-patito dānaṃ parityajati.

須菩提 若菩薩 心住於法 而行布施 如人入暗 則(卽)無所見
수보리 약보살 심주어법 이행보시 여인입암 즉 무소견
若菩薩 心不住法 而行布施 如人有目 日光明照 見種種色
약보살 심부주법 이행보시 여인유목 일광명조 견종종색

수보리야! 보살이 마음의 법에 머물러서 보시하는 것은 마치 사람이 캄캄한 어둠 속에 들어가면 아무것도 볼 수 없는 것과 같고,

만약 보살이 마음에 머물지 않는 마음으로 보시하는 것은 마치 눈 밝은 이가 햇빛이 밝게 비치면 갖가지모양을 볼 수 있는 것과 같다.

14-23

api tu khalu punaḥ Subhūte ye kulaputrā vā kuladuhitaro vemaṃ dharmaparyāyam udgrahīṣyanti dhārayiṣyanti vācayiṣyanti paryavāpsyanti parebhyaś ca vistareṇa samprakāśayiṣyanti, jñātās te Subhūte Tathāgatena buddha-jñānena, dṛṣṭās te Subhūte Tathāgatena buddha-cakṣuṣā, buddhās te Tathāgatena. sarve te Subhūte sattvā aprameyam asamkhyeyaṃ puṇya-sandhaṃ prasaviṣyanti pratigrahīṣyanti.

須菩提 當來之世 若有善男子善女人 能於此經 受持讀誦 則(卽)
수보리 당래지세 약유선남자선여인 능어차경 수지독송 즉
爲如來 以佛智慧 悉知是人 悉見是人 皆得成就無量無邊功德
위여래 이불지혜 실지시인 실견시인 개득성취무량무변공덕

수보리야! 오는 세상에 선남자선여인이 이 경전을 받고 지니고 읽고 외운다면 여래가 부처님의 지혜로 이 사람을 다 알며 한량없는 공덕을 성취하게 될 것임을 다 안다.”

❀

이 부두에서는 '사상四相'을 여의였을 때라야만 비로소 초기불교(初期佛教)에서 대승불교(大乘佛教)로 나아가는 '해탈열반'의 성취됨을 설하고 계십니다.

14-01의 뜻에 대해 장수대사는『금강경 간정기』에서 이렇게 말씀하셨습니다.

> '사신등(捨身等)'이란 구슬피 서럽게 우는 눈물이 무슨 이유인가를 설명하였고, 거기에는 세 가지 뜻이 있다. 첫째는 저 몸을 버리는 것이 그 공덕만 헛되게 한 것을 슬퍼한 것이니, 항하의 모래 수만큼 목숨을 버린다 하더라도 지설(持說)보다 못하다. 그 깊은 뜻에 도달하지 못하여 수고롭게 아무런 공덕이 없다는 뜻이다. 둘째는 무량겁동안 만나기 어려웠던 것을 슬퍼한 것이니, 범부로서는 도저히 듣지 못했다면 그것은 그렇다 하더라도 성과(聖果)에 들어왔으면서도 또한 듣지 못하였다. 하는 뜻이다. 셋째는 지금 듣게 된 것을 기뻐하고 벅찬 기쁨이 지니친 니머지 슬픔이 된 것이니, 수보리존자가 그 깊은 뜻을 처음으로 듣는 것이 본래 소망이 아니기에 눈물을 줄줄 흘리면서 크나큰 기쁨을 표현한 것이다. (捨身等者悲泣之由然有三意一謂傷彼捨身虛其功故意云捨命河沙劣於持說不達深旨勞而無功二謂悲曩劫不逢遇故意云在凡不聞固當其分自階聖果亦未聞之三謂慶今得聞喜極成悲故善吉棚聞深法非本所望涕淚交流以彰極喜).86)

14-02의 뜻에 대해서 장수대사는『금강경 간정기』에서 이렇게 말씀하셨습니다.

---

86) 『상게서』, P.456

만약 법에 주하여 보시를 한다면 진여(眞如)를 얻지 못한 것이 마치 어두움 속에 들어가 아무것도 보지 못함과 같고, 만약 머무름이 없이 보시를 한다면 진여 얻음은 마치 태양이 하늘에 솟아나 무엇인들 보고 분별하지 못하겠는가? 진여는 비록 두루하여 잃어버린 것은 사람에게 있음이요, 이렇게 이치가 분명한데 더 무엇을 의심하리오. (若住法行施則不得眞如如入闇中一無所見若無住行施則得眞如如太陽昇天何所不矚眞如雖徧得失在人義理昭然竟何所惑)87)

장수대사는 『금강경 간정기』에서 『찬영기(纂靈記)』를 인용하셨습니다.

수나라 때 익주의 신번현(新繁縣)의 왕자부락(마을)에 구씨라는 한 서생이 살았는데 그의 이름은 알 수 없었다. 그는 항상 마을 동쪽 허공의 사방을 향해 무슨 글을 쓰고 있었다. 하여 부락사람들이 물었습니다. "무엇을 그렇게 쓰고 계십니까?"하였더니 "금강경을 쓰고 있습니다."라고 대답하셨습니다. "무엇 때문에 그렇습니까?" "예 제천(諸天)들에게 경을 읽게 하기 위함입니다." 당시 부락사람들이 보고 들어 참인가 거짓인가 어리둥절해 했습니다.

어느 날 마침 장마 비가 와서 온통 물로 범벅이 되었으나, 오직 금강경을 썼던 이곳 사방은 지붕이 덮고 있는 것처럼 전혀 젖지를 않았습니다. 소먹이는 목동들이 그곳에 비를 피했으며, 아무런 연유를 몰랐습니다. 무덕(당 고종 때, 618-628)초에 서역스님이 중국에 왔고, 용모가 조금은 기이한데 그분이 이곳에 예배를 올리자 그 부락사람이 물었습니다. "이곳에는 부처님이 모셔진 법당이나 탑도 없는데 어찌하여 예배를 올립니까?" "그대들은 이 부락에 사십니까?" "예 그렇습니다." "당신들은 모르고 있습니다. 여기는 금강경이 쓰여져 있어 제천이 그 위를 덮고 공양이 끊이질 않습니다. 어찌하여 이렇게 발로 짓밟아 더럽힐 수 있습니까?"하여 그 부락사람들이 이곳이 바로 구서생이 경을 썼던 곳인지 알게 되었고, 벽돌로 사방을 쌓아서 보호하고 더럽히지 못하게 하고 또 재일이 되면 잊지 않고 공양을 올리면 가끔씩 하늘에서 음악소리를 듣곤 했답니다.

87) 『상게서』, p.494

지금까지도 그곳은 비가와도 젖지 않고, 아무 표식도 없는 허공중에 경을 쓰더라도 그 공덕이 이와 같은데 더더욱 표시가 분명한 종이위에는 더욱 그렇겠지요. (纂靈記說隋朝益州新繁縣王者村有書生姓苟未詳其名於彼村東空中四面書之村人謂曰書者何也曰我書金剛般若經曰何用焉曰與諸天讀之時人見聞若存若亡彼屬霖雨流水雱霈唯此地方丈餘間如堂閣下竟無沾溼於是牧童每就避雨時人雖在莫知所由至武德初有西僧至神猊頗異於此作禮村人謂曰前無殿塔爲何禮耶曰君是鄉人耶曰然僧曰君大無識此有金剛般若經諸天眞蓋其上不絶供養云何汗踐使其然乎村人乃省苟生寫經之處自此遂踐甃甓嚴闌護之不今汗踐苟至齋日每常供養瞻禮者往往有聞天樂之聲迄今其處雨不能溼且空書無迹尙乃如斯況紙素分明而不能爾)[88]

'성문승'에서 '대승'으로의 감격에 대해 규봉선사(圭峰禪師)는 『금강경오가해』에서 이렇게 말씀하셨습니다.

몸을 버린 고통도 이미 사람의 마음을 감동시키는데 어찌해 다시 듣고 지니고 설하는데 미치지 않겠는가? 그런 까닭에 슬피 울었던 것이다. 논(論)에서 이르기를 저 몸의 고통을 생각해서 법을 존중하고 숭앙하기 때문에 슬피 울며, '혜안'은 '인공(人空)'이요, 듣지 못한 것은 '법공(法空)'이다.

'비상(非相)'이 바로 '실상(實相)'이라, 혜능 선사는 이렇게 말씀하셨습니다.

어리석고 미하여 십착을 안고서 무생의 이지를 깨닫지 못하고 상에 집착하여 육도 윤회하니, 이때 깊은 경을 얻어듣고 맑은 마음으로 공경하고 믿어서 무생의 이치를 깨닫는 자는 심히 희유함이 되므로 '제일 희유'라 한다. 여래멸후 오백세에 만약 어떤 사람이 능히 반야바라밀의 심히 깊은 경전을 신해수지하면은 바로 알 지어다! 이 사람은 아상·인상·중생상·수자상이 없음이니, 이 네 가지 상이 없어지면 이것을 이름 하여 '실상'이라 한다. 이는 바로 불심이며 일체 모든 상을 떠난 것을 이름하여 '제불(諸佛)'이라 하신다.

라고 하셨으며, 묘리(妙理)를 깨닫는 '비실상'이 바로 '실상'임을 가르쳐

88) 『상게서』, pp.508-9

줍니다.

'인욕선인(忍辱仙人)'과 '사상(四相)'에 대해 규봉 선사는 이렇게 말씀하셨습니다.

가리왕은 '극악무도'라 하니 부처님이 옛날 선인(仙人)으로 산중에서 수도할 때 왕이 사냥하다 피곤하여 잠든 사이에 그 왕비들이 모두 선인께 예배하니, 왕이 '사과(四果)'를 얻었냐는 물음에 못 얻었다고 말하니 왕이 노하여 몸을 베었는데, 하늘이 노하여 돌비를 내려서 왕이 놀라 참회하였다. 선인은 본래 성내지 않음을 증득(忍辱菩薩)하였으므로 왕이 해(害)를 면했다. 논에서 이르기를 다만 고(苦)가 없을 뿐 아니라, 즐거움까지 있으니 자비심의 발로라 하였다.

만약 인욕선인이 아상이 있었다면 온몸을 베일 때 괴로움과 고통은 말로 표현하기 어려웠을 것입니다. 그 것을 아상을 여읜 힘이라 하겠고, 사상을 여읜 것은 얼마나 헤아릴 수 없는 공덕과 힘이 있겠습니까?

혜능 선사는 이렇게 말씀하셨습니다.

진경(瞋境: 아픔을 참는 경계)이 마음에 있음을 보면 바로 그릇된 것이고, 진경이 마음에 있음을 보지 못하면 바로 올바른 것이다. 신상(身相)이 저 해(害)당함이 있음을 보면 바로 그른 것이고, 몸의 해당함을 볼 수 없으면 올바른 것이다. 여래가 인중(因中: 인행시)의 초지(初地)에 있을 때에 일찍이 인욕선인이 되어 가리왕에게 신체가 할절(割截: 신체가 갈기갈기 찢겨)될 때 한 생각도 아파하거나 괴롭다는 생각이 없으셨습니다. 만약 아프고 괴로움이 마음에 있으면 바로 진노하였을 것이다. 가리왕은 범어인데 극악무도한 임금이라 하네. 일설(一說)에는 여래가 인중(忍中: 전세)에 일찍이 국왕이 되어서 늘 십선(十善)을 행하여 창생(蒼生)을 이익 되게 하시니 국민이 이 왕을 노래로서 칭하기를 가리(歌利)라 불렀다. 왕이 무상보리를 구하여 인욕행을 닦으니, 이때 제석천이 전다라(栴陀羅: 백정)로 변하여 왕의 신육(身肉)을 구걸하므로 왕이 바로 베어 베풀면서 조금도 성내거나 괴로워하지 않았다 하니, 지금의 두 가지 설이 있는 이치에 다 통한다.

라고 하셨습니다. 해탈·열반으로 가는 바른 수행은 머물고 집착함을 여의였을 때 비로소 보이는 것이라 하겠습니다.

또 혜능 선사는 말씀하셨습니다.

일체 법에 마음이 머물고 집착하면 바로 삼륜(三輪)[89]의 체(體)가 공(空)함을 요달하지 못하면 그것은 마치 눈먼 자가 어두운 곳에 있는 것 같아서 밝게 아는 바가 없는 것과 같다. 『화엄경』에서 이르기를, 성문들은 여래회중(如來會中)에서 법을 들으면 앞 못 보는 맹인과 같고, 듣지 못한 귀머거리와 같이 법상(法相)에 머물렀기 때문이요, 만약 보살이 늘 반야바라밀다의 무착무상행(無着無相行)을 실천한다면 사람이 눈이 있고 밝은 햇빛 속에서 보니 무엇을 보지 못하겠는가?

라고 하셨습니다. 그것은 바로 해탈 열반으로 가는 나침판과 같습니다.

모든 반야부 경전에서 설하고 있는 '공(空:śūnya)'이란 무엇인가? 이를 해석이 아닌 설명의 문화에 주안점을 두고 간략하게 서술하겠습니다. 용수보살(龍樹菩薩)조 라집 삼장역 『중론(中論)』 제24장 「관사제품(觀四諦品)」 제 8·9·10게송을 인용하여 문자의 허구를 인정하면서 조심스럽게 접근해 보겠습니다.

89) 삼륜三輪 : 보시하는 물건 또는 마음, 보시하는 이, 보시 받는 이

우선은 부처님께서 성도하신 전후의 인도사상계를 보면 크게 세 부류로 나누어 볼 수 있습니다.

하나는 관념주의의 전형인 바라문 계열의 자아(ātman)의 실체성을 전제하는 '전변설(轉變說)', 둘은 유물론의 전형을 보여주는 '적취설(積聚說)', 셋은 육사외도(六師外道)입니다.

① 순세파의 아지타 : '감각적 유물론'으로 이 세계는 지·수·화·풍 사대로 이루어 졌다고 보았고, 파멸과 소멸, 도덕과 종교적 행위 내세를 부정하고 오직 현세에 주안점을 둔 쾌락주의자겸 회의론자였습니다.

② 불가지론의 산자야 : 사리불·목건련존자도 그의 제자였으며, 인식의 대상을 객관적인 타당성을 부정하며, 종교·도덕적 행위를 불확실하여 판단중지를 설하고, 뱀장어처럼 미끈미끈하여 좀처럼 잡을 수 없는 교설을 전개하였습니다.

③ 사명외도 또는 숙명론자의 막칼리 : 마굿간에서 태어나 모든 생명체는 영혼, 지, 수, 화, 풍, 허공, 득, 실, 고, 락, 생사를 궁극적 실체로 여기며, 업의 윤회를 부정한 '무인론(無因論)' 또는 숙명론자로 한때 자이나교에 들어가 고행에 회의를 느껴 새로운 교세를 확장하여 불교 자이나교와 더불어 14세기 까지 남인도에서 성행하였습니다.

④ 푸라나 : 수드라출신으로 살인·약탈·간음·거짓말 등 도덕적 행위인 선악의 행위에 대해 과보를 인정하지 않는 '도덕부정론'을 주장하였습니다.

⑤ 파쿠다 : 지, 수, 화, 풍, 고, 락, 명아(命我: 생명) 등 7요소를 인정한 유물론자로 칼로 사람을 죽여도 7요소를 통과한 것으로 간주하고 따뜻한 물은 취하나 찬물을 금하였습니다.

⑥ 자이나교조 니칸타나 나타풋다는 마하비라(Mahāvīra, 大雄) 또는 지나(Jina, 勝者)의 교설은 불살생, 불망어, 이불여취(離不與取), 불사음, 무소득, 5대

서원이 근본이고 사상은 운동의 조건, 정지의 조건, 허공, 영혼, 물질을 있다고 보았습니다. 자이나교는 단식 중에 자살을 칭송하고, 후대에는 나형파(裸形派: 옷을 입지 않는 그룹)와 백의파(白衣派: 흰옷을 입음)로 나누어졌습니다. 전통은 나형파로 무소유를 고수하며, 무엇이든 판단 분별할 때는 "아마 그럴 것이다" 로 단정적인 판단을 보류하는 것을 특징으로 합니다. 내지는 다른 이질적인 육십이견 등등이 있었습니다.90)

수행의 방법 가운데 애욕의 쾌락과 고행주의는 양극단에 치우쳐서는 수행의 결과로 깨우침엔 아무런 도움이 되지 않고 장애가 됨을 일깨워 중도(中道)91)를 설하셨습니다.

하여 우리 부처님께서는 전변설과 적취설 또는 인도 전역에 깊게 뿌리내린 사성계급(四姓階級)92)의 타파와 외도들에게 전하신 바른 대치법(對治法: 병을 고쳐주는 처방전), 사성제 팔정도와 연기법으로 중도의 이치를 설하셨습니다. 대승의 행자도 자연스럽게 아비달마 교학체계가 잘 이해될 때 반야부 경전에 나오는 공의 이치를 더 확고한 신념과 믿음으로 다가옵니다.

사성제의 네 가지 해석

『열반경』을 근거하여 천태대사는 '사종사제(四種四諦)'로 해석하고 있습니다. 예를 들어보면 지금의 『금강경』이나 반야부 경전류에 나오는 사성제는 장교(藏教: 연각·성문 니까야나 아함부류)의 '생멸사제(生滅四諦: 세속제에서 통용되는 고·집제와 출세간의 멸·도제로 생과 멸이 있어서 그렇게 부름)'로 대승불교의 반야부·화엄부·법화부·열반부에서 생멸사제로 설명이나 해석을 한다면 그윽함을 반감시킬 위험이 있다는 이야기입니다. 하여 『열반경』과 『대지도론』에서

90) 藤田宏達 外, 권오민역, 『초기`부파불교의 역사』,민족사, 1989, pp. 24-34. 참조
91) 현악기를 연주할 때 너무 줄이 느슨함과 꽉 조임은 절대 음을 내지 못함과 같은 의미
92) ① 사제자, brāhmaṅa바라문. ② 왕족, Ckṣatriya 찰제리. ③ 평민, vaiśya 바이샤. ④ 노예, śūdra수드라

도 사제를 '통교(通教: 대승의 초입으로 이승과 삼승에 두루 통하여)' 방등·반야부의 '무생사제(無生四諦: 일체를 공성空性의 바른 이해로 고·집·멸·도제가 일어나지 않음으로)'로 설명하고 있습니다. 또한 별교(別教: 보살에게만 설해짐으로) 화엄부 경전류에서는 '무량사제(無量四諦)'로, 원교(圓教: 끊어야 할 고·집제도 없고 현실세계를 떠나서는 닦고 증득할 열반도 없기에) 법화·열반부에서는 '무작사제(無作四諦)'라 하였습니다." 93)

대승불교에서도 선택이 아닌 필수조건으로 큰 흐름의 맥을 짚어보면 깨달음의 초전법륜에서는 '사성제(四聖諦: 고제·집제·멸제·도제)'를 설하시고, 그 실천 덕목으로서 '팔정도(八正道)'로 가르침을 주셨습니다. '팔정도'는 정견(正見)·정사유(正思惟)·정어(正語)·정업(正業)·정명(正命)·정정진(正精進)·정념(正念)·정정(正定)으로 각각 실천덕목을 제시하고 있습니다.

1) 정견은 사성제와 사견(邪見)을 관찰해서 정해(正解)로 이해하는 실천덕목으로.

2) 정사유, 정어, 정업 세 가지는 바람직한 생활로서 신·구·의 삼업을 잘 다스려 십선을 실천덕목으로.

3) 정명은 재가불자는 바른 직업으로, 수행자는 다섯 가지 사명(邪命)을 경계하는 실천덕목으로.

4) 정정진은 사정근(社精勤)94)을 실천덕목으로

5) 정념은 사념처(四念處)95)를 실천덕목으로

93) 지창규, 『천태불교』 법화학림, 2005, pp.364-5.

94) 1. 생긴 악을 끊으려는 노력(斷斷), 2. 아직 생기지 않는 악을 미리 끊으려는 노력(律儀斷), 3. 생기지 않는 선을 생기도록 노력(隨護斷), 4. 이미 생긴 선은 증장시키려는 노력(修斷).

95) 1. 신념처(身念處) : 부모로부터 받은 내 몸이 부정하다고 관하는 것, 2. 수념처(受念處) : 음행·재물 등을 낙이 아니라 고통이라고 관하는 것, 3. 심염처(心念處) : 우리네 마음은

6) 정정은 사선(四禪)의 실천덕목으로 축약할 수 있습니다.

하여 중도=사성제=팔정도=연기=공으로 그 뿌리는 초기불교의 사상을 훌륭히 계승하고 있습니다.

즉 용수보살도 부처님 재세 시와 같이 당시 인도의 불교내부에서는 설일체유부, 개인 아를 인정한 경량부, 독자부 등은 아공(我空)과 인공(人空)은 인정하나 법공(法空)을 실유로 집착함에 대치하였습니다. 한편 용수보살은 불교외부의 상키아, 바이세시카, 미망사, 니야야 등에 대하여 부처님께서 중도를 처방전을 하듯 부정명제인 팔불(八不: 不生, 不滅, 不常, 不斷, 不一, 不異, 不來, 不去)로서 사구부정(四句否定)으로 공의 의미를 연기법으로 대치하였습니다. 유무에서 허덕이는 이들에게『중론』24 「관사제품」 제1 게송에서 6 게송에서 다음과 같이 공(空)을 무(無)로 보는 허무주의를 경책합니다.

> 만약 일체가 모두 공이라면 생하지도 않고, 멸하지도 않는다. 이와 같다면 네 가지 성스런 진리가 있지도 않다. 네 가지 성스런 진리가 없음으로 인하여, 고의 견해와 집착의 단멸과 멸의 증득과 도 닦는 모든 일이 있지 않다. (若一切皆空 無生亦無滅 如是則無有 四聖諦之法 / 以無四諦故 見苦與斷集 證滅及修道 如是事皆無/)

> 이러한 일들이 없음으로 인하여 사성과(四聖果)가 없음으로 인하여, 성인으로 향한 과와 향도 있지 않다. 만약 여덟 가지 현성이 없다면 승보도 있지 않고, 성스런 사성제가 없음으로 인하여 또한 법보도 있지 않다.(以是事無故 則無四道果 無有四果故 得向者亦無/ 若無八賢聖 則無有僧寶 以無四諦故 亦無有法寶)

> 법보와 승보가 있지 않다면 어떻게 불보가 있겠는가? 이와 같이 공을 설하면 이는 삼보를 파괴하는 것이다. 공성의 법은 과보(인과)를 파괴하고, 또한 죄와 복을 파괴하며 또한 모든 것을 파괴하며 일체 세간법을 파괴한다.(以無法僧

늘 있는 그대로가 아니라 생멸의 무상함을 알고 관하는 것, 4. 법염처(法念處) : 자아의 실체가 없다는 무아관을 관하는 것.

寶 亦無有佛寶 如是說空者 是則破三寶 / 空法壞因果 亦壞於罪福 亦復悉毀壞 一切世俗法)[96]

또 공(空)을 유(有)로 보는 이에게 게송 제 20~30게송으로 집착을 다음과 같이 경책합니다.

만약 일체가 불공이라면 생함도 없고 멸함도 있지 않다. 이와 같다면 성스런 사제법도 있지 않다. 만약 연기하지 않고 생한다면 어떻게 괴로움이 있겠는가? 무상은 그것이 괴로움인데 자성이 있다면 무상은 있을 수 없다.(若一切不空 則無有生滅 如是則無有 四聖諦之法 / 苦不從緣生 云何當有苦 無常是苦義 定性無無常)

만약 괴로움에 자성이 있다면 어떻게 집제로부터 생기겠는가? 그러므로 집제가 없으니 공의 뜻을 파괴하는 것이다. 괴로움에 만약 자성이 있다면 어떻게 멸함이 있을 수 있겠는가? 그대는 자성에 집착함으로 인하여 멸제를 파괴하는 것이다. (若苦有定性 何故從集生 是故無有集 以破空義故 / 苦若有定性 則不應有滅 汝著定性故 卽破於滅諦 /

괴로움에 만약 자성이 있다면 도 닦음이 있지 않다. 만약 도에 수습이 가능하다면 자성이 있지 않다. 만약 성스런 괴로움이 없다면 집제와 멸제도 있지 않다. 괴로움을 멸하는 도도 필경은 어디에 다다르겠는가? (苦若有定性 則無有修道 若道可修習 卽無有定性/ 若無有苦諦 及無集滅諦 所可滅苦道 竟爲何所至)

만약 괴로움에 정해진 자성이 있다면 이제까지 보지 못한 것이라면 어찌 보이겠는가? 그 자성이 다르지 않네. 견을 보는 것은 그렇지 않는 것과 같이 집제의 끊음과 멸제의 증득함은 도를 닦는 네 가지 과와 이것도 또한 다 그렇지 않다.(若苦定有性 先來所不見 於今云何見 其性不異故/ 如見苦不然 斷集及證滅 修道及四果 是亦皆不然)

96) 『대정장』30, p. 32. 중~하.

이 네 가지도의 자성은 이제까지 얻어지지 않는다. 모든 법의 자성이 고정되어 있다면 어떻게 얻을 수 있겠는가? 만약 네 가지 과가 없다면 성인의 사향을 얻은 이가 없으며 여덟 성인이 없음으로 인하여 승보가 있을 수 없다. 성스런 사제가 없음으로 법보 또한 있을 수 없으며 법보와 승보가 없으니 어찌하여 불보가 있겠는가? (是四道果性 先來不可得 諸法性若定 今云何可得 / 若無有四果 則無得向者 以無八聖故 則無有僧寶 / 無四聖諦故 亦無有法寶 無法寶僧寶 云何有佛寶)97)

위에서 보듯이 공을 있음과 없음으로의 양극단에 치우친 것을 경책하셨습니다.

대승불교의 기본이념이며 기본교의(教義)가 바로 공사상(空思想)인데, 바른 이해의 출구가 제8~10게송에 보입니다.

모든 부처님은 두 가지 진리로서 중생들에게 설법하시나니, 그 하나는 세간에 통용되는 '세속제(世俗諦)'요, 다른 하나는 궁극에 진리인 출세간의 진리인 '제일의제(第一義諦·勝義諦)'이다.(諸佛依二諦 爲衆生說法 一以世俗諦 二第一義諦)

만약 어떤 사람이 능히 두 가지 진리의 다름을 알지 못한다면 심오하고 깊은 불법의 뜻을 알지 못한다.(若人不能知 分別於二諦 則於深佛法 不知眞實義)

만약 세속에 의지하지 않는다면 출세간 진리인 '제일의제'를 얻지 못하며, '제일의제'를 얻지 못하면 '열반' 에 도달하지 못한다.(若不依俗諦 不得第一義 不得第一義 則不得涅槃.)98)

---

97) 『상게서』, pp. 33중~34상.

98) 『상게서』, pp.32하~33상

위의 게송은 우리네 삶이 말과 언어를 떠나서는 그 어떤 설명도 할 수 없고, 부처님의 교시(教示)도 세속의 언어나 문자를 떠나서는 바른 부처님 법도 요원하다는 뜻이겠지요. 하여 언어가 허구라는 것도 언어에서 출발하지 않으면 그것은 반쪽짜리 진실일 뿐입니다. 소납은 짧은 사견(私見)으로 '공'을 색으로 표현해 보았습니다. 바로 '투명한 색'입니다. 또한 '공'은 수학에서 '0'과 같은 의미입니다. '0'이라는 숫자가 있기에 '+'도 '-'도 같은 공식이 가능하지, 그 본체며 기본 틀인 '0'의 숫자가 없으면 어떤 공식도 설명이 곤란하게 됩니다. '공' 도 또한 대승경전에 새로운 감로수 역할을 합니다. '진공묘유'란 공간 확보를 하지 않은 있음으로 인因의 성질을 띠고 있어 연만 충족되면 언제라도 짝짓기를 완벽하게 준비된 상태를 말합니다. 즉 하늘에 기압골의 영향을 받으면 비·눈·우박·천둥·번개·낙뢰가 형성되는 것과 같다고 할 수 있습니다.

15. 경을 수지하는 공덕 분

第十五 持經功德分 (제십오 지경공덕분)

15-01

yaś ca khalu punaḥ Subhūte strī vā puruṣo vā pūrva-āhṇa-kāla-samaye Gaṅgā-nadī-vālukā-samān ātmabhāvān parityajet, evaṃ madhya-āhṇa-kāla -samaye Gaṅgā-nadī-vālukā-samān ātmabhāvān parityajet, sāya-āhṇa-kāla-samaye Gaṅgā-nadī-vālukāsa -mān ātmabhāvān parityajet, anena paryāyeṇa bahūni kalpa-koṭi-niyuta-śatasahasrāṇy ātmabhāvān parityajet;

須菩提 若有善男子善女人 初日分 以恒河沙等身布施 中日分

수보리 약유선남자선여인 초일분 이항하사등신보시 중일분

復以恒河沙等身 布施 後日分 亦以恒河沙等身 布施 如是無量

부이항하사등신 보시 후일분 역이항하사등신 보시 여시무량

百千萬億劫 以身布施

백천만억겁 이신보시

수보리야! 만약 선남자선여인이 아침나절에 항하의 모래 수만큼 몸을 보시하고 다시 점심나절에 항하의 모래 수만큼 몸을 보시하며 저녁나절에 항하의 모래 수만큼 몸을 보시하여, 이와 같이 무량한 백천만겁 동안 몸을 보시하더라도

초일분(初日分, pūrva-āḥṇa-kāla-samaye)

'초일분'은 새벽 3시~오전 9시(인·묘·진시)까지를 '초일분'이라 합니다.

이신보시(以身布施, ātmabhāvān parityajet)

몸으로 보시하더라도.

중일분(中日分, madhya-āhṇa-kāla-samaye)

'중일분'은 오전 9시~ 오후3시(사·오·미시)까지를 '중일분'이라 합니다.

후일분(後日分, sāya-āhāṇa-kāla-samaye)

'후일분'은 오후 3시~밤 9시(신·유·술시)까지를 '후일분'이라 합니다.

겁(劫, kalpa)

'겁'은 아주 기나긴 세월을 의미하나 『대지도론』에서는 '개자겁(芥子劫)'으로 사방 40 리의 성 안에서 가득한 개자 씨를 100년마다 한 개씩 꺼내어 마침내 전부를 꺼내더라도 1겁이 다 하지 않는다는 것과, '불석겁(拂石劫)'으로는 사방이 40리 되는 큰 돌을 100년 만에 한 번씩 엷은 천의(天衣)로 스치고 지나가 마침내 그 돌이 다 닳아 없어져도 1겁은 다하지 않는 것이며, 『현겁경(賢劫經)』에서는 '현겁(賢劫: Bhadra-kalpa)' 성·주·괴·공을 '4대겁'이라 하는데 과거의 대겁을 '장엄겁(莊嚴劫)' 현재의 대겁을 '현겁(賢劫)', 미래의 대겁을 '성수겁(星宿劫)'으로 나뉘며, 현겁의 '주겁(住劫)' 때에는 구류손불·구나함모니불·가섭불·석가모니불 등 1천분의 불이 출현하셨기에 '현겁'이라 합니다.

『구사론』에서는 인간의 수명을 무량 세 부터 100년에 1세씩 차차 감하여 10세가 되는 동안을 '1중'이라 하고, 다시 100년 마다 1세씩 늘어 8만세에 이르고, 다시 줄어 10세에 이르는 동안을 '1중겁'이라 하며, 이와 같이 18회를 반복하는 것을 '18중겁'이라 하고, 최후에 10세부터 다시 8만세에 이르는 동안을 '1중겁'이와 같이 20중겁이 세계가 이루어진 모양대로 유지되는 동안을 '주겁(住劫)'이라 하고, 줄어감을 '감겁(減劫)', 늘어나는 동안을 '증겁(增劫)', 그 다음 허물어져가는 동안을 '괴겁(壞劫)'이라 하고, 다음으로 텅 비어 있는 채로 있는 것을 '공겁(空劫)'이라 하며, 다시 세계가 이루어지는 동안을 '성겁(成劫)', 성겁의 시초를 '겁초(劫初)'라 하며, 성·주·괴·공겁을 '1대겁(大劫)'이라 합니다.

15-02

yaś cemaṃ dharmaparyāyaṃ śrutvā na pratikṣipet, ayam eva tato nidānaṃ bahutaraṃ puṇyaskandhaṃ prasunuyād aprameyam asamkhyeyam. kaḥ punar vādo yo likhitvodgṛhṇīyād dhārayed vācayet paryavāpnuyāt parebhyaś ca vistareṇa samprakāśayet.

若復有人 聞此經典 信心不逆 其福勝彼 何況書寫受持 讀誦
약부유인 문차경전 신심불역 기복승피 하황서사수지 독송
爲人解說
위인해설

만약 또 어떤 사람이 이 경전을 듣고 비방하지 않고 믿는 다고 하자. 그러면 이 복은 저 복보다 더 뛰어나다. 하물며 이 경전을 베껴 쓰고 받아 지니고 외우고 다른 이를 위해 설명해 줌이겠는가!

15-03

api tu khalu punaḥ Subhūte’cintyo’tulyo’yam dharmaparyāyaḥ.

須菩提 以要言之 是經 有不可思議不可稱量無邊功德
수보리 이요언지 시경 유불가사의불가칭량무변공덕

수보리야! 요약해서 말하면 이 경에는 생각할 수 없고 헤아릴 수 없는 한량없는 공덕이 있음이니

1504

ayaṃ ca Subhūte dharmaparyāyās Tathāgatena bhāṣit-o' gra-yāna-samprasthitānāṃ sattvānām arthāya śreṣṭha-yāna-samprasthitānām sattvānām arthāya,

如來爲發大乘者說 爲發最上乘者說

여래위발대승자설 위발최상승자설

여래는 대승에 발심하는 자를 위해 설하며 최상승에 발심하는 자를 위해 설하였다.

위발대승자(爲發大乘者, agra-yāna-samprasthitānāṃ sattvānām-arthāya)

대승에 발심하는 이를 말합니다.

최상승자설(最上乘者說, śreṣṭha-yāna- samprasthitānāṃ sattvānām

arthāya)

최상승에 발심한 이를 위하여 설하는 이를 말합니다.

15-05

ya imaṃ dharma-paryāyam udgrahīṣyanti dhārayiāṣyanti vācayiṣyanti paryavāpsyanti parebhyaś ca vistareṇa samprakāśayiṣyanti, jñātās te Subhūte Tathāgatena buddha-jñānena, dṛṣṭās te Subhūte Tathāgatena buddha-cakṣuṣā, buddhās te Tathāgatena. sarve te Subhūte sattvā aprameyeṇa puṇya-skandhena samanvāgatā bhaviṣyanti, acintyena-atulyena-aparimāṇena puṇya-skandhena samanvāgatā bhaviṣyanti. sarve te Subhūte sattvāḥ samāṃśena bodhiṃ dhārayiṣyanti.

若有人 能受持讀誦 廣爲人說 如來悉知是人 悉見是人 皆得成

약유인 능수지독송 광위인설 여래실지시인 실견시인 개득성

就不可量不可稱無有邊不可思議功德 如是人等則(卽)爲荷擔

취불가량불가칭무유변불가사의공덕 여시인등즉 위하담

如來 阿耨多羅三藐三菩提

여래 아뇩다라삼먁삼보리

만약 어떤 사람이 이 경을 받고 지니고 읽고 외워서 널리 다른 사람을 위해 설해준다면 여래는 이 사람이 헤아릴 수 없고 말할 수 없으며, 한량없고 생각할 수 없는 공덕을 성취할 것임을 다 알고 본다. 이와 같은 사람들은 여래의 최상의 바른 깨달음을 감당할 것이다.

15-06

tat kasya hetoḥ? na hi śakyaṃ Subhūte' yaṃ dharmaparyāyo hīna-adbhimuktikaiḥ sattvaiḥ śrotuṃ na-ātma-dṛṣṭikair na sattvadṛṣṭikair na jīva-dṛṣṭikair na pudgala-dṛṣṭikaiḥ. na-abodhisattva-pratijñaiḥ sattvaiḥ śakyam ayaṃ dharma-paryāyaḥ śrotuṃ vodgrahītuṃ vā dhārayituṃ vā vācayituṃ vā paryavāptuṃ vā. nedaṃ sthānaṃ vidyate.

何以故 須菩提 若樂小法者 着我見人見衆生見 壽者見 則(卽)

하이고 수보리 약요소법자 착아견인견중생견 수자견 즉

於此經 不能聽受讀誦 爲人解說

어차경 불능청수독송 위인해설

왜냐하면, 수보리야! 소승법을 좋아하는 자는 아견·인견·중생

견·수자견이 있다는 견해에 집착해서 곧 이 경을 능히 받아듣고 읽고 외우서 다른 사람을 위해 설명해 주지 못하기 때문이다.

약요소법자(若樂小法者, ayaṃ dharmaparyāyo hīna-adhimuktikaiḥ)

작은 법을 좋아 하는 이로 아상·인상·중생상·수자상에 집착하여 『금강경』이 귀에 쏙 들어오지 않는 자를 비유합니다.

15-07

api tu khalu punaḥ Subhūte yatra pṛthivīpradeśa idaṃ sūtraṃ prakāśayiṣyate, pūjanīyaḥ sa pṛthivīpradeśo bhaviṣyati sa-deva-mānuṣa-asurasya lokasya, vandanīyaḥ pradakṣiṇīyaś ca sa pṛthivīpradeśo bhaviṣyati, caitya-bhūtaḥ sa pṛthivīpradeśo bhaviṣyati.

須菩提 在在處處 若有此經 一切世間天人阿修羅 所應供養

수보리 재재처처 약유차경 일체세간천인아수라 소응공양

當知此處 則(卽)爲是塔 皆應恭敬 作禮圍繞 以諸華香 而散其處

당지차처 즉 위시탑 개응공경 작례위요 이제화향 이산기처

수보리야! 어디든지 이 경전이 있는 곳은 일체세간의 천상·인간·아수라들이 공양하리니 이곳이 곧 탑이리니 모두가 공경하고 예배하고 돌면서 그곳에 여러 가지 꽃과 향을 뿌릴 것이다.”

작례위요(作禮圍繞, vandanīyaḥ pradakṣiṇīyaś)

‘작례위요’는 주위나 둘레를 빙빙 돌며, 합장하고 예 갖춤을 뜻합니다.

❁

이 부두에서는 ‘믿음’·‘해설’·‘받아 지님’·‘이타행’이 ‘부처님’과 ‘탑’과 같다는 말씀을 전해주십니다. 『법화경』에서 ‘오종법사(五種法師)’의 공덕을 찬탄한 것과 같습니다.

혜능선사는 『금강경 오가해』에서 이렇게 말씀하셨습니다.

부처님이 설하시되 말법시대에 이 경을 듣고 믿는 마음을 역행하지 않는다면 사상(四相)이 나지 않음이요, 이는 바로 부처님의 지견(知見)이다. 이 사람의 공덕은 앞의 다겁토록 몸을 보시한 공덕보다 백천만억 배나 수승해 끝을 비유할 수 없으니, 한순간 경을 들어도 그 복이 오히려 많은데 하물며 다시 능히 베껴 쓰고, 받들어 지니고 읽고 외우고, 다른 사람에게 해설해 줌이겠는가? 마땅히 알 지어다! 이 사람은 결정코 아뇩다라삼먁삼보리를 성취할 것이다. 이런 까닭에 갖가지 방편으로 이와 같이 심히 깊은 경전을 설하며, 그로 하여금 모든 상을 떠나서 아뇩다라삼먁삼보리를 얻게 하신다. 얻은 바의 공덕은 그지없다. 대게는 다겁토록 몸을 버려 보시하여도 모든 상이 본래 공함을 깨닫지 못하면, 능히 버리는 것과 버릴 것이 마음에 있는 것이므로 원래 중생의 견해를 떠나지 못한 것이다. 능히 경을 듣고 도를 깨달아 아상·인상이 단박에 없어지면 바로 부처인 것이다. 저 목숨을 보시한 유루복(有漏福)을 가지고서 경을 가진 무루혜(無漏慧)에 비교하면 실로 미칠 수 없으니, 비록 시방세계의 무더기 보배와 삼세(三世)토록 몸을 보시함이라도 경의 사구게(四句偈)를 가지는 것만 못하다.

또한

상근기의 사람은 이 깊은 경전을 듣고서 부처님의 뜻을 깨달아 얻은 자기 마음의 경(經)을 갖게 되어 견성해 마치고, 다시 이타의 행을 일으켜서 남을 위해 해설하고, 모든 학자로 하여금 스스로 무상(無相)의 이치를 깨닫게 한다. 여래의 본성을 볼 수 있게 해서 무상도(無上道)를 이루게 한다. 마땅히 알지어다! 법을 설하는 사람의 얻은 바의 공덕은 끝이 없어서 가히 헤아릴 수 없도다. 경을 듣고서 뜻을 이해하여 가르침과 같이 수행하고, 다시 행하게 하면 바로 지혜광명이 있게 되어 번거로운 번뇌에서 벗어난다. 비록 번뇌는 벗어났으나 번뇌를 벗어났다는 생각을 하지 않으면 바로 아누다라삼먁삼보리를 얻게 되므로 하담여래(荷擔如來)99)라 이름 한다. 마땅히 알 지어다! 경을 가지는 사람은 저절로 무량무변의 불가사의 공덕이 있다.

또 다시

99) 등에 짊어지고 어깨에 메고 손에 쥠으로 수지(受持)보다 더 깊은 뜻.

만약 사람이 입으로만 반야를 외우고 마음으로만 반야를 실천해서 어느 곳에서나 무위·무상(無爲·無相)의 실천을 늘 한다면 이 사람이 있는 곳은 마치 부처님의 탑이 있음과 같다. 일체의 인천(人天)이 각기 공양하고 예를 올려 공경하기를 부처님과 다름없이 할 것이다. 능히 경을 지닌 자는 이 사람의 마음 가운데 스스로 세존이 있음이 되므로 부처님의 탑묘와 같다. 마땅히 알 지어다! 이 사람은 그 지은 복이 무량무변함이다.

16. 업장을 맑히는 공덕 분

第十六 能淨業障分 (제십육 능정업장분)

16-01

api tu ye te Subhūte kulaputrā vā kuladuhitaro vemān evaṃrūpān sūtrāntān udgrahīṣyanti dhārayiṣyanti vācayiṣyanti paryavāpsyanti yoniśaś ca manasi-kariṣyanti parebhyaś ca vistareṇa samprakāśayiṣyanti, te paribhūta bhaviṣyanti, suparibhūtāś ca bhaviṣyanti. tat kasya hetoḥ? yāni ca teṣāṃ Subhūte sattvānāṃ paurva-janmikāny aśubhāni karmāṇi kṛtāny apāya -saṃvartanīyāni, dṛṣṭa eva dharme tayā paribhūt- atatayā tāni paurvajanmikāny aśubhāni karmāṇi kṣapayiṣyanti, buddha-bodhiṃ ca-anuprāpsyanti.

復次 須菩提 善男子善女人 受持讀誦此經 若爲人輕賤 是人
부차 수보리 선남자선여인 수지독송차경 약위인경천 시인
先世罪業 應墮惡道 以今世人輕賤故 先世罪業 則(卽)爲消滅
선세죄업 응타악도 이금세인경천고 선세죄업 즉 위소멸

當得阿耨多羅三藐三菩提

당득아뇩다라삼먁삼보리

"또한 수보리야! 선남자선여인이 이 경을 받고 지니고 읽고 외우며 만약 남에게 천대와 멸시를 당한다면 이 사람이 전생에 지은 죄업으로 마땅히 악도에 떨어져야 하겠지만, 금생에 사람의 천대와 멸시를 받았기 때문에 전생의 죄업이 소멸되고 마땅히 최상의 바른 깨달음을 얻게 될 것이다.

업(業, karma)

불교에서는 근본원인과 직접적인 원인으로서의 '인(因)'과 보조적이고 간접적인 원인인 '연(緣)'과 결합하여, 나타났다고 보는 견해입니다. 예를 들어 본다면 콩을 심었는데 싹이 튼다면 '씨앗'은 '인'이고, 그 씨앗이 싹을 틀수 있게 됨은 '수분'과 '토양' 그리고 '햇빛' 등이 '연'이며, '열매'는 '과(果)'입니다.

1. 삼업(三業)

1) 신업(身業) : '신업'은 몸(身體)으로 하는 모든 활동의 영역으로 뭇 생명을 앗아가는 '살생(殺生)'과 남의 물건을 탐내어 대가 없이 취하는 '투도(偸盜)'와 결혼한 상대외의 이성을 탐하는 '사음(邪淫)'을 '신업'이라 합니다.

2) 구업(口業) : '구업'은 입(말)을 통한 언어의 모든 행위로 거짓말을 하는 '망어(妄語)'와 비단결처럼 꾸민 말의 '기어(綺語)'와 두 말로 이간시키는 '양설(兩舌)'과 속된 욕설(惡口)을 '구업'이라 합니다.

3) 의업(意業) : '의업'은 속마음으로 바라는 모든 행위로 과욕을 바라는 '탐심(貪)'과, 화내고 성내는 '진심(瞋)'과 잘못 알아서 병이되는 어리석음의 '치심(痴)'을 '의업'이라 합니다.

2. 표업(表業)과 무표업(無表業)

1) '표업'은 신·구업으로 겉으로 드러나서 '표업'이라 하며, 표업 그 자체는 앞으로 닦아올 어떤 결과를 야기할 인자(因子)를 잉태함을 이르는 말입니다.

2) '무표업'은 마음으로 하는 행위로 아직 나타나지 않아서 '무표업'이라 합니다.

3. 공업(共業)과 불공업(不共業)

1) '공업'은 함께 하는 공동의 행위로 선거 때 후보를 잘못 선택함이나, 여러 사람이 한사람을 바보 또는 따돌림을 하는 행위 또는 국가 간의 전쟁이나 무력충돌 등을 말합니다.

2) '불공업'은 개개인이 서로 다른 자신만의 행위를 말합니다.

4. 업의 결과가 나타나는 시간적인 분류

1) 순현업(順現業/現報業: dṛṭadharmavedanīya) : 업의 결과가 업을 지은 당대에서 나타남을 '순현업'이라하며, 『증일아함경』 권26에 석가족 재가불자 마하남의 이야기를 들 수 있습니다.

마하남이 열심히 수행하고 있을 때 코살라국의 유리왕은 석가족의 카필라국을 침공하였습니다. 그 침공에 앞서 두 번이나 공격하려 하였으나 석가모니부처님께서 뙤약볕에 무언의 설법으로 물러갔으나, 외가의 카필라국에 대한 어린 시절의 원한100)을 잊을 수 없어 부처님께 멀리 떠나 계시는 때에 카필라국을 함락시키게 됩니다. 유리왕은 석가족에게 잔인한 행동을 서슴없이 하게 됩니다. 이를 본 마하남은 자신이 연못 속에 잠겨 있는 동안만이라도 잔인한 행동을 멈춰 줄 것을 부탁하여 허락을 받고 물속에 들어간 마하남은 좀처럼 나오지 않아 조사를 해보니 물속 나무뿌리에 자신의 머리카락을 묶은 채 죽었습니다. 이를 본 유리왕은 더 이상 잔인한 학살을 멈추었습니다. 이것을 '순현업'이라 할 수 있습니다.

데바닷다도 승단의 분열과 부처님 몸에 상처를 입힌 오무간업의 과보로 부처님께 참회하러 가던 중 땅이 갈라져 죽음을 맡게 됩니다.

2) 순차업(順次業/生報業: upapadyavedanīya) : 업의 결과가 업을 지은 나음 생에 나타남을 '순차업' 이라 합니다. 『불오백제자자설본기경(佛五百弟子自說本起經)』 과 『근본설일체유부비나야약사(根本說一切有部毘奈耶藥事)』 등에서 나오는 신통제일 목련존자가 외도에 의하여 몽둥이로 타살되는 비극적인 생을 마칩니다. 그것은 전생에 부모를 학대한 과보 에서 왔기 때문에

100) 당시 인도의 가장 큰 세력을 가진 국가로서 석가족의 공주를 원했으나, 군신회의를 열어 석가족의 우월성을 내세워 천민 중 아리따운 여인을 석가족 공주로 속여 유리왕자를 낳게 됩니다. 유리왕자가 7~8세쯤 외갓집이라 하여 궁전 안에 부처님을 위한 법당이 새롭게 지은 곳을 들어가 뛰어 놀게 되는데, 그 때 관리자가 여기가 어디라고 천한 것이 여길 들어오느냐 하며 구박을 하게 됩니다.

'순차업'에 해당됩니다.

3) 순후업(順後業/後報業: aparaparyāyavedanīya): 업의 결과가 업을 지은 다다음 생에 나타남을 '순후업'이라 합니다.

응타악도(應墮惡道, apāya-saṃvartanīāni)

'응타악도' 는 당연히 악도에 떨어짐을 비유하는 말로, '악한 과보로 지옥, 아귀, 축생, 아수라' 등으로 태어날 곳을 의미합니다.

16-02

tat kasya hetoḥ? abhijānāmy ahaṃ Subhūe' tīte-dhvany asaṃkhyeyaiḥ kalpair asaṃkhyeyatarair Dīpaṅkarasya Tathāgatasya-arhataḥ samyaksambuddhasya pareṇa para-tareṇa catur-aśīti-buddha-koṭi-niyuta-śatasahasrāṇy abhūvan ye mayā ārāgitā ārāgyā na virāgitāḥ.

須菩提 我念過去無量阿僧祇劫 於然(燃)燈佛前 得值八百四千

수보리 아념과거무량아승기겁 어연 등불전 득치팔백사천

萬億那由他諸佛 悉皆供養承事 無空過者

만억나유타제불 실개공양승사 무공과자

수보리여! 내가 생각하니 과거 무량 아승지겁 전에 연등부처님 계신 곳에 팔백 사천만억 나유타의 모든 부처님을 만나 모두 공양하고 받들어 섬기며 헛되이 그냥 지나친 적이 없었다.

나유타(那由他, niyuta)

'나유타'는 헤아릴 수 없는 숫자로 대략 1천억입니다.

16-03

yac ca mayā Subhūte te Buddhā Bhagavanta ārāgitā ārāgyā na virāgitā, yac ca paścime kāle paścime samaye paścimāyāṃ pañcaśatyāṃ saddharma-vipralopa-kāle vartamāna imān evaṃrūpān sūtrāntān udgrahīṣyanti dhārayiṣyanti vācayiṣyanti paryavāpsyanti parebhyaś ca vistareṇa samprakāśayiṣyanti, asya khalu punaḥ Subhūte puṇyaskandhasya-antikād asau paurvakaḥ puṇyaskandhaḥ śatatamīm api kalāṃ nopaiti, sahasratamīṃ api śatasahasratamīṃ api, koṭitamīm api koṭi-śatatamīm api koṭi-śatasahasratamīṃ api koṭi-niyuta-śatasahasratamīm api, saṃkhyām api kalām api gaṇanām apy upamām apy upaniṣadam api yāvad aupamyam api na kṣamate.

若復有人 於後末世 能受持讀誦此經 所得功德 於我 所供養諸
약부유인 어후말세 능수지독송차경 소득공덕 어아 소공양제
佛功德 百分不及一千萬億分 乃至算數譬喩 所不能及
불공덕 백분불급일천만억분 내지산수비유 소불능급

만약 또한 어떤 사람이 오는 말법 세상에 능히 이 경을 잘 받고 지니고 읽고 외워서 얻은 공덕에 비하면, 내가 여러 부처님께 공양한 공덕은 백의 하나에도 미치지 못하고 천만 억의 하나에도 미치지 못하며 어떤 셈이나 비유로도 능히 미치지 못한다.

16-04

sacet punaḥ Subhūte teṣām kula-putrāṇāṃ kula-duhitrīṇāṃ vā-ahaṃ puṇyaskandhaṃ bhāṣeyam, yāvat te kulaputrā vā kuladuhitaro vā tasmin samaye puṇyaskandhaṃ prasaviṣyanti pratigrahīṣyanti, unmādaṃ sattvā anuprāpnuyuś citta-vikṣepaṃ vā gaccheyuḥ.

須菩提 若善男子善女人 於後末世 有受持讀誦此經 所得功德
수보리 약선남자선여인 어후말세 유수지독송차경 소득공덕
我若具說者 或有人聞 心則(卽)狂亂 狐疑不信
아약구설자 혹유인문 심즉광란 호의불신

수보리야! 만약 선남자선여인이 오는 말법 세상에 이 경을 받고 지니고 읽고 외우서 얻은 공덕을 내가 자세히 말한다면, 혹은 이 말을 듣는 이는 마음이 산란하여 의심하고 믿지 않을 것이다.

16-05

-api tu khalu punaḥ Subhūte' cintyo' yaṃ dharma-paryāyas Tathāgatena bhāṣitaḥ, asya-acintya eva vipākaḥ pratikāṅkṣitavyaḥ.

須菩提 當知 是經義 不可思議 果報 亦不可思議

수보리 당지 시경의 불가사의 과보 역불가사의

수보리야! 마땅히 알라. 이 경은 뜻은 가히 말할 수 없고, 그 과보도 또한 말이나 생각할 수 없다."

과보(果報, vipākaḥ)

'과보'란 몸으로 행한 업의 결과물과 입으로 행한 결과물, 그리고 생각(뜻)으로 행한 결과물을 '과보'라 합니다. 즉 우리네 삶 자체가 한 발을 움직이는 순간, 전화나 대화를 하는 순간, 마음속에 탐·진·치가 일어나는 순간,

또는 동체대비심이 발하는 순간에 이미 업에 따라 과보를 받게 됩니다.

업에 따라서 세 가지 과보로 나뉩니다. 첫째, 착하고 남을 배려하는 마음에서 이로운 과보를 받고, 둘째, 삼독심(탐·진·치)이 일어나는 순간 고통스러운 과보를 받고, 셋째, 무기(無記) 좋지도 나쁘지도 않는 이롭지도 해롭지도 않는(不苦不樂) 과보를 받습니다.

네 스스로 또는 자의반 타의반에 의한 행위(業)은 자재하여, 모든 신이나 인간들 중에도 이 업의 모양(相)을 바꿀 수 있는 자는 하나도 없습니다. 수만은 세월 동안 이 업은 항상 따라 다니며, 놓치지 않습니다. 마치 채권자가 채무자를 찾아다니듯, 또는 범죄인을 대통령 특사로 풀어주는 것이 없으며, 법의 공소기한도 없이 무한정 따라다니 것과 같습니다. 하여 『열반경』에서는 "허공중에서도 바다 속에서도 피할 수 없고, 산이나 복잡한 시중가운데 들어가도 면치 못한다. 어떤 곳에서도 이를 벗어나거나 과보를 받지 않을 수 없다."라고 하였습니다.

❀

이 부두에서는 ′업장′을 소멸하고 깨끗하게 맑혀주는 방법론과 ′자비희사(慈悲喜捨)′를 간절히 권유하시는 것입니다.

16-01의 해석에 대해 장수대사는 『금강경간정기』에서 이렇게 말씀하셨습니다.

> 과거에 극악무도한 죄를 지어 반듯이 내세(來世)에 삼악도(三惡塗)에 떨어질 수밖에 없는 이가 만약 이 경전을 만나 받아 지니고, 보고 소리 내어 읽는다면 그 공덕으로 극악무도한 죄가 소멸되고 현재 남에게 업신여김을 당함으로 인하여 다시는 악도에 떨어지지 않게 되며, 무거운 업(業)이 바뀌어 가벼이

받게 될 것이다.

또 경을 수지(受持)함으로서 아(我)등의 상(相)이 없어지는 것은 바로 번뇌장(煩惱障)이 소멸됨이요, 악도에 떨어지지 않음은 바로 보장(報障)이 소멸되는 것이다. 이렇게 삼장(三障)이 이미 소멸되면 반듯이 삼덕(三德)이 원만해지므로 반듯이 보리(菩提)를 얻게 되는 것이다. (意云如過去造極惡合來世隨三途者苟遇此經受持讀誦功力旣著能消極惡遂以現遭輕賤之事更不墮於惡道卽是轉重業今輕受也持經無我等相卽煩惱障盡極惡消滅卽業障盡不墮卽報障盡三障旣滅三德必圓故云當得菩提也)

혜능 선사는 『금강경 오가해』에서 이렇게 말씀하셨습니다.

부처님께서 말씀하시되 경을 가진 사람은 합당히 일체 인천(人天)의 공경과 공양을 받아야 하거늘, 많은 생에 업장(業障)이 있게 된 까닭에 금생에 비록 모든 부처님들의 깊고 깊은 경전을 수지하면서도 항상 남에게 업신여김을 당하고 남의 공경과 공양을 받지 못한다. 스스로 경전을 받아 지닌 까닭에 아·인 등의 상을 일으키지 않아 원수나 친한 이를 가리지 않고 늘 공경을 생활화하고, 마음에 번뇌와 원망이 없으며, 무엇인가 씻어버려야 할 좋고 나쁨이 없으며, 매 순간 늘 반야바라밀을 실천함에 물러섬이 없고, 능히 이와 같이 수행함으로서 무량겁으로부터 금생에 이르기까지 있었던 극히 무겁고 나쁜 장애를 모두 소멸한다 하셨다. 또한 이치로서 말하면 과거세의 망령된 마음이요, 금세는 뒷생각의 깨달은 마음이다. 뒷생각의 깨달음은 앞생각의 망령된 마음을 업신여겨서 망념이 이미 소멸됐으면 죄업이 성립돼지 못하며, 바로 보리를 얻음이 되는 것이다.

또한 다시

부처님이 말씀하시길, "말법중생은 덕이 엷고 번뇌가 무거우니 질투는 더더욱 깊어져서 많은 성인들이 숨어버리고 삿된 견해가 치성하다. 이러한 때에 만약 선남자 선여인이 이 경을 수지독송하면 모든 상을 원만하게 떠나게 되어 본래의 얻을 바가 없음을 깨달아서 생각 생각에 늘 자비희사(慈悲喜捨)와 속임 없이 부드럽게 하여 실천하면 끝내는 위없는 깨달음을 성취하거나 혹은 어떤 성문(聲聞)의 소견은 여래의 정법이 멸하지 않고 늘 있음을 알지 못하므로 여래가 멸한 뒤 후오백세에 어떤 사람이 능히 무상심(無相心)을 성취하고 무상행을 실천해 아누다라삼먁삼보리를 얻었다 함을 들었다면 바로 마음이 두려움을 내어 의심하고 믿지 않는다."

17. 궁극의 가르침엔 내가 없다는 분

第十七 究竟無我分 (제십칠 구경무아분)

17-01

atha khalv āyuṣmān SUBHŪTIR Bhagavantam etad avocat: kathaṃ Bhagavan bodhisattva-yāna- samprasthitena sthātavyam, kathaṃ pratipattavyam, kathaṃ cittaṃ pragrahītavyam?

爾時 須菩提白佛言 世尊 善男子善女人 發阿耨多羅三藐三菩提
이시 수보리백불언 세존 선남자선여인 발아뇩다라삼먁삼보리
心 云何應住 云何降伏其心
심 운하응주 운하항복기심

그때 수보리가 부처님께 여쭈었습니다. "세존이시여! 최상의 바른 깨달음을 얻고자 하는 선남자선여인은 어떻게 머물며 마땅히 어떻게 그 마음을 항복 받습니까?"

17-02

BHAGAVĀN āha: iha Subhūte bodhisattva-yāna-samprasthitenaivaṃ cittam utpādayitavyaṃ: sarve sattvā mayā-anupadhiśeṣe nirvāṇadhātau parinirvāpayitavyāḥ. evaṃ ca sattvān parinirvāpya, na kaścit sattvaḥ parinirvāpito bhavati.

佛告須菩提 善男子善女人 發阿耨多羅三藐三菩提者 當生如是
불고수보리 선남자선여인 발아뇩다라삼먁삼보리자 당생여시
心 我應滅度一切衆生 滅度一切衆生已 而無有一衆生 實滅度者
심 아응멸도일체중생 멸도일체중생이 이무유일중생 실멸도자

부처님께서 수보리에게 말씀하시길, "만약 선남자선여인이 최상의 바른 깨달음을 발하였으면 마땅히 이와 같은 마음을 내야한다. '내가 일체 중생을 모두 열반에 들게 하리라. 일체중생을 열반에 들게 하였지만 실제로는 한 중생도 열반에 든 중생이 없다.'

17-03

tat kasya hetoḥ? sacet Subhūte bodhisattavasya sattva-saṃjñā pravarteta, na sa bodhisattva iti vaktavyaḥ. jīva

-saṃjñā va, yāvat pudgalasaṃjñā vā pravarteta, na sa bodhisattva iti vaktavyaḥ.

何以故 須菩提 若菩薩 有我相人相衆生相壽者相 則(卽)非菩薩
하이고 수보리 약보살 유아상인상중생상수자상 즉　비보살

왜냐하면 수보리야! 만약 보살이 아상·인상·중생상·수자상이 있다면 보살이 아니기 때문이다.

17-04

tat kasya hetoḥ? na-asti Subhūte sa kaścid dharmo yo bodhisattva-yāna-samprasthito nāma.

所以者何 須菩提 實無有法 發阿耨多羅三藐三菩提者
소이자하 수보리 실무유법 발아뇩다라삼먁삼보리자

그런 까닭에 수보리야! 최상의 바른 깨달음에 나아가는 자라할 법이 실로 없는 까닭이다.

17-05

tat kiṃ manyase Subhūte asti sa kaścid dharmo yas Tathāgatena Dīpaṅkarasya-Tathāgatasya-antikād anuttarāṃ samyaksambodhim abhisambuddhaḥ?

須菩提 於意云何 如來於然(燃)燈佛所 有法得阿耨多羅
수보리 어의운하 여래어연등불소 유법득아녹다라
三藐三菩提不
삼먁삼보리부

수보리야! 네 생각은 어떠냐? 여래가 연등부처님 처소에서 법이 있어 최상의 바른 깨달음을 얻은 것이 있겠느냐?"

17-06

evam ukta āyuṣmān SUBHŪTIR Bhagavantam etad avocat: yathā-ahaṃ Bhagavan Bhagavato bhāṣitasya-artham ājānāmi, na-asti sa Bhagavan kaścid dharmo yas Tathāgatena Dīpaṅkarasya Tathāgatasya-arhataḥ samyaksambuddhasya-antikād anuttarāṃ samyaksambodhim abhisambuddhaḥ.

不也世尊 如我解佛所說義 佛於然(燃)燈佛所 無有法得

불야세존 여아해불소설의 불어연등불소 무유법득

阿耨多羅三藐三菩提

아뇩다라삼먁삼보리

"아닙니다. 세존이시여! 제가 부처님께서 설하신 뜻을 이해하기로는 부처님께서 연등부처님 처소에서 최상의 바른 깨달음을 얻었다 할 법이 아닙니다."

17-07

evam ukte BHAGAVĀN āyuṣmantaṃ Subhūtim etad avocat: evam etat.

佛言 如是如是

불언 여시여시

부처님께서 말씀하셨습니다. "옳고도, 옳다.

17-08

Subhūte evam etat, na-asti Subhūte sa kaścid dharmo yas Tathāgatena Dīpaṅkarasya Tathāgatasya-arhataḥ samyaksambuddhasya-antikād anuttarāṃ samyaksam-bodhim abhisambuddhaḥ.

須菩提 實無有法如來得 阿耨多羅三藐三菩提

수보리 실무유법여래득 아뇩다라삼먁삼보리

수보리야! 실제로 법이 있어 여래가 최상의 바른 깨달음을 얻은 바 없다.

17-09

sacet punaḥ Subhūte kaścid dharmas Tathāgatena -abhisambuddho' bhaviṣyat, na māṃ Dīpaṅkaras Tathāgato vyākariṣyad: bhaviṣyasi tvaṃ māṇava -anāgate' dhvani Śakyamunir nāma Tathāgato' rhan samyaksambuddha iti. yasmāt tarhi Subhūte Tathātena-arhatā samyaksambuddhena na-asti sa kaścid dharmo yo' nuttarāṃ samyaksambhodhim abhisambuddhas, tasmād ahaṃ Dīpaṅkareṇa Tathāgatena vyākṛto: bhaviṣyasi tvaṃ māṇava-anāgat-e' dhvani Śākyamunir nāma Tathāgato' rhan samyak-sambuddhaḥ.

須菩提 若有法如來得 阿耨多羅三藐三菩提者 然(燃)燈佛
수보리 약유법여래득 아뇩다라삼먁삼보리자 연등불
則(卽)不與我受(授)記 汝於來世 當得作佛 號釋迦牟尼 以實無
즉 불여아수기 여어래세 당득작불 호석가모니 이실무
有法得 阿耨多羅三藐三菩提 是故 然(燃)燈佛 與我受(授)記
유법득 아뇩다라삼먁삼보리 시고 연등불 여아수기
作是言 汝於來世當得作佛 號釋迦牟尼
작시언 여어래세당득작불 호석가모니

수보리야! 만약 법이 있어 여래가 최상의 바른 깨달음을 얻었다면 연등부처님께서 내게 수기를 하면서 '그대는 내세에 마땅히 부처가 되어 이름을 석가모니이다.'라고 수기하지 않았을 것이다. 실제로 최상의 바른 깨달음을 얻은 법이 없었으므로 연등부처님께서 내게 수기하시기를 '그대는 내세에 마땅히 이름을 석가모니라는 부처가 될 것이다.'라고 수기하셨던 것이다.

17-10

tat kasya hetos? Tathāgata iti Subhūte bhūta-tathatāyā etad adhivacanaṃ.

何以故 如來者 卽諸法如義
하이고 여래자 즉제법여의

왜냐하면, 여래는 곧 모든 법같이 여여하기 때문이다.

17-11

yaḥkaścit Subhūta evaṃ vadet: Tathāgatena-arhatā samyaksambuddhena-anuttarā samyaksambodhir abhi-sambuddheti, sa vitathaṃ vadet, abhyācakṣīta māṃ sa Subhūte asatodgṛhītena. tat kasya hetoḥ? na-asti Subhūte sa kaścid dharmo yas Tathāgatena-anuttarāṃ samyaksambodhim abhisambuddhaḥ.

若有人言 如來得阿耨多羅三藐三菩提 須菩提 實無有法
약유인언 여래득아뇩다라삼막삼보리 수보리 실무유법
佛得阿耨多羅三藐三菩提
불득아뇩다라삼막삼보리

만약 어떤 사람이 말하기를 여래가 최상의 바른 깨달음을 얻었다고 한다면 수보리야! 실제로 여래가 최상의 바른 깨달음을 얻은 법이 없다.

17-12

yaś ca Subhūte Tathāgatena dharmo' bhisambuddho deśito vā, tatra na satyaṃ na mṛṣā.

須菩提 如來所得阿耨多羅三藐三菩提 於是中 無實無虛
수보리 여래소득아뇩다라삼막삼보리 어시중 무실무허

수보리야! 여래가 얻은 최상의 바른 깨달음에는 진실도 없고 거짓도 없다.

17-13

tasmāt Tathāgato bhāṣate sarvadharmā Buddha-dharmā iti.

是故 如來說 一切法 皆是佛法
시고 여래설 일체법 개시불법

그러므로 여래는 '일체법이 모두 불법이다'라고 설한다.

17-14

tat kasya hetoḥ? sarva-dharmā iti Subhūte a-dharmās Tathāgatena bhāṣitā. tasmād ucyante sarva-dharmā Buddha-dharmā iti.

須菩提 所言一切法者 卽非一切法 是故 名一切法

수보리 소언일체법자 즉비일체법 시고 명일체법

수보리야! 일체법이라 말한 것은 일체법이 아닌 까닭에 이름을 일체법이라 말한다.

17-15

tad yathā-api nāma Subhūte puruṣo bhaved upetakāyo mahākāyaḥ.

āyuṣmān SUBHŪTIR āhaa: yo' sau Bhagavaṃs Tathāgatena puruṣo bhāṣita upetakāyo mahākāya iti, a-kāyaḥ sa Bhagavaṃs Tathāgatena bhāṣitaḥ.

tenocyata upetakāyo mahākāya iti.

須菩提 譬如人身長大 須菩提言 世尊 如來說人身長大
수보리 비여인신장대 수보리언 세존 여래설인신장대
則(卽)爲非大身 是名大身
즉 위비대신 시명대신

수보리야! 비유컨대 사람의 몸이 큰 것과 같다." 수보리가 말하였습니다. "세존이시여! 여래께서 사람의 몸이 크다는 것은 곧 큰 몸이 아니라 그 이름이 큰 몸이라 말씀하셨습니다."

17-16

BHAGAVĀN āha: evam etat Subhūte. yo bodhisattvo evaṃ vaded: ahaṃ sattvān parinirvāpayiṣyāmi-iti, na sa bodhisattva iti vaktavyaḥ.

須菩提 菩薩亦如是 若作是言 我當滅度無量衆生 則(卽)不名
수보리 보살역여시 약작시언 아당멸도무량중생 즉 불명
菩薩
보살

“수보리야! 보살도 또한 이와 같아서 만약 이런 말을 하되 ‘내가 마땅히 한량없는 중생을 제도하리라’말 한다면 보살이라 이름 할 수 없다.

17-17

tat kasya hetoḥ, asti Subhūte sa kaścid dharmo yo bodhisattvo nāma?

何以故 須菩提 實無有法名爲菩薩
하이고 수보리 실무유법명위보살

왜냐하면 수보리야! 실제로 법에 보살이라 이름 할 수 없기 때문이다.

17-18

SUBHŪTIR āha: no hīdaṃ Bhahavan, na-asti sa kaścid dharmo yo bodhisattvo nāma. BHAGAVĀN āha: sattvāḥ sattvā iti Subhūte a-sattvās te Tathāgatena bhāṣitās, tenocyante sattvā iti. tasmāt Tathāgato bhāṣate:

nirātmānaḥ sarva-dharmā niḥsattvāḥ nirjīvā niṣpudgalāḥ sarva-dharmā iti.

是故 佛說一切法 無我無人無衆生無壽者
시고 불설일체법 무아무인무중생무수자

그러므로 여래는 일체 법에 아도 없고, 인도 없고, 중생도 없고, 수자도 없다고 설한 것이다.”

17-19

yaḥ Subhūte bodhisattva evaṃ vaded: ahaṃ kṣetra-vyūhān niṣpādayiṣyāmi-iti, so’ pi tathaiva vaktavyaḥ.

須菩提 若菩薩作是言 我當莊嚴佛土 是不名菩薩
수보리 약보살작시언 아당장엄불토 시불명보살

“수보리야! 만약 보살이 이런 말을 하되 ‘내가 마땅히 불국토를 장엄하리라’ 말한다면 이는 보살이라 이름 할 수 없다.

17-20

tat kasya hetoḥ? kṣetra-vyūhā kṣetra-vyūhā iti Subhūt-e' vyūhās te Tathāgatena bhāṣitāh, tenocyante kṣetra-vyūhā iti.

何以故 如來說莊嚴佛土者 卽非莊嚴 是名莊嚴

하이고 여래설장엄불토자 즉비장엄 시명장엄

왜냐하면 여래가 설한 불국토를 장엄한다는 것은 곧 장엄하는 것이 아니라고 설하였으므로 이름을 장엄한다고 말하기 때문이다.

17-21

vaḥ Subhūte bodhisattvo nirātmāno dharmā nirātmāno dharmā ity adhimucyate, sa Tathāgatena-arhatā sam-yaksambuddhena bodhisattvo mahāsattva ity ākhyātaḥ.

須菩提 若菩薩 通達無我法者 如來說名眞是菩薩

수보리 약보살 통달무아법자 여래설명진시보살

수보리야! 만약 보살이 무아의 법에 통달한 자이면 여래는 이런 이를

참 보살이라 이름 한다.”

통달무아법(通達無我法, nirātmāno dharmā)

무아의 법을 통달함을 뜻하며, 삼법인(三法印: 제행무상, 제법무아, 열반적정)의 하나인 제법무아를 바르게 아는 이를 이르는 말입니다.

❀

이 부두에서는 늘 상대적 개념의 대상이 되는 아상·인상·중생상·수자상을 여읠 때가 진정한 '금강무상반야회상'에 초대받을 자격이 부여되고, 그 수습수행은 보리증득의 '바로미터'라고 안내해주십니다. 즉 무슨 법에 의지하여 수행하고, 어떻게 그 마음을 항복받아서 보리에 이른지를 가르쳐 주십니다.

혜능선사는 “보살이 만약 중생을 가히 제도할 것이 있다고 보면 이는 바로 아상이요, 능히 중생을 제도하는 마음이 있으면 바로 인상이요, 열반을 가히 구할 수 있다고 하면 바로 중생상이요, 열반을 가히 증득할 수 있다고 보면 바로 수자상이다. 이 네 가지 상이 있으면 바로 보살이 아니다.” 라고 하셨습니다. 그것은 바로 번뇌의 씨앗이기 때문입니다.

승가에 전승되어 오는 당 백장선사(720~841)와 풍수지리·관상에 특출한 재가제자 중 사마두타(司馬頭陀)거사의 일화를 소개합니다.

안거철이 되면 늘 입방하여 참선정진을 하였는데, 그가 말없이 사라졌습니다.

그 후 2년 만에 백장산에 모습을 나타냈습니다. 백장선사는 반가이 맞이하며, 차담을 하게 되었습니다.

"오랜만에 왔구나! 그간 별고 없었는가?" "예, 그동안 세상 유람했습니다." "많은 것을 보고 터득했겠구나." "예 큰스님, 이번 순례 길에 잘 알려지지 않는 좋은 명산 하나를 발견하였습니다. 호남 수주에 있는 대위산(大僞山)을 보았는데 웅장하고 경치가 빼어날 뿐 아니라 그 산과 인연 있는 주인이 주석하면 1500명의 대중스님들과 함께 진리의 등불을 밝힐 좋은 절터입니다."

"그렇게 좋은 명산이라면 내가 가서 주석할까?" "큰스님은 바위가 우뚝 솟은 골산(骨山)과 인연이 지중하신지라, 흙이 많은 대위산은 마땅치 않습니다. 이곳 백장산에서는 700명 대중스님들과 계시지만 그곳에 가서 주석하시면 300명의 대중스님도 유지하기 힘듭니다."

"그렇다면 어떻게 하는 것이 좋겠는가?" "큰스님 회상에서 일문(一門)을 이룰만한 자격을 갖춘 이가 있지 않겠습니까? 한 분 한 분을 불러 보십시오. 제가 그 산의 주인이 되실 인연자를 판단해 보겠습니다."

백장 선사는 선원제일수좌로 있는 선각(善覺)스님부터 불렀고, 사마거사는 그를 세세하게 살피고 고개를 가로저었습니다. 다음으로 원주(院主) 영우(靈祐)스님을 불렀습니다. 영우스님이 걸어 들어오는 것을 보고 거사가 무릎을 탁치며 감탄했습니다. "아하 참 이 스님이면 능히 대위산의 주인이 되고도 남습니다."

그 날 밤 백장선사는 영우스님을 다시 불러 "대위산을 개산(開山)하여 법광(法光)을 빛낼 것을 간곡히 부촉했습니다." 그런데 그 소문이 퍼져나가자 제일수좌 선각스님의 큰 반발에 부딪힌 백장선사는 대중공사를 선언했습니다. "이 일은 작은 일이 아니다. 전체대중 앞에서 결론을 내겠다."

백장선사는 700명의 대중스님들을 불러놓고 백장선사께서 손을 씻는 물을 담아두는 항아리를 가져와서 두 스님 앞에 놓고 물었습니다.

"이것을 물 항아리라고 부르면 집착하는 것이 되어 참 도를 어기고, 물 항아리가 아니라고 하면 현상을 등진 것이 되니, 자! 무엇이라 할 것인가 일러 보아라." 선각수좌는 서슴없이 한마디 던졌습니다. "예, 물 항아리를 나막신이라 할 수 없습니다." 영우스님 달랐습니다. 백장선사, 사형사제, 후배스님 등 700명 앞에서 벌떡 일어나 물 항아리를 발로 차고 문밖으로 내동댕이치고 나갔습니다. 그러자 백장선사는 껄껄 웃으시고 결론을 내렸습니다.

"제일수좌가 촌놈인 영우에게 빰을 맞았구나!" 그런 후에 영우스님은 백장산을 하산하고, 대위산에 들어가 대가람을 세우고 후학들을 배출하여, 훗날 선종오가(禪宗五家)의 하나인 위앙종(潙仰宗)의 기초를 다졌던 분입니다.

이 일화는 오늘 날에도 귀감이 되는 됩니다. 즉 개념이나 말에 속아서 "참 도도 어기지 않고 현상도 등지지 않고 일러라." 라는 것에 집착하여 걸림 없이 교묘히 빠져는 나갔으나, 영우스님처럼 상대적 개념이나 문자나 말씀의 핵심을 알아차리지 못한 것입니다.

18. 일체를 똑같이 보는 분

第十八 一體同觀分 (제십팔 일체동관분)

18-01

BHAGAVĀN aha: tat kiṃ manyase Subhūte, saṃvidyate Tathāgatasya māṃsa-cakṣuḥ?

SUBHŪTIR āha. evam etad Bhagavan, saṃvidyate Tathāgatasya māṃsacakṣuḥ.

須菩提 於意云何 如來有肉眼不 如是世尊 如來有肉眼

수보리 어의운하 여래유육안부 여시세존 여래유육안

"수보리야! 네 생각은 어떠냐? 여래에게 육안이 있느냐?"
"그렇습니다. 세존이시여! 여래께서는 육안이 있습니다."

육안(肉眼, māṃsa-cakṣu)

'육안'은 사물의 형태나 빛깔을 구별하지만 장애물이 있으면 보지 못한 눈을 '육안'이라 합니다. 즉 밖을 보면 안을 못보고, 가까운 물체는 잘 구별하나 먼 거리의 물체는 구별을 못하며, 밝은 곳에서는 잘 보이나 어둠에서는 보이지 않고, 오른쪽을 보면 왼쪽을 못보고, 하늘 위를 보면 땅을 못 보는 것을 '육안'이라 합니다.

18-02

BHAGAVĀN āha: tat kiṃ manyase Subhūte, saṃvidyate Tathāgatasya divyaṃ cakṣuḥ?

SUBHŪTIR āha: evam etad Bhagavan, saṃvidyate

Tathāgatasya divyaṃ cakṣuḥ.

須菩提 於意云何 如來有天眼不 如是世尊 如來有天眼

수보리 어의운하 여래유천안부 여시세존 여래유천안

"수보리야! 네 생각은 어떠냐? 여래에게 천안이 있느냐?"

"그렇습니다. 세존이시여! 여래에게는 천안이 있습니다."

천안(天眼, divya-cakṣu)

'천안'은 천상세계에 태어난 중생의 눈이나, 선정을 잘 닦아 얻어진 눈 또는 시공을 초월하여, 육안으로 볼 수 없는 미세한 것까지 볼 수 있는 눈을 '천안'이라 합니다. 그러나 형상의 내면에 감추어진 실상(實相)은 보지 못합니다.

18-03

BHAGAVĀN āha: tat kiṃ manyase Subhūte, saṃvidyate Tathāgatasya prajñā-cakṣuḥ?

SUBHŪTIR āha: evam etad Bhagavan, saṃvidyate Tathāgatasya prajñā-cakṣuḥ.

須菩提 於意云何 如來有慧眼不 如是世尊 如來有慧眼

수보리 어의운하 여래유혜안부 여시세존 여래유혜안

"수보리야! 네 생각은 어떠냐? 여래에게 혜안이 있느냐?"

"그렇습니다. 세존이시여! 여래에게는 혜안이 있습니다."

혜안(慧眼, prajñā-cakṣu)

'혜안'은 일체의 집착을 버리고, 차별적인 현상세계를 초월하여, 형상을 보나 그 형상에 끌리지 않고, 내면의 세계를 환하게 아는 지혜의 눈을 말합니다. 공(空)의 도리와 무상(無常)·무아(無我)·무생(無生)·무멸(無滅)의 도리를 인식하는 눈을 말합니다.

18-04

BHAGAVĀN āha: tat kiṃ manyase Subhūte, saāṃvidyate Tathāgatasya dharma-cakṣuḥ?

SBHŪTIR āha: evam etad Bhagavan, saṃvidyate Tathāgatasya dharma-cakṣuḥ.

須菩提 於意云何 如來有法眼不 如是世尊 如來有法眼

수보리 어의운하 여래유법안부 여시세존 여래유법안

"수보리야! 네 생각은 어떠냐? 여래에게 법안이 있느냐?"

"그렇습니다. 세존이시여! 여래에게는 법안이 있습니다."

법안(法眼, dharma-cakṣu)

'법안'은 보살의 자비한 눈으로, 모든 실상을 잘 알아서 일체 중생을 보살로 보는 눈을 '법안'이라 합니다.

18-05

BHAGAVĀN āha: tat kiṃ manyase Subhūte, saṃvidyate Tathāgatasya buddha-cakṣuḥ?

SUBHŪTIR āha: evam etad Bhagavan, saṃvidyate Tathāgatasya buddha-cakṣuḥ.

須菩提 於意云何 如來有佛眼不 如是世尊 如來有佛眼

수보리 어의운하 여래유불안부 여시세존 여래유불안

"수보리야! 네 생각은 어떠냐? 여래에게 불안이 있느냐?"

"그렇습니다. 세존이시여! 여래에게는 불안이 있습니다."

불안(佛眼, buddha-cakṣu)

'불안'은 일체의 사물에 차별을 두지 않고 평등하게 보는 눈으로, 욕계·색계·무색계에 이르기까지 다 보는 '부처님의 눈'을 말합니다.

18-06

BHAGAVĀN āha: tat kiṃ manyase Subhūte, yāvantyo

Gaṅgāyāṃ mahā-nadyāṃ vālukā, api nu tā vālukās Tathāgatena bhāṣitāḥ?

SUBHŪTIR āha: evam etad Bhagavann, evam etat Sugata, bhāṣitās Tathāgatena vālukāḥ.

須菩提 於意云何 '如' 恒河中所有沙 佛說是沙不 如是世尊
수보리 어의운하 여[101] 항하중소유사 불설시사부 여시세존

如來說是沙
여래설시사

"수보리야! 네 생각은 어떠냐? 항하가운데 있는 모래에 대해서 설하였느냐?" "그렇습니다. 세존이시여! 여래는 그 모래에 대해 설하셨습니다."

18-07

BHAGAVĀN āha: tat kiṃ manyase Subhūte yāvantyo Gaṅgāyāṃ mahā-nadyāṃ vālukās tāvantyā eva Gaṅgā-nadyo bhaveyuḥ,

101) '如' 고려대장경누락. 명·청·금본에는 있음.

須菩提 於意云何 如一恒河中所有沙 有如是等恒河
수보리 어의운하 여일항하중소유사 유여시등항하

“수보리야! 네 생각은 어떠냐? 한 항하 가운데 있는 모래수와 같이 항하가 있고

18-08

tāsu yā vālukās tāvantaś ca lokadhātavo bhaveyuḥ, kaccid bhavas te lokadhātavo bhaveyuḥ?

SUBHŪTIR āha: evam etad Bhagavann, evam etat Sugata, bahavas te loka--dhātavo bhaveyuḥ.

是諸恒河所有沙數佛世界 如是寧爲多不 甚多世尊
시제항하소유사수불세계 여시영위다부 심다세존

이 모든 항하의 모래 수만큼의 부처님 세계가 있다면 이는 얼마나 많다고 하겠는가?” “매우 많습니다. 세존이시여!”

18-09

BHAGAVĀN āha: yāvantaḥ Subhūte teṣu loka-dhātuṣu sattvās.

佛告須菩提 爾所國土中 所有衆生 若干種心 如來悉知
불고수보리 이소국토중 소유중생 약간종심 여래실지

부처님께서 수보리에게 말씀하셨습니다. "그 국토에 가운데 중생의

18-10

teṣam ahaṃ nānābhāvāṃ citta-dhārāṃ prajñāmi.

若干種心 如來悉知
약간종심 여래실지

갖가지 마음을 여래는 다 안다.

18-11

tat kasya hetoḥ? citta-dhārā-citta-dhāreti Subhūte a-dhāraiṣā

Tathāgatena bhāṣitās. tenocyate citta-dhāreti.

何以故 如來說諸心 皆爲非心 是名爲心
하이고 여래설제심 개위비심 시명위심

왜냐하면 여래가 설한 모든 마음이 다 마음이 아니라 그 이름이 마음이라 하기 때문이다.

18-12

tat kasya hetoḥ? atītaṃ Subhūte cittaṃ nopalabhyate, anāgataṃ cittaṃ nopalabhyate, pratyutpannaṃ cittaṃ nopalabhyate.

所以者何 須菩提 [過去心不可得 現在心不可得 未來心不可得]
소이자하 수보리 과거심불가득 현재심불가득 미래심불가득

무슨 까닭이냐 하면 수보리야! 과거의 마음도 얻을 수 없으며 현재의 마음도 얻을 수 없고 미래의 마음도 얻을 수 없기 때문이다."

❁

이 부두에서는 '다섯 가지 눈(五眼: 肉眼·天眼·慧眼·法眼·佛眼)'과 '과거심불가득(過去心不可得)' '현재심불가득(現在心不可得)' '미래심불가득(未來心不可得)'으로 과거·현재·미래를 관하여 보면 진(眞)과 망(妄)이 평등하여, 세 가지 마음은 얻을 수 없음으로 축약되나, 현재에 충실함을 일깨워 주기도 합니다.

혜능 선사는 『금강경 오가해』에서 '오안'을 다음과 같이 해석하셨습니다.

"모든 사람이 다 오안(五眼)이 있건만 미혹에 덮혀서 능히 스스로 보지 못함이다. 그러므로 부처님이 가르쳐 미한 마음을 제거해주어서, 바로 오안이 뚜렷이 밝아져 생각 생각에 반야바라밀법을 수행하게 하시니, 처음 미한 마음을 제거하는 것을 '육안'이라 하고, 일체중생은 모두 불성이 있어 연민의 마음을 일으키는 것을 '천안'이라 하고, 어리석은 마음이 나지 않음을 '혜안'이라 하고, 법에 집착하는 마음을 제거하는 것을 '법안'이라 한다. 미세한 번뇌까지 영원히 다하여 뚜렷이 밝게 두루 비춤을 '불안'이라 한다.

또한 이렇게 말씀하셨습니다.

색신가운데 법안이 있음을 보는 '육안'이라 하고, 일체중생이 각각 반야성품을 갖추고 있음을 보는 것을 '천안'이라 하고, 반야바라밀법 능히 삼세의 일체 법을 보는 것을 '혜안'이라 하고, 일체의 불법이 본래 스스로 갖춤을 보는 것을 법안이라 하고, 성품이 밝게 사무쳐 마음을 자리를 영원히 제거하는 것을 '불안'이라 이름 한다."

혜능 선사는 세 가지 마음에 대해 이렇게 말씀하셨습니다.

"지나간 마음을 얻을 수 없다"라고 하는 것은 앞생각의 망심(妄心)이 문득 지나가서 찾아봐도 처소가 없는 것이고, "현재의 마음도 얻을 수 없다"라고 하는 것은 진심(眞心)에는 상(相)이 없으니 무엇을 의지하여 얻어 볼 것인가? 또한 "미래의 마음도 얻을 수 없다"라고 하는 것은 본래 가히 얻을 수 없다는 것이다. 습기(習氣)가 이미 다해서 또다시 나지 않으니, 이 세 가지 마음을 얻을 수 없다는 것을 요달하면 이를 '부처'라 이름 한다.

승가에 전해오는 당나라 주금강(周金剛)으로 잘 알려진, 『금강경』의 대 강백이신 덕산(德山 宣鑑, 782~865)견성대사(見聖大師)의 일화를 소개해 드리겠습니다.

덕산 강백은 길을 가다가 소나기를 만나자, 손가락으로 하늘을 향해 『금강경』의 한 구절(사구게)을 쓰고, 그 아래 서있었습니다. 그러자 그 부분만 비가 내리지 않아 비를 한 방울도 맞지 않았다고 합니다. 당시 시대상황이 '불립문자(不立文字)'와 '견성성불(見性成佛)'을 종지종풍으로 삼았던 선종(禪宗)이 문자에 의지하지 않고, 자신의 성품을 보아 부처를 이룬다는 언어도단이고, 경전을 무시하는 것에 반기를 든 것입니다. 당시 북쪽은 소의 경전을 중시하는 경학이 꽃을 피웠고, 남쪽에서는 참선을 중시하는 선종이 꽃을 피웠을 때입니다.

하여, 당나라 북 쪽에서 남쪽 풍주에 도착하면서 그 유명한 일화가 시작됩니다.

덕산 강백은 점심때가 되어 유난히 배고픔을 느낄 때, 마침 길가에서 떡을 팔고 있는 노파를 보고서 다가가 "떡을 팔라고 하셨습니다." 그런데 선지식인 노파(용담)는 느닷없이 질문을 합니다. "떡을 사서 무엇 하시려고요?" "점심공양을 하려합니다." "그런데 스님! 등에 짊어진 게 무엇입니까?" "등에 짊어진 것은 내가 출가 후 지금까지 연구한 『금강경』에 관한 주석서입니다." "스님, 그러시면 저와 내기 한번 하시겠습니까? 스님이 지고 그토록 소중히 짊어지신 『금강경』 속에 있는 구절에 대해 질문을 할 태니, 스님께서 답을 잘하면 떡을 그냥 보시하고, 못하시면 제 가게 뿐 아니라 이 마을에서는 떡을 드실 수 없습니다." "좋습니다. 무엇이나 궁금한 게 있으시면 질문하시오!" "스님, 『금강경』 가운데 '과거심불가득·현재심불가득·미래심불가득'이라는 구절이 나옵니다. 조금 전에 스님께서 '점심(點心)'이라고 하셨는데, 어느 마음에 점을 찍겠습니까?" 덕산 강백께서는 말문이 꽉 막혀 어찌 할 바를 몰라 했습니다. "스님, 저 앞길로 올라가시면 용담선원이 나옵니다. 그곳에 가시면 당대 선지식인 숭신(崇信)선사가 주석하고 계십니다. 그 스님을 친견하시면 어떨지요?" 덕산 강백은 하는 수 없이 노파와 작별하고 숭신선사를 친견하면서 "용담(龍潭)의 소문은 일찍이 들었는데, 와보니 용도 안보이고, 못도 안보이는 구나!(龍又不見 潭又不見)" "아하하, 참으로 그대가 용담에 왔네." 차담을 하다 보니 어두운 저녁이 되었고, 두 스님은 함께 공양을 하시고 객실로 가기위해 덕산 강백이 일어났습니다. 그 순간 어두워 신을 찾을 수 없었습니다. 숭신 선사께 촛불을 얻어 신을 찾으려는 순간 숭신 선사가 촛불을 푸하고 꺼버렸습니다. 또다시 칠흑처럼 어두워졌고, 그 순간 깨침을 얻으셨습니다.

19. 법계를 널리 교화하는 분

第十九 法界通化分 (제십구 법계통화분)

19-01

tat kiṃ manyase Subhūte yaḥ kaścit kulaputro vā kuladuhitā vemaṃ trisāhasramahāsāhasraṃ loka-dhātuṃ sapta-ratna-paripūrṇaṃ kṛtvā Tathāgatebhy-o’rhadbhyaḥ samyaksambuddhebhyo dānaṃ dadyāt, api nu sa kulaputro vā kuladuhitā vā tato nidānaṃ bahu puṇyaskandhaṃ prasunuyāt? SUBHŪTIR āta: bahu Bhagavan bahu Sugata.

須菩提 於意云何 若有人 滿三千大千世界七寶 以用布施 是人

수보리 어의운하 약유인 만삼천대천세계칠보 이용보시 시인

以是因緣 得福多不 如是世尊 此人 以是因緣 得福甚多

이시인연 득복다부 여시세존 차인 이시인연 득복심다

“수보리야! 네 생각은 어떠냐? 만약 어떤 사람이 삼천대천세계에 칠보를 가득 채워 보시한다면 이 사람이 이 인연으로 받은 복덕

이 많겠느냐?" "그렇습니다. 세존이시여! 이 사람이 이러한 인연으로 매우 많은 복덕을 얻을 것입니다.

19-02

BHAGAVĀN āha: evam etat Subhūte evam etat, bahu sa kulaputro vā kuladuhitā vā tato nidānaṃ puṇyaskandhaṃ prasunuyād. tat kasya hetoḥ? puṇya-skandhaḥ puṇya-skandha iti Subhūte a-skandhaḥ sa Tathāgatena bhāṣitaḥ. tenocyate puṇya-skandha iti. sacet Subhūte puṇya-skandho' bhaviṣyan, na Tathāgato' bhāṣiṣyat puṇya-skandhaḥ puṇya-skandha iti.

須菩提 若福德有實 如來不說得福德多 以福德無故
수보리 약복덕유실 여래불설득복덕다 이복덕무고
如來說得福德多
여래설득복덕다

"수보리여야! 만약 복덕이 실로 있는 것이라면 여래가 많은 복덕을 얻는다고 말하지 않았을 것이다. 그러한 복덕이 없기 때문에 여래는 많은 복덕을 얻는다고 말한 것이다."

❁

이 부두에서는 '상'을 떠나 '보시'를 하면 전도되지 않는 '복덕'을 바르게 아는 지혜를 설하시고, 또한 『금강경』의 '수지'·'독'·'송'하는 공덕에 미치지 못함을 일깨워줍니다. 쉽게 풀어보면 재보시는 끝이 있으나, 법보시는 공덕이 끝없이 많고 더 수승함을 일깨워줍니다.

하여, 부대사는 『금강경오가해』에서 이렇게 노래하셨습니다.

"삼천대천시계에
가득한 칠보를 가지고
어떤 사람이 보시하면
복 얻음이 바람과 같다.
간탐자들이 진종(眞宗)에 도달하지 못하는 것 보다는
오히려 수승하지만
마침내 사구게(四句偈)로서
온전한 공空을 증득할 수 있음을 지각(知覺)하여라."

20. 색과 상을 떠난 분

第二十 離色離相分 (제이십 이색이상분)

20-01

tat kiṃ manyase Subhūte rūpa-kāya-pariniṣpattyā Tathāgato draṣṭavyaḥ?

SUBHŪTIR āha: no hīdaṃ Bhagavan, na rūpa-kāya-pariniṣpattyā Tathāgato draṣṭavyaḥ. tat kasya hetoḥ? rūpa-kāyā-pariniṣpattī rūpakāya-pariniṣpattir iti Bhagavan apariniṣpattir eṣā Tathāgatena bhāṣitā. tenocyate rūpakāya-pariniṣpattir iti.

須菩提 於意云何 佛可以具足色身見不 不也世尊 如來不應

수보리 어의운하 불가이구족색신견부 불야세존 여래불응

以具足色身見 何以故 如來說具足色身 卽非具足色身 是名具足

이구족색신견 하이고 여래설구족색신 즉비구족색신 시명구족

色身

색신

“수보리야! 네 생각은 어떠냐? 신체적 특징인 색신을 갖추었다고 여래라고 볼 수 있겠는가?” “아닙니다. 세존이시여! 신체적 특징인 색신을 갖추었다고 여래라고 볼 수 없습니다. 왜냐하면 여래께서 설하신 신체적 특징인 색신을 갖추었다는 것은 곧 신체를 갖춘 것이 아니라고 설하셨으므로 신체적 특징의 색신은 그 이름이 색신이기 때문입니다.”

20-02

BHAGAVĀN āha: tat kiṃ manyase Subhūte, lakṣaṇa-sampadā Tathāgato draṣṭavyaḥ?

SUBHŪTIR āha: no hīdaṃ Bhagavan, na lakṣaṇa -sampadā Tathāgato drṣṭavyaḥ. tat kasya hetoḥ? yaiṣā Bhagavaṃl lakṣaṇa-sampat Tathāgatena bhāṣitā, alkṣaṇa-sampad eṣā Tathāgatena bhāṣitā. tenocyate lakṣaṇa-sampad iti.

須菩提 於意云何 如來可以具足諸相見不 不也世尊 如來不應
수보리 어의운하 여래가이구족제상견부 불야세존 여래불응
以具足諸相見 何以故 如來說諸相具足 卽非具足 是名諸相
이구족제상견 하이고 여래설제상구족 즉비구족 시명제상

具足

구족

“수보리야! 네 생각은 어떠냐? 여래를 신체적 특징인 색신을 갖추었다고 여래라고 볼 수 있겠느냐?” “아닙니다. 세존이시여! 신체적 특징인 색신 갖추었다고 여래라고 볼 수 는 없습니다. 왜냐하면 여래께서는 신체적 특징인 색신을 갖춘 것이 아니고, 그 이름이 신체적 특징을 갖춘 것이라고 말씀하셨기 때문입니다.”

❁

이 부두에서는 ‘무위(無爲)’·‘무상(無相)’을 핵심으로 ‘법신여래(法身如來)’는 어떤 특징지어지는 ‘모습(자마금紫磨金·32상 80종호)’으로만 집착하여 색신(응신`보신)에 주함을 여의여, 무위에서 법신을 보라는 의미입니다.

부대사는 『금강경 오가해』에서 축약된 좋은 법을 설하셨습니다.

“팔십종호의 좋은 형상은
상으로 나눔이 서른 두 가지네.
중생에게 응할 때는 만 가지 형상이나
이치 가운데는 하나도 다름이 없네.

인(人)과 법(法)을 두 가지 다 버림이요
색(色)과 심(心)도 가지런히 함께 버림이네.
그러므로 보리를 증득함은
실로 모든 상(相)을 여읨이네."

요즈음 세태로 본다면 어쩌면 그렇게 부처님 말씀은 구구절절 정견(正見)을 주셨는지 감탄사가 절로 납니다. 『법화경』에 나투신 발타바라보살(Bhadrapāla)은 "만약 중생이 내 이름을 듣는 자는 반드시 아뇩다라삼먁삼보리를 얻게 되리라" 는 서원(誓願)으로 정견(正見)을 잘 보호하고 안내하시는 보살입니다.

실제로 소납에게 있었던 이야기를 소개합니다. 울산의 어느 절에 주지소임으로 있을 때의 일로, 색신으로 보거나 몸의 형상을 경계하는 것이나, 요즈음 승용차로 이야기를 풀어가겠습니다.

어느 분이 소납에게 10년 타셨던 고급승용차 벤즈 S600을 보시한다고 합니다. 처음엔 소납도 야! 승차감도 좋고, 방탄유리에 구형 에쿠스 보다 30cm가 더 길었습니다. 물론 특징은 차주의 음성인식기가 있어서 다른 사람은 시동을 켜도 걸리지 않습니다. 욕심이 났지요. 10분쯤 시승한 후에 보시할 분에게 정중히 거절을 했습니다.

"이 승용차는 소납의 외출 의상이 아닙니다. 꼭 필요로 하실 분이 있을 것입니다. 그분에게 보시하시죠? 왜냐하면 소납이 비아냥거림에 대상이 돼도 좋으나, 다른 모든 승려들을 한꺼번에 비아냥거림의 대상으로 공업(共業)을 짓게 할 것이 불 보듯 뻔하기 때문입니다."

조금은 빗나갔지만 요즈음 무슨 모임이나 어느 기관을 출입하다보면 고급 외제 승용차와 중형 또는 경차를 가지고 그 사람을 평가하기도 하지요. 부처님이 우리나라에 오신다면 천년고찰이나 큰 사찰에 가시기도 하시겠지만, 작은 암자엔들 오시지 않겠습니까? 두루두루 온 법계를 나투시기 때문입니다. 지나친 상대적 개념에 매몰되는 현실이 안타깝습니다. 부처님 법대로만 수행하시면 참 좋으련만…….

21. 설함과 설함이 없는 분

第二十一 非說所說分(제이십일 비설소설분)

21-01

BHAGAVĀN āha: tat kiṃ manyase Subhūte, api nu Tathāgatasyaivaṃ bhavati: mayā dharmo deśita iti?

SUBHŪTIR āha: no hīdaṃ Bhagavan, na Tathagatasyaivaṃ bhavati: mayā dharmo deśita iti.

須菩提 汝勿謂如來作是念 我當有所說法 莫作是念

수보리 여물위여래작시념 아당유소설법 막작시념

"수보리야! 네가 생각하기에 여래가 '내가 마땅히 설한 법이 있다'고 말하지 말라. 이런 생각을 하지 말라.

21-02

BHAGAVĀN āha: yaḥ Subhūte evaṃ vadet:

Tathāgatena dharmo deśita iti, sa vitathaṃ vadet, abhyācakṣīta māṃ sa Subhūte’ satodgṛhītena.

何以故 若人言 如來有所說法 卽爲謗佛 不能解我所說故.
하이고 약인언 여래유소설법 즉위방불 불능해아소설고

왜냐하면 ‘만약 어떤 사람이 말하기를 여래가 설하신 법이 있다’고 말한다면, 이 사람은 여래를 비방하는 것이며, 능히 내가 설한 것을 제대로 알지 못했기 때문이다.

21-03

tat kasya hetoḥ? dharma-deśanā dharma-deśaneti Subhūte, na-asti sa kaścid dharmo yo dharma-deśanā nāmopalabhyate.

須菩提 說法者 無法可說 是名說法
수보리 설법자 무법가설 시명설법

수보리야! 법을 설한다는 것은 설할만한 법이 없음으로 그 이름을 설법 이라고 말한다.”

21-04

evam ukta āyuṣmān SUBHŪTIR Bhagavantam etad avocat: asti Bhagavan kecit sattvā bhaviṣyanty anāgat-e’ dhvani paścime kāle paścime samaye paścimāyāṃ pañca-śatyāṃ saddharma-vipralope vartaṃāne ya imān evaṃrūpān dharmāñ śrutvā-abhiśraddadhāsyanti?

BHAGAVĀN āha: na te Subhūte sattvā na-a-sattvāḥ. tat kasya hetoḥ? sattvāḥ sattvā iti Subhūte sarve te Subhūte a-sattvās Tathāgatena bhāsṣitāḥ tenocyante sattvā iti.

‘爾時 慧命須菩提 白佛言 世尊 頗有衆生 於未來世 聞說是法
이시 혜명수보리 백불언 세존 파유중생 어미래세 문설시법
生信心不 佛言 須菩提 彼非衆生 非不衆生 何以故 須菩提 衆生
생신심부 불언 수보리 피비중생 비불중생 하이고 수보리 중생
衆生者 如來說非衆生 是名衆生’
중생자 여래설비중생 시명중생

그때 혜명 수보리가 부처님께 여쭈었습니다. “세존이시여! 뭇 중생이 미래세에 이 법을 설하심을 듣고 신심을 내는 이가 있겠습니까?” 부처님께서 말씀하셨습니다. “수보리야! 저들은 중생이 아니며 중생이 아님도 아니다. 왜냐하면 수보리야! 중생 중생이라 하는 것은 여래가

설한 중생이 아니고 그 이름이 중생이기 때문이다."

혜명수보리(慧命須菩提, āyuṣmān Subhūte)

법신의 지혜를 수명에 비유한 것으로 공의 이치로 나타난 지혜를 생명으로 하였다 하여 '혜명 수보리'라 합니다.

"爾時 慧命須菩提 白佛言 世尊 頗有衆生 於未來世 聞說是法 生信心不 佛言 須菩提 彼非衆生 非不衆生 何以故 須菩提 衆生衆生者 如來說非衆生 是名衆生" (62자)

412년 라집본에는 없으나 장경2년 822년 영규 법사가 보리유지의 번역본에서 보충 수록하였습니다.[102]

❃

이 부두에서는 설함 없이 설하시고, 설하신 즉 설함이 없는 '중도실상'으로 친절히 안내해 주십니다.

혜능 선사는 『금강경 오가해』에서 이렇게 말씀하셨습니다.

범부들의 설법은 마음에 얻은 바가 있다고 하여, 부처님께서 수보리에게 말씀하시기를 여래의 설법은 마음에 얻은바가 없다고 하느니라. 범부는

102) 김용옥, 『금강경강해』, 통나무, 1999, p.54.

능히 아는 마음을 지어서 설하며, 여래는 말씀과 침묵함이 모두 같고, 발하는 언사는 메아리가 소리에 응함과 같으며, 운용에 맡겨 무심하여 범부의 생멸심(生滅心)으로 설함과 같지 않다. 만약 여래의 설법이 마음에 생멸함이 있다고 하면 바로 부처님을 비방하는 것이 된다. 『정명경(유마경)』에서 말씀하시기를 "설법이란 설함도 없고 보임도 없으며, '청법'이란 들음과 얻음이 없다."

부대사는 『금강경 오가해』에서 이렇게 말씀하셨습니다.

설한바가 있다고 말하지 않음이여! 설함은 묘하여 궁구(窮究)하기 어렵다. 설함이 있으면 다 비방함이 되나니, 지극한 도는 그 가운데 처해 있음이다. 많은 말은 아는 바가 없음이요, 침묵은 삼공三空을 얻었음이요, 지각(知覺)하는 찰라에 생함도 마침도 없어라.

이 부두에서도 제6 「정신희유분」에서 말씀하셨던 설법은 뗏목의 비유와 같습니다. 초발심하는 입문자에게 뗏목(부처님 법)에 의지해서 저 언덕으로 항구(부두)에 다다르는 길까지의 역할이고, 언덕에 가는 길에는 짐 되니 뗏목을 버릴 줄도 알아야 함을 일깨워줍니다.

법신(法身)의 입장에서는 『입능가경』에서는 "법신은 이법상(離相法: 상을 여읜)과 이언법(離言法: 언설을 여읜 법)을 설하셨고, 보신은 십지법(十地法)과 육바라밀법(六波羅蜜法)을 설하셨고, 화신은 삼승법(三乘法)을 설한다." 라고 하셨습니다.

22. 법은 가히 얻을 수 없는 분

第二十二 無法可得分 (제이십이 무법가득분)

22-01

tat kiṃ manyase Subhūte, api nv asti sa kaścid dharmo yas Tathāgatena-anuttarāṃ samyaksambodhim abhisambuddhaḥ?

āyuṣmān SUBHŪTIR āha: no hīdaṃ Bhagavan na-asti sa Bhagavan kaścid dharmo yas Tathāgatena-anuttarāṃ samyaksambodhim abhisambuddhaḥ.

BHAGAVĀN āha: evam etat Subhūte evam etat, aṇur api tatra dharmo na saṃvidyate nopalabhyate. tenocyat -e' nuttarā samyaksambodhir iti.

須菩提白佛言 世尊 佛得阿耨多羅三藐三菩提 爲無所得耶

수보리백불언 세존 불득아뇩다라삼먁삼보리 위무소득야

'佛言' 如是如是 須菩提 我於阿耨多羅三藐三菩提

불언103) 여시여시 수보리 아어아뇩다라삼먁삼보리

103) '佛言' 고려대장경에는 누락. 명·청·금본에는 있음.

乃至無有少法可得 是名阿耨多羅三藐三菩提
내지무유소법가득 시명아뇩다라삼먁삼보리

수보리가 부처님께 여쭈었습니다. "세존이시여! 부처님께서 최상의 바른 깨달음을 얻었다함은 얻음이 없는 것입니다." 부처님께서 말씀하셨습니다. "옳고도. 옳다. 수보리야! 내가 최상의 바른 깨달음에서 작은 법조차도 얻을 만한 것이 없었으므로 그 이름이 최상의 바른 깨달음이라 한다."

❁

이 부두에서는 상(相)에서 보는 법(法)을 경책하고, 무상(無上)에서 보면 무법(無法)이 바로 보(普)가 된다고 하시는 것으로, 유식(唯識)에서 번뇌장(煩惱障)과 소지장(所知障)을 떠나보내고, 실상 관조반야를 이끌어 주십니다.

종경 선사는 『금강경 오가해』에서 이렇게 말씀하셨습니다.

법은 가히 얻을 것이 없음이요, 그 이름이 아뇩보리고, 도(道)도 가히 전할 것이 없음이다. 바로 열반정법(涅槃正眼)을 가르쳤네. 다만 그것은 얻되 얻지 못함이요, 전하되 전하지 못함이니 필경엔 무슨 종지(宗指)인가? 삼현(三賢)도 오히려 이 뜻을 밝히지 못했는데, 십성(十聖)인들 어떻게 능히 이 종(宗)을 통달하리오.

부대사는 이렇게 노래했습니다.

“제불의 지혜가 밝게 깨달음이여라.
깨달음의 성품은 본래 끝이 없고
부처님은 무엇으로 인해서 얻음이 있는가.
얻은 바가 없음으로서 가능했네.
묘한 성품은 헤아리기 어려워
이치를 얻은 즉 차별이 없고
미혹에 집착하여 깨닫지 못한 이들
길을 잘못 들어 얼마나 헤맸던가?”

23. 깨끗한 마음으로 선을 행한 분

第二十三 淨心行善分(제이십삼 정심행선분)

23-01

api tu khalu punaḥ Subhūte samaḥ sa dharmo na tatra kiṃcid viṣamam. tenocyate’nuttarā samyaksambodhir iti.

復次 須菩提 是法平等 無有高下 是名阿耨多羅三藐三菩提

부차 수보리 시법평등 무유고하 시명아뇩다라삼먁삼보리

또 다시 수보리야! “이 법은 평등하여 높고 낮은 것이 없음으로 이를 최상의 바른 깨달음이라 이름 한다.

23-02

nirātmatvena niḥsattvatvena nirjīvatvena niṣpudgalatvena samā sānuttarā samyaksambodhiḥ sarvaiḥ kuśalair dharmair abhisambudhyate.

以無我無人無衆生無壽者 修一切善法 則(卽)得阿耨多羅
이무아무인무중생무수자 수일체선법 즉 득아뇩누다라
三藐三菩提
삼막삼보리

아도 없고, 인도 없고, 중생도 없고, 수자도 없이 일체 착한 법을 닦으면 최상의 바른 깨달음을 얻게 된다.

23-03

tat kasya hetoḥ? kuśalā dharmāḥ kuśalā dharma iti Subhūte a-dharmaś caiva te Tathāgatena bhāṣitāḥ. tenocyante kuśalā dharmā iti.

須菩提 所言善法者 如來說 卽非善法 是名善法
수보리 소언선법자 여래설 즉비선법 시명선법

수보리야! 말하는바 착한 법이라는 것은 여래는 설한 착한 법이란 그 이름이 착한 법이다."

❁

이 부두에서는 '번뇌즉보리(煩惱卽菩提)'요, '중생즉불(衆生卽佛)'로 귀결되는 안목(眼目)을 열어주신 설법입니다.

혜능 선사는 이렇게 말씀하셨습니다.

'보리법'이란 위로는 부처에 이르고, 아래로는 곤충에 이르기까지 다 종지(種智)를 함유하고 있어서, 부처와 다름이 없으므로 평등하여 위아래가 없는 것이요, 이 보리는 둘이 없는 것으로, 다만 사상(四相)을 여의어서 일체 선법(善法)을 닦으면 바로 보리를 얻는다.

만약 사상을 여의지 않고 일체의 선법을 닦으면 곧 아인(我·人)만 증장시켜 해탈을 증득하고자 하는 마음 때문에 가히 얻을 수 없으며, 사상을 여의면 선법을 닦아 해탈을 기약할 수 있느니라. 일체 선법을 닦는 다는 것은 일체법에 물 듦이 없어서 일체 경계에 대해 동하지도 않고, 흔들리지도 않아 세간법(世間法)과 출세간법(出世間法)에 탐하거나 애착하지도 않으며, 모든 곳에서 늘 방편을 행하여 중생수순하고 ,그들로 하여금 환희심 나게 믿고 복종하게 하여, 그들을 위해 정법(正法)을 설하여 보리를 깨닫게 하니, 이와 같아야 비로소 참수행이라 할 수 있음으로 일체 선법을 닦는다고 하신다.

24. 복과 지혜는 비교되지 않는 분

第二十四 福智無比分 (제이십사 복지무비분)

24-01

yāś ca khalu punaḥ Subhūte strī vā puruṣo vā yāvantas trisāhasramahāsāhasre lokadhātau Sumeravaḥ parvata-rājānas tāvato rāśīn saptānāṃ ratnānām abhisaṃhṛtya Tathāgatebhyo' rhadbhyaḥ samyaksam-buddhebhyo dānaṃ dadyāt, yaś ca kulaputro vā kuladuhitā vetaḥ prajñāpāramitāyā dharmaparyāyād antaśaś catuṣpādikām api gāthām udgṛhya parebhyo deśayed, asya Subhūte puṇyaskandhasya-asau paurvakaḥ puṇyaskandhaḥ śatatamīm api kalāṃ nopaiti yāvad upaniṣadam api na kṣamate.

須菩提 若三千大千世界中 所有諸須彌山王 如是等七寶聚

수보리 약삼천대천세계중 소유제수미산왕 여시등칠보취

有人 持用布施 若人 以此般若波羅蜜經 乃至四句偈等

유인 지용보시 약인 이차반야바라밀경 내지사구게등

受持讀誦 爲他人說 於前福德 百分不及一 百千萬億分

수지독송 위타인설 어전복덕 백분불급일 백천만억분

乃至算數譬喩 所不能及

내지산수비유 소불능급

"수보리야! 만약 삼천대천세계 가운데 있는 수미산 왕만큼의 칠보 무더기를 가지고 어떤 사람이 보시한다고 하자. 또한 어떤 사람이 이 반야바라밀경의 사구게 만이라도 받아 지니고 읽고 외워 다른 사람을 위해 설해주는 사람이 있다면 앞의 복덕은 뒤의 복덕에 비해 백분의 일에도 못 미치고 백천만분의 일에도 못 미치며 어떤 셈이나 비유로도 능히 못 미친다."

❋

이 부두에서는 '유루복(有漏福 : 재보시)'과 '무루복(無漏福 : 법보시 경전의 사구게)'을 비교하여, 부처님 말씀을 100%로 믿고 실천할 것을 강조하십니다.

장수대사는 『금강경 간정기』에서 이렇게 말씀하셨습니다.

'논운하(論云 下)'는 인(因)이 되는 이유를 전석하셨다. 경은 진리를 말씀하신 것으로 이로 인하여 깨달을 수 있고, 깨달음에 의하여 수행한다면 바로 보리를 얻을 수 있다. 그러나 만약에 교문(教門)이 없다면 어떻게 들어가야 하는지 알 수가 있겠는가? 하여 『법화경』에서는 "부처님의 교문으로 삼계의 고통에서 벗어났다."(論云下轉釋爲因之由以經詮眞理因之悟解依解起行方得菩提若無教門安知所入故法華經云以佛教門出三界苦)104)

혜능 선사는 이렇게 말씀하셨습니다.

대철위산의 높이와 넓이가 이백이십사만 리와, 소철위산의 높이와 넓이가 이백십만 리이며, 수미산의 높이와 넓이는 삼백삼십육만 리다. 이로서 삼천대천세계라 이름 하는데 이치를 잡아서 말한다면 바로 탐·진·치의 망념이 각각 일천을 갖추었네. 예컨대 산이 다 저 수미산과 같으므로 칠보의 수와 비교해보니, 그것을 보시하면 얻은 복이 무량무변하나 마침내 그것은 유루의 인이라서 해탈할 이치가 없다. 마하반야바라밀다의 사구는 경문이 비록 수적으로는 적으나 그것을 의지해서 수행하면 바로 성불할 것이니, 경을 수지하는 복이 능히 중생으로 하여금 보리를 증득하게 함을 알 것이다. 그러므로 비교할 수 없다.

104) 『금강경 간정기』, 보련각, 1971, pp.592-3.

25. 교화해도 교화함이 없는 분

第二十五 化無所化分 (제이십오 화무소화분)

25-01

tat kiṃ manyase Subhūte api nu Tathāgatasyaivaṃ bhavati: mayā sattvāh parimocitā iti? na khalu punaḥ Subhūte evaṃ draṣṭavyaṃ.

須菩提 於意云何 汝等勿謂如來作是念 我當度衆生

수보리 어의운하 여등물위여래작시념 아당도중생

須菩提 莫作是念

수보리 막작시념

"수보리야! 네 생각은 어떠냐? 너희들은 여래가 이런 생각을 하되 '내가 마땅히 중생을 제도한다,'는 생각을 하지 말라. 수보리야! 이런 생각을 하지 말라.

25-02

tata kasya hetoḥ? na-asti Subhūte kaścit sattvo yas Tathāgatena parimocitaḥ.

何以故 實無有衆生如來度者

하이고 실무유중생여래도자

왜냐하면 실제로 여래가 제도할 중생이 없기 때문이다.

25-03

yadi punaḥ Subhūte kaścit sattvo' bhaviṣyat yas Tathāgatena parimocitaḥ syāt, sa eva Tathāgatasya -ātma-grāho' bhaviṣyat, sattva-grāho jīva-grāhaḥ pudgala-grāho' bhaviṣyat.

若有衆生 如來度者 如來則(卽)有我人衆生壽者

약유중생 여래도자 여래즉유아인중생수자

만약 여래가 제도한 중생이 있다면, 여래도 아·인·중생·수자상 있다는 것이다.

25-04

ātma-grāha iti Subhūte agrāha eṣa Tathāgatena bhāṣitaḥ. sa ca bālapṛthagjanair udgṛhītaḥ. bālapṛthag-janā iti Subhūte a-janā eva te Tathāgatena bhāṣitāḥ. tenocyante bālapṛthagjanā iti.

須菩提 如來說 有我者 則(卽)非有我 而凡夫之人 以爲有我

수보리 여래설 유아자 즉 비유아 이범부지인 이위유아

須菩提 凡夫者 如來說則(卽)非凡夫

수보리 범부자 여래설즉 비범부

수보리야! 여래가 아가 있다고 설한 것은 곧 아가 있음이 아니라 범부들이 아가 있다고 하며, 수보리야! 범부라는 것도 여래는 범부가 아니라 그 이름이 범부라 하였다."

범부(凡夫, pṛthagjanair)

'범부'란 어리석고 지혜가 모자란 이를 보편적으로 '범부'라 하나, 『대품반야경』 「상행품」에서는 "범부란 무명과 갈애로 인하여 모든 법 일체의 무소유(없는 것)를 알지 못하며, 바르게 보지 못하는 자로 제법에 집착하는 이를 범부"라 합니다. 번뇌에 얽매어 생사를 초월하지 못하고, '어리석은 사람'을 뜻합니다. 육조 혜능 선사는 나와 남을 구별하면 범부요, 나와 남을 구별치 않으면 '성인'이라 하였습니다. 반야바라밀을 깨달으면 성자요, 깨닫지 못하면 '범부'라는 뜻입니다.

❀

이 부두에서는 모든 부처님 말씀은 고루 평등하여 높고 낮음이 없으며, 중생과 부처도 이름만 있음을 강조하시나 꼭 기억해야할 키포인트는 유아(有我)에서 시작하여 무아(無我)로 전환입니다. 즉 부처님께서 예로 들면서 "내가 과거세에 보살도를 수행할 때" 라는 인용구가 나온 것도, 다 유아(有我)를 방편(方便)으로 설하시고 무아(無我)로 체득되는 과정입니다. 하여, 탐·진·치 무명(無明)과 함께 아(我)가 있으면 범부라는 뜻입니다.

혜능 선사는 이렇게 말씀하셨습니다.

수보리 존자의 생각으로 여래가 중생을 제도하는 마음이 있다고 하므로, 부처님께서 수보리 존자의 이와 같은 의심을 없애기 위하여, "그런 생각하지 말라" 고 하셨다. 일체중생이 본래 스스로 부처이니 만약 여래가 중생을 제도하여, 성불하게 한다면 바로 이는 망령된 말이 된다. 망어임으로 바로 아상·인상·중생상·수자상이니, 이는 나라는 마음을 보내기 위함이다. 하여 일체 중생은 비록 불성이 있으나, 만약 여러 부처님의 설법을 인연하지 않고는 스스로 깨달음으로 이르지 못하니, 무엇을 의지하여 수행하여 불도를 이룰 수 있겠는가?

26. 법신은 모양이 아니라는 분

第二十六 法身非想分(제이십육 법신비상분)

26-01

tat kiṃ manyase Subhūte, lakṣaṇa-sampadā Tathāgato draṣṭavyaḥ?

須菩提 於意云何 可以三十二相 觀如來不
수보리 어의운하 가이삼십이상 관여래부

"수보리야! 네 생각은 어떠냐? 가히 삼십이상으로써 여래를 볼 수 있느냐?"

26-02

SUBHŪTIR āha: no hīdaṃ Bhagavan, yathā-ahaṃ Bhagavato bhāṣitasya-artham ājānāmi na lakṣaṇa-sampadā Tathāgato draṣṭavyaḥ.

須菩提言 如是如是 以三十二相 觀如來
수보리언 여시여시 이삼십이상 관여래

수보리가 대답하였습니다. "그렇습니다. 그렇습니다. 삼십이상으로써 여래를 볼 수 있습니다."

26-03

BHAGAVĀN āha: sādhu sādhu Subhūte, evam etat Subhūte evam etad, yathā vadasi: na lakṣaṇa-sampadā Tathāgato draṣṭavyaḥ. tat kasya hetoḥ? sacet punaḥ Subhūte lakṣaṇa-sampadā Tathāgato draṣṭavyo' bhaviṣyad, rājā-api cakravartī Tathāgato' bhaviṣyat. tasmān na lakṣaṇa-sampadā Tathāgato draṣṭavyaḥ.

佛言 須菩提 若以三十二相 觀如來者 轉輪聖王 則(卽)是如來
불언 수보리 약이삼십이상 관여래자 전륜성왕 즉 시여래

부처님께서 말씀하셨습니다. "수보리야! 만약 삼십이상으로써 여래라고 볼 수 있다면 전륜성왕이 곧 여래겠구나!"

26-04

āyuṣmān SUBHTŪTIR Bhagavantam etad avocat: yathā-ahaṃ Bhagavato bhāṣitasya-artham ājānāmi, na lakṣaṇa-sampadā Tathāgato draṣṭavyaḥ.

須菩提白佛言 世尊 如我解佛所說義 不應以三十二相 觀如來
수보리백불언 세존 여아해불소설의 불응이삼십이상 관여래

수보리가 부처님께 말씀드렸습니다. “세존이시여! 제가 부처님께서 말씀하신 뜻을 이해하기로는, 응당 삼십이상을 가지고는 여래를 볼 수 없습니다.”

26-05

Atha khalu BHAGAVĀṂS tasyāṃ velāyām ime gāthe abhāṣata:

YE MĀṂ RŪPEṆA CA-ADRĀKṢUR
YE MĀṂ GHOṢEṆA CA-ANVAYUḤ
MITHYĀ-PRAHĀṆA-PRASṚTĀ
NA MĀṂ DRAKṢYANTI TE JANĀḤ

Dharmato Buddhā draṣṭavyā
dharmakāyā hi nāyakāḥ
dharmatā ca na vijñeyā
na sā śakyā vijānituṃ.

爾時世尊 而說偈言 [若以色見我 以音聲求我 是人行邪道
이시세존 이설게언 약이색견아 이음성구아 시인행사도
不能見如來]
불능견여래

그때 세존께서 게송으로 말씀하셨습니다.
"만약 색으로써 나를 보거나, 음성으로 나를 구한다면 이 사람은 삿된 길을 갈 뿐 여래를 볼 수 없느니라."

(법으로써 부처님을 보아야 하며, 법신들이 스승이기 때문이다. 법의 본성은 분별이나 식별될 수 없으며, 그것을 분별해서는 알 수 없느니라.)

❋

이 부두에서는 인도에서 전해오는 가장 이상적인 왕으로 일컬어지는 전륜성왕과 부처님도 외형상 거룩하고 길한 32상 80종호으로 진여법신인

비로자나 부처님을 볼 수 없다는 강한 메시지를 전해 주셨습니다.

혜능 선사는 이렇게 말씀하셨습니다.

세존께서 대자비로서 수보리 존자가 상에 집착하는 병을 없애지 못할까 염려하여 이 질문을 던졌는데, 수보리 존자가 부처님의 뜻을 알지 못하여 "그렇습니다. 그렇고 말구요." 하시니 벌써 이것은 미혹한 마음이로다. 재차 말하지만 32상으로서 여래를 관한다 하시니 다시 한 번 더 미혹한 마음이다.

진(眞)을 떠남이 더더욱 멀어지므로 여래가 그를 위해 설하시데, 저 미한 마음을 없애고자 하시면서 "만약 32상으로 여래를 볼 수 있다면, 전륜성왕도 바로 여래와 같을 수 있겠느냐?" 하고 물으셨다.

세존께서 이 말씀을 이끌어 온 것은 수보리 존자의 상에 대한 집착하는 병을 보내기 위해 그로 하여금 깨달은 바가 깊이 마음에 사무치게 하심이다. 수보리 존자가 질문을 받고 미한 마음이 한꺼번에 풀어짐으로 인해 "제가 부처님께서 설하신 뜻을 이해하기에 응당 32상으로서 여래를 관할 수 없습니다." 하셨다. 수보리 존자는 대아라한이라 깨달은 바가 매우 깊으시니, 방편으로 그 미로를 보여서 세존께 미세한 번뇌를 없애버리고, 후세의 중생들로 하여금 보는 바가 그릇되지 않기를 바라셨다."

당나라 때 선풍을 크게 선양하셨고 혜능 선사를 시봉했던 남악회양(南嶽懷讓 677~744) 선사와 백장선사의 스승이신 마조도일(馬祖道一 709~788)선사의 수행일화를 소개하겠습니다.

"그대는 무엇 때문에 좌선을 하신가?"

"부처가 되려고 합니다."

그러자 남악선사는 기왓장 하나를 가지고 와서 돌에 대고 갈기 시작했습니다. 큰스님의 행동을 이상이 여겨 여쭈어 보았습니다.

"큰스님! 기왓장을 갈아 무엇에 쓰려 하십니까?"

아무렇지도 않다는 듯 태연하게 "거울을 만들려고 하네." 하셨습니다. 마조스님은 어이가 없다는 듯 크게 웃으시며 말씀했습니다.

"기왓장을 갈아 어떻게 거울을 만들 수 있겠습니까?"

"그대는 좌선을 하여 부처가 되려 하는 데, 나는 어찌 기왓장을 갈아 거울을 만들 수 없겠는가?"

마조스님은 문득 한 찰나에 깨달은 바가 있었습니다.

27. 끊어짐과 멸함이 없는 분

第二十七 無斷無滅分 (제이십칠 무단무멸분)

27-01

tat kiṃ manyase Subhūte lakṣaṇa-sampadā Tathāgatena-anuttarā samyaksambodhir abhisambuddhā? na khalu punas te Subhūte evaṃ draṣṭavyaṃ. tat kasya hetoḥ? na hi Subhūte lakṣaṇa-sampadā Tathāgatena-anuttarā samyaksambodhir abhisambuddhā syāt.

須菩提 汝若作是念 如來不以具足相故 得阿耨多羅三藐三菩提
수보리 여약작시념 여래불이구족상고 득아뇩다라삼먁삼보리
須菩提 莫作是念 如來不以具足相故 得阿耨多羅三藐三菩提
수보리 막작시념 여래불이구족상고 득아뇩다라삼먁삼보리

"수보리야! 네가 만약 생각하기를 '여래가 구족한 상을 쓰지 않고 최상의 바른 깨달음을 얻은 것이다.'라고 하겠느냐?
수보리야! '여래가 구족한 상을 쓰지 않음으로 최상의 바른 깨달음을 얻은 것이다.'라고 생각하지 말라.

27-02

na khalu punas te Subhūte kaścid evaṃ vaded: bodhisattvayanā-samprasthitaiḥ kasyacid dharmasya vināśaḥ prajñapta ucchedo veti. na khalu punas te Subhūte evaṃ draṣṭavyam.

須菩提 汝若作是念 發阿耨多羅三藐三菩提者 說諸法 斷滅相

수보리 여약작시념 발아뇩다라삼먁삼보리자 설제법 단멸상

莫作是念

막작시념

수보리야! 네가 만약 이런 생각으로 '최상의 바른 깨달음의 마음을 사람은 모든 법이 단멸했다.'고 설했다면 생각 하지 말라.

27-03

tat kasya hetoḥ? na bodhisattva-yāna-samprasthitaiḥ kasyacid dharmasya vināśaḥ prajñapto nocchedaḥ.

何以故 發阿耨多羅三藐三菩提心者 於法 不說斷滅相

하이고 발아뇩다라삼먁삼보리심자 어법 불설단멸상

왜냐하면 '최상의 바른 깨달음의 마음을 발하는 자는 법에 대하여 단멸상을 소멸된다.'고 말하지 않기 때문이다."

❃

이 부두에서는 두 극단인 '부정(斷)'과 '긍정(常)'의 허물을 묘법인 '지각(知覺)'으로 치우친 생각을 바로 잡아 경책해 주십니다.

종경 선사는 『금강경 오가해』에서 이렇게 말씀하셨습니다.

상(相)을 갖춘 것이 아니고 본래 갖추어져 있음이라. 늘 저절로 장엄함이요, 법을 전하지 않되 서로 전해짐이네. 어찌 일찍이 단멸하오리까? 옛적 세존이 영산회상에서 인천(人天) 대중 앞에서 이르시기를, "나에게 있는 청정법안·열반묘심을 음광(飮光: 가섭존자)에게 부촉하노니, 널리 전하여 교화하라." 하시고 거듭 말씀하셨다. "당시 부촉한 것은 그 무엇인가? 청련목(靑蓮目)으로 인천(人天)대중을 돌아보시니 금색두타(金色頭陀: 가섭)가 염화미소라."

한 등(燈)이 능히 백천 등에 이어줌이라.
심인(心印)의 빛이 통하여 법령을 행함이다.
천성인(千聖人)이 전하지 못하나 불어도 꺼지지 않으니,
연이은 빛과 불꽃이 더더욱 분명하네.

28. 복을 받거나 탐하지 않는 분

第二十八 不受不貪分 (제이십팔 불수불탐분)

28-01

yaś ca khalu punaḥ Subhūte kulaputro vā kuladuhitā vā gaṅgānadī-vālukā-samāṃl lokadhātūn sapta-ratna-paripūrṇān kṛtvā Tathāgatebhyo' rhadbhyaḥ samyak-sambuddhebhyo dānaṃ dadyāt, yaś ca bodhisattvo nirātmakeṣv anutpatti- -keṣu dharmeṣu kṣāntiṃ pratilabhate, ayam eva tato nidānaṃ bahutaraṃ puṇya-skandhaṃ prasaved aprameyam asamkhyeyam.

須菩提 若菩薩 以滿恒河沙等世界七寶 '持用' 布施 若復有人

수보리 약보살 이만항하사등세계칠보지용105)보시 약부유인

知一切法無我 得成於忍 此菩薩 勝前菩薩所得功德

지일체법무아 득성어인 차보살 승전보살소득공덕.

"수보리야! 만약 보살이 항하의 모래 수 같은 세계에 칠보를 가득

105) '持用' 고려대장경에는 누락. 송·명·청본에는 있음.

채워 보시하더라도. 만약 또 어떤 사람이 일체 법이 무아임을 알아 인욕을 얻어 이루면 이 보살의 공덕은 앞의 보살이 얻은 공덕 보다 더 수승하다.

28-02

na khalu punaḥ Subhūte bodhisattvena mahāsattvena puṇya-skandhaḥ parigrahītavyaḥ.

須菩提 以諸菩薩 不受福德故.

수보리 이제보살 불수복덕고

왜냐하면 수보리야! 모든 보살이 복덕을 받지 않기 때문이다."

28-03

ayuṣmān SUBHŪTIR āha: nanu Bhagavan bodhisattvena puṇyaskandhaḥ parigrahītavyaḥ? BHAGAVĀN āha: parigrahītavyaḥ Subhūte nodgrahītavyaḥ. tenocyate parigrahītavya iti.

須菩提白佛言 世尊 云何菩薩 不受福德 須菩提 菩薩所作福德
수보리백불언 세존 운하보살 불수복덕 수보리 보살소작복덕

不應貪着 是故 說不受福德
불응탐착 시고 설불수복덕

수보리가 부처님께 여쭈었습니다. "세존이시여! 어찌하여 보살이 복덕을 받지 않습니까?" "수보리야! 보살은 지은 복덕은 응당 탐착하지 않아야 하기 때문에 복덕을 얻지 않는다고"설한 것이다.

❁

이 부두에서는 복덕이나 공덕의 과를 생각하면 진정 금강무상법회에 초대받지 못하는 보살수행을 전해주십니다.

모든 보살은 자신이 세운 원력과 서원에 따라(隨自意) 진실지를 비추심과 중생의 뜻에 따라(隨他意) 방편지로 비추심을 의미합니다. 대보살님들도 꾸준히 보살수행을 하시는 데도 나라는 아상이 없으며, 과보를 기대하는 것은 더더욱 아니며, 복덕이나 공덕을 탐하지 않음을 전해주십니다. 하여, 『법화경』에 나투신 무수심(無受心)과 은혜심(恩惠心)으로 삿된 도(道)에 떨어진 중생에게 대비심을 일으켜주시는 도사(導師)보살과 같은 의미입니다.

혜능 선사는 이르기를 "보살의 지은 바의 복덕은 자기를 위함이 아니요, 뜻이 일체중생을 이익 하는 데 있음이라. 그러므로 복덕을 받지 않는다." 하

셨습니다.

부대사는 이렇게 노래하셨습니다.

보시는 유루의 상이여,
삼생(三生)[106]을 도리어 삼킴을 당하였네.
칠보로서 많은 지혜행(知慧行)을 함이여,
어찌 육근의 버림을 알겠는가?
다만 모든 욕심을 여의고,
가끔 애정의 은혜도 버릴지니,
만약 탐상(貪相)이 없음을 안다면,
마땅히 법왕문(法王門)에 이르리라.

---

106) 삼생三生 : 일생一生은 복 짓는 데, 일생一生은 복 받는 데, 일생一生은 복을 다 허비하는데 쓰고 마는 것을 뜻한다.

29. 여래의 모습이 고요한 분

第二十九 威儀寂靜分 (제이십구 위의적정분)

29-01

api tu khalu punaḥ Subhūte yaḥ kaścid evaṃ vadet: Tathāgato gacchati vā-āgacchati vā, tiṣṭhati vā niṣīdati vā śayyāṃ vā kalpayati, na me Subhūte sa bhāṣitasya -artham ājānāti.

須菩提 若有人言 如來若來若去若坐若臥 是人 不解我所說義
수보리 약유인언 여래약내약거약좌약와 시인 불해아소설의

"수보리야! 만약 어떤 사람이 말하기를 '여래는 오기도 하고 가기도 하며 앉기도 하고 눕기도 한다.'고 한다면, 그 사람은 내가 설한 뜻을 이해하지 못한 것이다.

약래약거약좌약와(若來若去若坐若臥,gacchati vā āgacchati-vātiṣṭhati vā niṣīdati vā śayyāṃ vā kalpayati):

여래의 사위의(四威儀)107)로 색신인 육체를 가지고 여래의 법신과 혼동하는 것을 의미합니다.

29-02

tat kasya hetoḥ? Tathāgata iti Subhūte ucyate na kvacid-gato na kutaścid āgataḥ. tenocyate Tathāgato'rhan samyaksambuddha iti.

何以故 如來者 無所從來 亦無所去 故名如來
하이고 여래자 무소종래 역무소거 고명여래

왜냐하면 여래란 오는 것도 없고 가는 것도 없으므로 여래라고 이름 하기 때문이다."

❀

이 부두에서는 '중도(中道)'의 이치로 '법신여래'는 오고 감이나 행·주·좌·와가 공적해 '여여부동(如如不動)'함을 일깨워 줍니다. 화신불(化身佛)로 보지 않기 때문입니다.

---

107) 행行 오고 가는 것, 주住 머무른 것, 좌坐 앉는 것, 와臥 눕는 것을 말한다.

규봉 선사는 『금강경 오가해』에서 이렇게 말씀하셨습니다.

게송(偈頌)에 이르길, '가고 오는 것은 화신불이니, 여래는 늘 움직임이지 않는다' 하셨고, 대운(大雲)이 말하길, "중생심의 물이 만약 청정하다면 바로 부처가 온 것을 볼 수 있으나, 와도 쫓아온 바가 없음이요, 물이 탁하면 부처가 쌍림(雙林)에서 적멸에 드심을 보고, 바로 말하기를 부처가 갔다고 하나 가도 가히 이를 데가 없다하다"라고 하셨으며, 조법사(肇法師)가 말하길, "아는 것이 지극해서 여여함을 알면 체(體)에 방소(方所)가 없음이라. 인연이 지극하여 나타남이나 와도 쫓아온 바가 없고, 감득함이 끝나면 숨겨지나 다시 어찌 가는바 인가?" 라고 하셨다.

29-02에 대해 장수대사께서는『금강경 간정기』에서 이렇게 말씀하셨습니다.

물은 중생(衆生)의 비유한 것이고, 달은 법신(法身)을 비유한 것이고, 그림자는 화신(化身)을 비유하신 것이고, 청·탁(淸濁)은 염·정(染淨)에 비유한 것을 알 수 있다.

물이 깨끗하면 달이 나타나지만 달은 또한 온 것이 아니요, 물이 흐리고 탁하면 달이 숨지만 또한 달이 간 것이 아니다. 물이 깨끗하고 더러운 것일 뿐 달이 올라가지도 내려오지도 않는다. 법에서도 똑같이 그러하다. 마음이 깨끗하면 부처님을 뵐 수 있지만 부처님이 오신 것도 아니요, 마음이 깨끗지 못하면 뵐 수 없지만 가신 것도 아니다. 하여 중생들이 더럽고 깨끗할 뿐 부처님은 숨거나 나타남이 아니다. (水喩衆生心則知月喩法身影喩化體淸濁喩染淨也水淸月現月亦不來水濁月隱亦非月去但是水有淸濁非謂月有升沈法中亦爾心淨見佛非是佛來心垢不見亦非不去但是衆生垢淨非謂諸佛隱現)108)

108)『상게서』, p.621.

30. 하나로 합한 이치의 분

第三十 一合理相分 (제삼십 일합이상분)

30-01

yaś ca khalu punaḥ Subhūte kulaputro vā kuladuhitā vā yāvantas trisāhasra-mahāsāhasre lokadhātau pṛthivī-rajāṃsi tāvatāṃ lokadhātūnām evaṃrūpaṃ maṣiṃ kuryāt yāvad evam asaṃkhyeyena vīryeṇa tad yathāpi nāma paramāṇu-saṃcayaḥ, tat kiṃ manyase Subhūte api nu bahuḥ sa paramāṇu-saṃcayo bhavet? SUBHŪTIR āha: evam etat Bhagavann, evam etat Sugata, bahuḥ sa paramāṇu-saṃcayo bhavet.

須菩提 若善男子善女人 以三千大千世界 碎爲微塵 於意云何

수보리 약선남자선여인 이삼천대천세계 쇄위미진 어의운하

是微塵衆 寧爲多不 甚多世尊

시미진중 영위다부 심다세존

"수보리야! 만약 선남자선여인이 삼천대천세계를 부수어서 가는

티끌을 만든다면, 네 생각은 어떠냐? 이 티끌들이 많겠느냐?"
"매우 많습니다. 세존이시여!

30-02

tat kasya hetoḥ? saced Bhagavan bahuḥ paramāṇu-saṃcayo' bhaviṣyat, na Bhagavan avakṣyat paramāṇu-saṃcaya iti. tat kasya hetoḥ? yo' sau Bhagavan paramāṇu-saṃcayas Tathāgatena bhāṣitaḥ, a-saṃcayaḥ sa Tathāgatena bhāṣitaḥ. tenocyate paramāṇu-saṃcaya iti.

何以故 若是微塵衆 實有者 佛則(卽)不說是微塵衆 所以者何
하이고 약시미진중 실유자 불즉 불설시미진중 소이자하
佛說微塵衆 則(卽)非微塵衆 是名微塵衆.
불설미진중 즉 비미진중 시명미진중

왜냐하면 만약 이 티끌들이 실제로 있는 것이라면 부처님께서는 이것을 티끌들이라고 말씀하지 않으셨을 것이기 때문입니다. 그것은 부처님께서 티끌들은 티끌들이 아니라고 설하셨으므로 그 이름이 티끌들이라고 말씀하신 까닭입니다.

미진중(微塵衆, paramāṇu-saṃcayaḥ)

티끌의 모임을 말합니다.

30-03

yaś ca Tathāgatena bhāṣitas trisāhasramahāsāhasro lokadhātur iti, a-dhātuḥ sa Tathāgatena bhāṣitaḥ. tenocyate trisāhasramahāsāhasro lokadhātur iti.

世尊 如來所說三千大千世界 則(卽)非世界 是名世界

세존 여래소설삼천대천세계 즉비세계 시명세계

세존이시여! 여래께서 말씀하신 삼천대천세계는 곧 세계가 아니므로 그 이름이 세계라 말씀하십니다.

30-04

tat kasya hetoḥ? saced Bhagavan loka-dhātur abhaviṣyat, sa eva piṇḍa-grāho' bhaviṣyat, yaś caiva piṇḍa-grāhas Tathāgatena bhāṣitaḥ, agrāhaḥ sa Tathāgatena bhāṣitaḥ. tenocyate piṇḍa-grāha iti.

BHAGAVĀN āha: piṇḍa-grāhaś.

何以故 若世界 實有者 則(卽)是一合相 如來說一合相

하이고 약세계 실유자 즉 시일합상 여래설일합상

則(卽)非一合相 是名一合相

즉 비일합상 시명일합상

왜냐하면 만약 세계가 실제로 있는 것이라면 곧 하나로 합한 상도 곧 하나로 합한 상이 아니라 그 이름이 하나로 합한 상이라고 말씀하셨기 때문입니다."

일합상(一合相, piṇḍa-grāha)

덩어리를 움켜지거나 파악 또는 이해나 견해로, 여러 인연으로 화합하여 물질계를 형성하는 오온(五蘊)의 가합(假合)을 뜻합니다.

30-05

caiva Subhūte' vyavahāro' nabhilapyaḥ. na sa dharmo na-adharmaḥ, sa ca bālapṛthagjanair udgṛhītaḥ.

須菩提 一合相者 卽是不可說 但凡夫之人 貪着其事
수보리 일합상자 즉시불가설 단범부지인 탐착기사

"수보리야! 하나로 합한 상이라는 것은 말할 수가 없는 것인데 다만 범부들이 그것을 탐내고 집착할 따름이다."

❋

이 부두에서는 '금강무상반야회상'에서 또는 불교계에서 '고정' 또는 '고착화'되어가는 것을 티끌로 표현되는 나와 삼천대천세계로 표현된 법신 자체와 두 가지가 하나 되는 '일합상(一合相)'도 다만 이름일 뿐이니 집착하지 말라는 말씀입니다.

부대사는 이렇게 노래하셨습니다.

세계와 미진이 하나일 뿐 어찌 다를 것이며,
보신과 응신도 또한 그와 같다.
인(因)도 아니고 또한 과(果)도 아니니,
무엇이 뒤고 또 무엇이 먼저인가?
일 가운데 일합(一合)으로 통하나,
이치인즉 둘 다 함께 버림이라.
무생(無生)의 길을 통달하고자 한다면
마땅히 본원을 잘 알라!

31. 지견을 내지 말라는 분

第三十一 知見不生分 (제삼십일 지견불생분)

31-01

tat kasya hetoḥ? yo hi kaścit Subhūta evaṃ vaded: ātma-dṛṣṭis Tathāgatena bhāṣitā sattva-dṛṣṭir jīva-dṛṣṭiḥ pudgala-dṛṣṭis Tathāgatena bhāṣitā, api nu sa Subhūte samyagvadamāno vadet? SUBHŪTIR āha: no hīdaṃ Bhagavan no hīdaṃ Sugata, na samyag-vadamāno vadet.

須菩提 若人言 佛說我見人見衆生見壽者見 須菩提 於意云何

수보리 약인언 불설아견인견중생견수자견 수보리 어의운하

是人 解我所說義不 '不也' 世尊 是人不解如來所說義

시인 해아소설의부 불야109)세존 시인불해여래소설의

"수보리야! 만약 어떤 사람이 말하기를, '부처님께서 아견·인견 ·중

109) '不也' 고려대장경에는 누락. 송·명·청본에는 있음.

생견·수자견을 설하였다.'고 말한다면, 수보리야! 네 생각은 어떠냐? 이 사람이 내가 설한 뜻을 알았다 하겠느냐?"

"아닙니다. 세존이시여! 그 사람은 여래께서 설한 뜻을 바르게 알지 못한 것입니다.

31-02

tat kasya hetoḥ? yā sā Bhagavann ātma-dṛṣṭis Tathāgatena bhāṣitā, a-dṛṣṭiḥ sā Tathāgatena bhāṣitā. tenocyata ātma-dṛṣṭir iti.

何以故 世尊說我見人見衆生見壽者見 卽非我見人見衆生見
하이고 세존설아견인견중생견수자견 즉비아견인견중생견

壽者見 是名我見人見衆生見壽者見
수자견 시명아견인견중생견수자견

왜냐하면 세존께서는 말씀하신 아견·인견·중생견·수자견이란 곧 아견·인견·중생견·수자견이 아니고, 그 이름이 아견·인견·중생견·수자견 이기 때문입니다."

31-03

BHAGAVĀN āha: evaṃ hi Subhūte bodhisattvayāna -samprasthitena sarva-dharmā jñātavyā draṣṭavyā adhimoktavyāḥ thatā ca jñātavyā draṣṭavyā adhimoktavyāḥ yathā na dharma-samjñā pratyupasthāhe.

須菩提 發阿耨多羅三藐三菩提心者 於一切法 應如是知 如是見
수보리 발아뇩다라삼먁삼보리심자 어일체법 응여시지 여시견
如是信解 不生法相
여시신해 불생법상

"수보리야! 최상의 바른 깨달음을 얻고자 하는 이는 일체법에 대하여 이와 같이 알고, 이와 같이 보며, 이와 같이 믿고 이해하여 법이라는 상을 내지 말아야 한다.

31-04

tat kasya hetoḥ? dharma-saṃjñā dharma-saṃjñeti Subhūte a-saṃjñaiṣā Tathāgatena bhāṣitā. tenocyate dharma-saṃjñeti.

須菩提 所言法相者 如來說卽非法相 是名法相

수보리 소언법상자 여래설즉비법상 시명법상

수보리야! 법이란 상은 여래는 설한 법상이 아니고 그 이름이 법상이라 말한다."

❋

이 부두에서는 '아견·인견·중생견·수자견'을 여의면 나름대로의 알음알이는 이름에 불과하고, 부처님의 마음과 보리와는 점점 멀어져 감을 일깨워 줍니다.

혜능 선사는 이렇게 말씀하셨습니다.

여래가 이 경을 설하시어 일체중생으로 하여금, 반야의 지혜를 스스로 깨달아 스스로 보리과를 증득하게 하시어, 범부들이 부처님 뜻을 알지 못하고, 바로 여래께서 아인등(我人等)의 견(見)을 설하셨다고 하니, 여래는 심히 깊은 무상·무위·반야바라밀법을 설하심을 바르게 알지 못함이니라.

여래가 설하신 아인등의 견은 범부의 아인등의 견과 같지 않음이니, 여래가 설하신 일체중생은 다 불성(佛性)이 있다는 그것은 참다운 '아견(我見)'이요, 일체중생의 무루(無漏)한 지성(智性)은 본래 스스로 구족했다고 설하신 것은 '인견(人見)'이요, 일체중생은 본래 번뇌가 없다고 설하신 것은 '중생견(衆生見)'이요, 일체중생의 성품이 본래 스스로 불생불멸(不生不滅)하다고 하신 것은

'수자견(壽者見)'이다."

부대사는 이렇게 노래하셨습니다.

오직 진여의 이치로 이르면
아(我)를 버리고 무위(無爲)에 들어가니,
중생 수자여,
깨닫고 보면 모두 다 비(非)로다.

만약 보리 도를 깨달으면,
피안도 또한 여의게 되네.
법상과 비법상을
마침내 이와 같이 마땅히 알라.

32. 응신 화신은 법신이 아닌 분

第三十二 應化非眞分 (제삼십이 응화비진분)

32-01

yaś ca khalu punaḥ Subhūte bodhisattva mahāsattv-o' prameyān asamkhyeyāṃl lokadhātūn saptaratna-paripūrṇaṃ kṛtvā Tathāgatebhyo' rhadbhyaḥ samyak-sambuddhebhyo dānaṃ dadyāt, yaś ca kulaputro vā kuladuhitā vetaḥ prajñāpāra-mitāya dharmaparyāyād antaśaś catuṣpādikām api gāthām udgṛhya dhārayed deśayed vācayet paryavāpnuyāt parebhyaś ca vistareṇa samprakāśayed, ayam eva tato nidānaṃ bahutaraṃ puṇyaskandhaṃ prasunuyād aprameyam asam-khyeyam.

須菩提 若有人 以滿無量阿僧祇世界七寶 持用布施 若有善男子

수보리 약유인 이만무량아승기세계칠보 지용보시 약유선남자

善女人 發菩薩心者 持於此經 乃至四句偈等 受持讀誦 爲人演

선여인 발보살심자 지어차경 내지사구게등 수지독송 위인연

說 其福勝彼
설 기복승피

"수보리야! 만약 어떤 사람이 한량없는 아승지 세계에 칠보로서 가득 채워 보시하더라도. 만약 또 어떤 선남자선여인이 보살심을 발한 이가 이 경전을 지니거나 사구게 만이라도 수지하고 독송하여 다른 사람을 위해 설해 준다면, 그 복덕이 저 복덕보다도 더 수승하다.

32-02

kathaṃ ca saṃprakāśayet?

云何爲人演說
운하위인연설

어떻게 남을 위해 설해 줄 것인가?

32-03

yathā na prakāśayet. tenocyate saṃprakāśayed iti.

不取於相 如如不動
불취어상 여여부동

설해 준다는 상에 머물지 않고 여여하게 설해야 한다.

TĀRAKĀ TIMIRAṂ DĪPO

MĀYĀ-AVAŚYĀYA BUDBUDAṂ

SUPINAṂ VIDYUD ABHRAṂ CA

EVAṂ DRAṢṬAVYAṂ SAṂSKṚTAM.

何以故 [一切有爲法 如夢幻泡影 如露亦如電 應作如是觀]
하이고 일체유위법 여몽환포령 여로역여전 응작여시관

**왜냐하면 일체의 함이 있는 법은 꿈·허깨비·물거품·그림자·
이슬·번개 같으니 응당 이와 같이 관할지라."
(별·허깨비·등불·환영·이슬·물거품·꿈·번개·구름)**

32-05

Idam avocad BHAGAVĀN. āttamanāḥ sthavira Subhūtis, te ca bhikṣu-bhikṣuṇy-upāsakopāsikās te ca bodhisattvāḥ sa-deva-mānuṣa-asura-gandharvaś ca loko Bhagavato bhāṣitam abhyanandann iti.

佛說是經已 長老須菩提 及諸比丘比丘尼 優婆塞優婆夷

불설시경이 장로수보리 급제비구비구니 우바새우바이

一切世間天人 阿修羅 聞佛所說 皆大歡喜 信受奉行

일체세간천인 아수라 문불소설 개대환희 신수봉행

부처님께서 이 경을 다 설하시고 마치니, 장로 수보리와 모든 비구·비구니·우바새·우바이와 일체 세간의 천상·인간·아수라 들이 부처님의 법문을 듣고 모두 다 매우 기뻐하며 믿고 받들어 행하였습니다.

비구(比丘, bhikṣu)

'비구'란 구족계(250계)를 받은 20세 이상의 남자스님을 '비구'라 합니다. 부처님께서 최후 공양인 춘다의 공양을 받으신 후 춘다가 부처님께 "이 세상에는 몇 부류의 비구(사문)가 있습니까?" 라고 여쭈었습니다. 부처님께서는 "네 부류의 사문이 있느니라." 라고 말씀하셨습니다.

첫째, 승도사문(勝道沙門)으로 도에 있어서 최고의 깨침을 얻은 아라한을 지칭하며, 이 비구(니)는 세상을 밝게 하고, 중생을 구제한다고 합니다.

둘째, 설도사문(說道沙門)으로 불교의 교학과 이론에 밝아 수행과 해석을 잘하여 바르게 이끌어주는 비구(니)입니다.

셋째, 활도사문(活道沙門)으로 도를 이루려고 계율을 잘 지키고, 학업과 수행에 전념하나 깨침을 얻지 못한 범부 비구(니)입니다.

넷째, 오도사문(汚道沙門)으로 불문에 들어와 구족계를 받았으나 바른 교학과 수행은 하지 않고, 승가를 욕되게 하는 비구(니)입니다.

비구의 다섯 가지 덕(比丘五德)은

첫째, 포마(怖魔)로 수행을 잘하여 해탈로 들어가기에 마군이 두려워합니다.

둘째, 걸사(乞士)로 위로는 부처님 법인 지혜를 구하고, 아래로는 밥을 빌어 몸을 보존합니다.

셋째, 정계(淨戒)로 청정계율을 지킵니다.

넷째, 정명(淨命)으로 최소한 오도사문(汚道沙門)을 경계합니다.

다섯 째, 파악(破惡)으로 계·정·혜 삼학을 잘 닦아 번뇌를 단속합니다.

비구니(比丘尼, bhikṣuṇy)

'비구니'는 구족계(348계)를 받은 20세 이상의 여스님을 말합니다.

우바새(優婆塞, upāsaka)

'우바새'는 '청신남(淸信男)' 또는 '청신사(淸信士)'로 뜻으로 번역하며, '삼귀의(三歸依)'와 '오계(五戒)'를 받들고 지키는 남성불자를 뜻하나, 원뜻은 부처님께 귀의한 가정에 태어난 남자를 지칭하는 말입니다.

1. 삼귀의(三歸依)

1) 귀의불 양족존(歸依佛 兩足尊, buddhaṁ saraṇaṁ gaccāmi)

거룩한 (복덕과 지혜를 구족하신) 부처님께 귀의합니다.

자귀의불 당원중생 채해대도 발무상심
自歸依佛 當願衆生 體解大道 發無上心
스스로 부처님께 귀의하고,
마땅히 중생의 몸으로 대도를 이해하여
무상심을 내기를 발원합니다.

2) 귀의법 이욕존(歸依法 離欲尊, dhammaṁ saraṇaṁ gacchāmi)

거룩한 (욕심을 여읜 존자의 법) 가르침에 귀의 합니다.

자귀의법 당원중생 심입경장 지혜여해
自歸依法 當願衆生 深入經藏 智慧如海
스스로 불법에 귀의하고,
마땅히 중생이 경장의 지혜바다에
깊이 들어가기를 발원합니다.

3) 귀의법 중중존(歸依法 衆中尊, saṅgaṁ saraṇaṁ gacchāmi)

거룩한 (화합승가) 스님들께 귀의합니다.

자귀의승 당원중생 통리대중 일체무애 화남성중
自歸依僧 當願衆生 通理大衆 一切無閡 和南聖衆
스스로 승단에 귀의하고,
마땅히 중생들이 대중들을 이치에 맞게 통솔하여
일체의 일들이 장애 없기를 발원하며,
성인들께 경례 드립니다.

2. 오계(五戒, pañca-śīla)

1) 불살생(不殺生, pāṇātipātā veramaṇi sikkhāpadaṃ samādiyāmi)

살아있는 생명을 죽이지 말라. 살아 있는 모든 생명은 공포를 싫어하고, 사랑받기를 원합니다. 그 생명들이 더 잘 살 수 있게 하라는 자비심의 적극성이 숨어 있습니다. '자비종자'가 끊어짐을 경책하는 뜻이 있습니다.

부처님 재세시에는 음식으로 일체(육식·어물) 육식을 금하지 않았습니다. 금하는 육식·어물로는

첫째, 자기 손으로 잡거나 남을 시켜서 잡는 것. 둘째, 죽이는 소리나 잡는 형상(모양)을 본 것. 셋째, 죽음이 의심되는 것(얼마 전까지 노닐던 닭을 보았는데 없어지는 것) 등입니다.

『숫따니빠다』에서도 전생 부처님께서 탁발을 가셨을 때 닭발을 먹는 글귀가 나옵니다. 그때 그 장면을 목격했던 바라문이 질문을 합니다. "부처님이시여, 어찌 고기를 섭취하십니까?" 이에 부처님께서는 "수행과

행동이 문제지 먹는 탁발음식을 버리겠는가?"라고 말씀하셨습니다.

달마대사가 갖고 오신 『능가경』(3·4세기경)과 『범망경』 등 대승불교에서 고기를 금하게 됩니다.

2) 불투도(不偸盜, adinnādānā veramaṇi silkkhāpadaṃ samādiyāmi)

남의 물건을 탐내지 말라. 나눔을 잘하여, 타인에게 그런 생각을 갖지 말게 하는 적극성이 숨어 있습니다. '복덕종자'가 끊어짐을 경책하는 뜻입니다.

3) 불사음(不邪淫, kamesu micchacara veramaṇi sikkhāpadaṃ samādiyāmi)

사음하지 말라. 모든 이성을 나이가 어리면 동생처럼, 나이가 많으면 누님이나 오빠처럼 보살피고 윤리의식을 넓히라는 적극성이 숨어 있습니다. '청정종자'가 끊어짐을 경책하는 뜻입니다.

4) 불망어(不妄語, musāvāda veramaṇi sikkhāpadaṃ samādiyāmi)

거짓말 하지 말라. 진실과 사실을 이야기하고, 상대방에게 상처를 주는 말보다는 칭찬과 격려의 말을 많이 하라는 적극성이 숨어있습니다. '진실의 종자'가 끊어짐을 경책하는 뜻입니다.

5) 불음주(不飮酒 surā-meraya-pamādaṭṭhānā veramaṇi sikkhāpadaṃ samādiyāmi)

술을 마시지 말라. 원 뜻은 소마로 술보다는 마리화나 마약 같은 환각성을 경계하는 뜻이었으나, 시대의 변화로 술로 바뀌었습니다. 방부제·환경호르몬 등 인체에 해로운 첨가물이 들어 있지 않는 먹을거리를 권하는 적극적인 뜻이 숨어 있습니다. '지혜의 종자'가 끊어짐을 경책하는 뜻입니다.

우바이(優婆夷, upāsikās)

'우바이'는 '청신녀'로 여성 불자를 뜻합니다.

Ārya-VAJRACCHEDIKĀ

Bhagavatī PRAJÑĀPĀRAMITĀ samāptā.

(**거룩한 금강, 복덕을 구족한 지혜의 완성을 마칩니다.**)

☸

이 부두에서는 현상계에 나타난 반야의 묘지(妙智)로서, 라집본에서는 6가지 비유를 들어 설하십니다. 꿈·허깨비·물거품·그림자는 공도리(空道理)를 설하시고, 이슬·번개는 찰라는 무상을 뜻합니다.

현장본과 보리유지본은 9가지 비유로 새벽 별·눈에 중증의 백내장이나 녹내장 등의 안과질환으로 보이는 그림자·등불·허깨비·아침이슬·물거품·꿈·번개·흘러가는 구름으로 번역하셨습니다.

『법화경』에서는 이렇게 말씀하습니다.

모든 부처님께서 출현하심은 '일대사인연(一大事因緣)'으로서 방편(方便)과 비유(譬喩)로 중생을 제도하는 것은 '개시오입(開示悟入)'하고자 출현하셨나니, '개(開)'는 부처님의 지견(知見)을 '열어' 청정히 하시고자 출현하셨고, '시(示)'는 중생들에게 부처님 지견을 '보여' 주시고자 출현하셨고, '오(悟)'는 중생들에게 부처님의 지견을 '깨닫게' 하시고자 세상에 출현하셨고, '입(入)'은 중생들이 부처님의 지견도(知見道)에 '들어가게'하시고자 출현하셨다.

장수대사께서는 『금강경 간정기』에서 이렇게 말씀하셨습니다.

'몽환등(夢幻等)'이란 네 가지 일이 모두 체성(體性)이 없는 것이니, 만약 유위제법(有爲諸法)이 꿈 등과 같은 것임을 관찰한다면 공(空)의 이치를 손쉽게 깨달을 것이요, 이슬·번개 두 가지는 잠시 있다가 금방 사라져버리는 것이니, 만약 모든 법들이 이슬·번개 같은 것임을 관찰하면 무상(無常)이 저절로 확연히 드러나게 된다. 깨달아 진공(眞空)의 이익을 밝혔다. 머무르지 않는 상이란 범부는 진공(眞空)을 알지 못하여, 이미 상에 머물렀으니 진공을 깨달으면 곧 상에 머무르지 않음을 알 수 있다. 범부는 여기에 머무름은 지나친 집착과 오염되거나 물든 것을 취하게 되는 것이다. 또는 전도(顚倒)되어 무상을 깨닫지 못했으므로 세간을 못 잊어 정진에 힘쓰지 않으니, 저 모든 것이 무상성으로 순간순간 변하여 머물지 않고, 오래가지도 않는 것을 깨달으면 그로 인하여 생사(生死)를 두려워하고, 열반을 즐겨하기를 마치 머리에 붙은 불을 끄듯 하여, 분초를 아끼게 될 것이다. 그럼으로 부처님께서 열반회중(涅槃會中)에서 유독 이 관(觀)을 찬탄하시어 제일이다. (夢幻等者以夢等四事皆無體性若觀有爲諸法如其夢等則空理易明露電二事暫有卽無若觀諸法如其露電則無常自顯悟眞空下顯益不住相者凡夫迷眞空旣住相當知悟眞空卽不住相也住卽執取染着之義又凡夫顚倒不了無常故戀世間不務修進當知達彼一切悉無常性念念遷謝不住不久由是怖畏生死樂趣涅槃如救頭然寸陰是競所以佛於涅槃會中偏讚此觀以爲第一)110)

규산대사는 『금강경 (소)간정기』에서 이렇게 말씀하셨습니다.

위나라 역에서는 아홉 가지 비유였지만, 진나라 본에서는 세 가지를 생략한

---

110) 『상게서』, pp.671-2.

것은 별과 등불은 체성이 있고, 구름인 종자는 비를 머금고 생기하니 공심에 계합하기 어렵고, 은근히 상의 생각을 더 할까 두려웠기에 뜻을 취한 번역의 오묘함이 여기에 있다. (魏譯九喩秦本略者以星燈有體雲種含生恐難契空心潛滋相想取意之譯妙在玆焉)

혜능선사는 이렇게 말씀하셨습니다.

"꿈이란 망령된 몸이요, 허깨비란 망령된 생각이고, 물거품이란 번뇌요, 그림자란 업장이다. 몽환포영(夢·幻·泡·影)은 유위법(有爲法)이라 명(名)하고, 진실은 명(名)과 상(相)을 떠난 것이다. 깨달음이란 모든 업(業)이 없는 것이다."

부대사는 이렇게 노래하셨습니다.

저 성예등환(星·翳·燈·幻)이 모두 무상(無相)을 비유함이니,
번뇌의 식(識)으로 인과(因果)를 닦음이여
누가 영원하다고 말 하겠는가?
위태하고 연약한 것이 물거품·이슬과 같고,
구름·그림자·번갯빛과 같으니,
설사 팔만 겁을 지난다 해도
끝내는 공망空亡에 떨어지느니라.

『사경지험기』에서 이렇게 기록하고 있습니다.

원의 무문총(無聞聰)선사는 여수(汝水) 향산(香山)사람으로, 지원(至元) 신사년

(1281)에 자복사(資福寺)에 주석하셨던 무애(無礙)장로스님께 『금강경』 32분을 주해해 주시기를 청하였습니다. 자주색 구름이 절 주위를 덮었고, 주해를 마치자 뜰 앞에 오색영롱한 상서로운 풀이 여러 포기 자라났다. 주해한 경은 지금까지 유통되고 있다. 무문 총 스님은 매 분마다 주해 외에 각각 게송을 지어 인천(人天)의 안목을 열어주시고, 금강산을 꿰뚫었다. 자주 빛 구름의 서상이 있었던 것은 당연하고, 다시 경을 판각하자 경판에서 법사리가 흘러나온 일이 있었다."

본론은 여기서 끝맺고 유통분에서는 "모든 대승경전은 공통적으로, 수지·독·송·서사·위타연설하고 유통시키면, 세간·출세간과 모든 잡중(雜衆)에 이르기까지 환희하고, 무량공덕을 구족한다." 고 한결 같이 말씀하십니다.

끝으로 야부 선사는 이렇게 노래하셨습니다.

굶주림에 밥을 먹고 목마름에 청량수를 얻으며,
병든 이는 쾌차하고 더우면 시원함을 얻음이라.
가난한 이 보물을 만나고 어린이는 어머니를 만나네.

표류하던 배가 언덕에 이르고,
외로운 길손 고향에 돌아오니,
가뭄에 단비 만남이고 나라엔 충신과 선량이 있네.
사방의 오랑캐 예배하고 팔방에서 항복하여온다.

두두물물이 다 옳고 온전하게 드러났다.
고금(古今)·범성(凡聖)과 지옥·천당과 동서남북을 사량하지 말라.

찰진세계의 모든 중생들이 다 함께.
금강대도량에 들어가다.

금강경 독송 영험

『금강경』이 얼마나 소중한 수행의 길라잡이가 되며, 신통 묘험한지 소개해드리겠습니다.111)

먼저 금강경 독송으로 참수의 재난을 피한 사례입니다.

당 건부(乾符)연중 (874~879)에 있었던 일이다. 연주(兗州) 절도사(節度使) 최상서(崔尙書)는 법령이 준엄하였다. 한 장군이 아참(衙參: 관리들이 아침저녁으로 조정·관청에 모여 의논하는 일 또는 아침조례와 같음)에 도착하지 않자 곧바로 좌우에 명하여 그를 참수하게 하였는데, 참수한 후에도 그의 안색이 변하지 않아 대중이 모두 놀라며 기이하게 여겼다.

그날 밤 3시경에 그가 집에 돌아오자 아내와 자식이 귀신인가 의심하였다. 그러자 장군이 말하였다. "처음 목이 베일 때 취한 듯 꿈인 듯 고통을 몰랐는데, 밤에 깨어보니 거리에 쓰러져 있었다. 그래서 일어나 집으로 돌아온 것이다." 다음날 아침 관아에 들어가 사죄하자 최상서가 질타하며 말하였다. "네가 환술을 부리냐?" "본래 환술 같은 것은 부릴 줄 모릅니다. 어려서부터 지금까지 『금강경』을 매일 세 번씩 읽을 뿐입니다. 어제는 늦잠을 자는 바람에 독경이 예정시간을 넘겨 버렸습니다. 그래서 아침에 빠졌던 것입니다."

최상서가 물었다. "참수되던 때가 기억나는가?" "처음 극문(戟門) 밖으로 붙잡혀 나갈 때부터 문득 취하거나 꿈을 꾼 것처럼 도무지 기억이 나질

111) 백암 성총 대강백의 편집, 「한국불교전서」조선23 성재헌 역, 『사경지험기』 동국대출판부, pp91~92, pp100~101을 인용.

않습니다."최상서가 물었다. "경전은 어디에 있는가?" "집에 있는 불감(佛龕)의 함속에 있습니다."

급히 가져오게 하여 함을 열어 보았는데 경은 두 동강이 나 있었다. 최상서는 크게 놀라며 후회하고 두 번 세 번 위로하며 달랬고, 그에게 옷을 한 벌 하사하였다. 그리고 은으로 이 경을 100권 사경하여 독송하고 공양하였다. 더불어 연주(兗州) 연수사(延壽寺) 문밖에다가 잡아 죽였던 장면과 경전을 벤 형상을 그리게 하여 신비한 자취를 널리 알렸다. 장군은 104세까지 수명을 누렸다."

또한 다음과 같은 영험이 전해져 오고 있습니다.

송 순희(淳熙)원년 (1174)의 일이다. 양주부(楊州府) 승국(承局) 주흥(周興)은 어려서부터 매일 『금강경』을 한 권 염송하였다. 태수 막호(莫濠)가 그를 폐물 천여 관(貫)을 지니고 가는 사신으로 파견하여 조정 귀인께 장수를 기원하는 선물을 갖다 드리게 하였다. 그는 과주(瓜州)에 이르러 나루터 욱(郁)씨 셋째아들의 객점에 투숙하였는데, 셋째와 형인 욱씨 둘째아들이 재물이 탐이나 그를 죽이고는 객점에서 5리쯤 떨어진 길가에 매장하였다. 주흥이 기한을 어김으로 인해 그의 아내와 아들은 1년을 구금되어 질책을 당하였고, 태수 역시 소환되었다.

태수가 부름을 받아 조정으로 가던 길에 과주에 닿을 즈음이었다. 길가에 연꽃 한 송이가 피어 있는 것을 문득 보고는 시종에게 그것을 꺾어 오라하였다. 하지만 꺾어도 끊어지지 않아 네다섯 자를 파 내려가다가 그 꽃이 죽은 사람의 입에서 나온 것임을 발견하게 되었다. 그 시체는 눈동자가 여전히 움직일 수 있어 물끄러미 바라보았는데 바로 주흥이었다. 부축하고 돌아온 다음날에야 말을 할 수 있게 되어 객점에서 모의해 살해한 사실을 낱낱이 진술하였는데, 땅에 묻힌 지 18개월이나 되었다.

태수가 물었다. "어떻게 죽지 않고 배고프지 않을 수 있었는가?" 그러자 그가 대답했다. "피살되어 매장될 때 꿈처럼 혼미하였는데 한 금강신이 나타나 연꽃을 입에 꽂아 주었습니다. 그리고 지금까지 깊이 잠들었습니다." 태수가 감탄하며 말하였다. "이 경에 불가사의한 공덕이 있다는 건 일찍이 들었다. 내가 부끄럽게도 그대의 아내와 자식을 구금하였다. 또 생각건 데 평소 처리했던 공안(公案)에 어찌 조금도 잘못이 없다고 하겠는가?" 그는 양주 관부로 편지를 보내 주홍의 아내와 자식을 석방하게 하고, 욱씨 둘째와 셋째를 체포하여 사형에 처하였다."라고 전합니다.

이제 마지막 부두에서 금강호 항해의 닻을 내리고, 이제까지 각 부두에서 배웠던 내용을 곰곰이 사유하거나, 아는 만큼 실천에 옮기는 용기가 필요합니다.

우연찮게 소납의 졸작인 『금강경』을 만나는 모든 분들에게 불은이 함께 하시길 바랍니다. 끝으로 『법화경』「상불경보살품」의 말씀을 인용하며 맺은 말을 대신하겠습니다.

"나는 당신을 깊이 공경하여,
감히 가볍게 업신여기지 아니하오니,
까닭은 무엇인가 하면
당신은 모든 보살도를 행하여
마땅히 부처님 되심을 믿기 때문입니다."

그 인연에 합장 삼배를 올립니다.

'금강반야바라밀경 진언' 112)

那謨 婆伽跋帝 鉢喇壤 波羅弭多曳 唵 伊利底 伊室利

나모 바가발제 발라양 파라미다예 옴 이리저 이실리

輸盧馱 毘舍耶 毘舍耶 莎婆訶

수로타 비사야 비사야 사바하113)

112) 진언(眞言, mantra): 부처님이나 보살님 등의 서원이나 덕, 또는 가르침이나 지혜를 나타내는 신비로운 주문으로, 산스크리트어를 번역하지 않고 소리로 읽습니다. 짧은 주문은 '진언'이요, 긴 주문은 '다라니'라고 보편적으로 말합니다. '금강반야바라밀경 진언' 은 산스크리트어본·고려대장경·당본에는 없으나, 송·명·청본에서만 보입니다.

금강경 법공양 인연 공덕

이 『금강경』이 나오기까지 불사를 해주신 분은 포천: 화봉사 주지 심영신, 용인: 법화선원 마하사 이정래, 김원범, 인천: 최정분, 최정순, 최정희, 최승문, 김규택, 김예림, 김규철, 김준서, 김진 정재관, 최하나, 최호진, 조병호, 일산: 강민구, 강미연, 윤영애, 속초: 정한결, 부천: 한성호, 강원도 고성: 박정훈, 박성훈, 김정재, 최태환, 최일선. 광명시: 한인숙, 이윤재, 김해시 장유면: 손성호, 손명기 착한 불자님들께 합장합니다.

망 광산후인 김중이 영가, 김해유인 김덕엽 영가, 밀양후인 박강옥 영가, 경주후인 최동환 영가, 김해유인 김간난 영가, 경주후인 최수영 영가, 거창유인 신경숙 영가, 경주후인 최수범 영가, 밀양유인 박미진 영가 법보시의 착한 공덕으로 구도현(求倒懸: 거꾸로 매달린 고통)에서 해도현(解倒懸: 깨침을 얻어 극락왕생)하소서.

2016년 정초 玄黃 法侶 합장

금강경 주석

1판 1쇄 펴낸날 2016년 2월 22일

편저 현황 법려스님
발행인 김성우(재경)
기획 이유경 **편집** 허만항 **디자인** 최정근
마케팅 권태형 **제작** 대명인쇄
펴낸곳 도서출판 비움과소통
서울시 구로구 구로동로 206(구로동 487-36, 1층)
전화 02-2632-8739 팩스 0505-115-2068
홈페이지 http://bns-mall.co.kr **이메일** buddhapia5@daum.net
출판등록 2010년 6월 18일 제318-2010-000092호

ISBN 978-89-97188-92-5 03220